基金项目

浙江大学"全球创新人才培养"优势特色学科建设项目

浙江传媒学院国家社科基金教育学国家重点项目
"面向 2035 中国教育对外开放战略及推进策略研究"（AGA200015）

教师教学能力发展译丛

主编　盛群力　冯建超

CREATING SIGNIFICANT
LEARNING EXPERIENCES
An Integrated Approach to
Designing College Courses
(Revised and Updated)

创造意义学习经历

大学课程综合设计方法

（修订版）

［美］L. 迪·芬克　◎著

李星乔　冯建超　李　静　◎译

盛群力　◎审订

WILEY　　ZHEJIANG UNIVERSITY PRESS
浙江大学出版社

图书在版编目（CIP）数据

创造意义学习经历：大学课程综合设计方法 ／ （美）
L.迪·芬克著；李星乔，冯建超，李静译. 一修订本. 一
杭州：浙江大学出版社，2021.6
　　书名原文：Creating Significant Learning Experiences: An
Integrated Approach to Designing College Courses, Revised and
Updated
　　ISBN 978-7-308-21352-3

　　Ⅰ. ①创… Ⅱ. ①L… ②李… ③冯… ④李… Ⅲ. ①
高等学校 - 课程设计 - 研究 Ⅳ. ①G642.3

中国版本图书馆CIP数据核字（2021）第096813号

浙江省版权局著作权合同登记图字：11-2021-080

This is a translation of *Creating Significant Learning Experiences: An Integrated Approach to Designing College Courses, Revised and Updated* by L. Dee Fink. Copyright © 2013 by John Wiley & Sons, Inc. All Rights Reserved. This translation is published under license with the original publisher John Wiley & Sons, Inc.

AAC & U, 2007. *College Learning for the New Global Century*: A Report *from the National Leadership Council for Liberal Education and America's Promise*. Washington, D.C.: Association of American Colleges and Universities.

Figure 4.16: Copyright © 1997 Mihaly Csikszentmihalyi. Reprinted by permission of Basic Books, a member of Perseus Books, LLC.

创造意义学习经历：大学课程综合设计方法（修订版）

[美]L.迪·芬克 著　李星乔 冯建超 李 静 译　盛群力 审订

责任编辑	陈丽勋
责任校对	高士吟
封面设计	春天书装
出版发行	浙江大学出版社
	（杭州市天目山路148号　　邮政编码　310007）
	（网址：http://www.zjupress.com）
排　　版	杭州林智广告有限公司
印　　刷	杭州钱江彩色印务有限公司
开　　本	710mm×1000mm　1/16
印　　张	18.75
字　　数	320千
版印次	2021年6月第1版　2021年6月第1次印刷
书　　号	ISBN 978-7-308-21352-3
定　　价	60.00元

新版说明

　　本书第一版的出版已有十年了。撰写这样一本书的时候，我总是倾向于相信这些观点是有价值的，但在看到其他人对这本书的反应之前，我并不知道他们是否也会重视这些观点。看到这本书得到如此广泛的认同和应用，我感到所有付出都有了回报，也感到自己并不足以受到如此赞誉。关于这些观点带来的影响，个别教授所做的报告非常暖心。

　　当然，本书的成功一部分可能归因于高等教育领域发生的一些变化。在美国，甚至在其他一些国家，政府和高等教育领导人越来越关心的是，大学生在毕业时有没有学到需要学习的东西以面对 21 世纪生活的挑战。托马斯·弗里德曼（Thomas Friedman）在其重要著作《世界是平的》（*The World Is Flat*）（2005）一书中，描述了 21 世纪初世界是如何通过多样化的方式相互联系的。在此基础上他还提出，所有国家都需要大学毕业生拥有一种新的、更好的学习方式，培养出必需的能力以应对和迎接这个日益复杂的世界的挑战和机遇。

　　次年，哈佛大学时任校长德里克·博克（Derek Bok）出版了一本广为传播的书：《回归大学之道》（*Our Underachieving Colleges: A Candid Look at How Much Students Learn and Why They Should Be Learning More*）（2006）。他从已有的研究中收集了大量数据，分析了美国的大学生在多大程度上实现了八种普遍需要重视的学习类型，如沟通技巧、批判性思维、性格、如何成为一名好公民、包容多样性等。通过对这八种学习类型的研究，他得出了相应的结论：虽然学生能够达到一定的学习水平，但是，与应该达到的和能够达到的水平相比，还

1

远远不够。

与此同时，以学习为中心的高等教育理念也逐渐广为接受。总体上，这一观点认为，我们的高校不应该只专注于提供课程和授予学位，还应该专注于创造有价值的学习方式，并证明这些学习方式已经实现。

这些变化促使人们开始思考大学生应该学什么，以及如何才能更广泛地实现这些学习。有了这些问题，人们越来越意识到，不管学习是在传统的、面对面的环境中进行，还是在网络环境中进行，这些重要的，或者用我的话说，意义学习（significant learning）需要设计成单独的课程，并纳入课程体系。只有这样，大多数学生才更有可能获得自身和社会所需要的学习。

高等教育领域的这些变化，正是本书2003年第一版的出版背景。部分地基于此原因，许多人很快就明白了我提出的意义学习分类法对于定义那些重要的学习类型的价值。综合课程设计模式提供了一种以学习为中心的设计方法，这种方法将学习融入每一门课程，甚至课程体系。

由于这一机缘巧合，本书的第一版很快就广为流传。它成了乔西-巴斯出版社（Jossey-Bass）的畅销书之一，并成为许多大学研究生课程的教材。到目前为止，本书已被译成四种语言，同时我受邀到美国各州和世界各地的大学，去开设工作坊以介绍本书的理念。事实上，工作坊的呼声很高，我只得招募一些经验丰富的专业人员负责主持部分工作坊，这也是我们的迪·芬克协会（Dee Fink & Associates）的由来。

这些工作坊的经历，是我着手修订本书的第一个原因。尽管原书的基本思想和布局仍然是合理的，不需要大修大改，但我从工作坊的参与者和合作者那里学到了很多，更迫切地想多做些努力帮助大学教师尽可能充分地理解这些思想。

修订本书的另一个原因在于，过去十年里，作为教学学术（the scholarship of teaching and learning，SoTL）工作的一部分，许多研究人员和作家出版了不少关于大学教学的图书，其中很多观点都极有价值。因此，我觉得有必要更新书中引用的一些文献。

那么，本书新版有哪些改变？在整本书的许多地方，我都阐明了所用语言和术语。对于某些术语，例如，在课程综合任务和评价课程设计步骤的讨论中，我进一步扩展和完善了关于概念本身的评论。

另一个实质性的变化体现在第六章，即为教师提供更好的组织支持。我在该章补充了一些评论，反映了美国乃至全球的一些变化。这些变化在很大程度上对所需的组织支持产生了积极影响。

最后，如前所述，我引用了许多关于大学教学的最新成果，这些研究都是过去十年来由许许多多才华卓著并专注于教学学术的学者开展的。这个由思想家、教师和作家组成的团体正在形成一套思想体系，这个思想体系已经在发挥作用。并且，随着世界各国领导人越来越认识到高等院校教学质量的重要性，这个思想体系还将继续产生更大的影响力。

L. 迪·芬克
2013 年 3 月

前　言

　　本书的撰写意在回答当前大学教学中广泛存在的两个问题。

　　第一个问题：许多大学教师的教学目标似乎并没有超越理解—记忆型学习目标。只有少数教师把教学目标扩展到应用型学习领域——比如解决问题、思考和决策。但这些能够提供像样的应用型学习的教师只是个例，因而才备受关注。结果，置身于许多课程，人们会觉得教师只是在向学生填塞知识。教师收集整理好关于某一问题的全部知识、观点，然后把它们一股脑儿地倾倒给学生（并希望这些东西能进入学生的脑袋）。课程结束后，人们会有种可怕的感觉：学生也将对自己进行知识填塞。

　　第二个问题：大多数教师似乎不知道，除了长期以来沿用的讲解和主导讨论外，还可以使用哪些教学活动。曾有人到大学课堂里进行观察、研究，结果发现在 1 小时的课上，教师提问的次数相当之少。至于学生之间、师生之间的互动交流和深入持续的讨论更为少见。尽管主动学习的观点和远见在北美地区已经广为人知，但在教学实践中仍大大滞后。

　　存在这两个问题并不完全是教师的错，因为总的来说，他们接受的研究生课程，基本上没有体现出对优质教学的挑战和复杂性的必要尊重。研究生的时间和精力几乎无一例外地投在了艰巨而复杂的优质科研任务上面。对即将毕业谋求某所大学教师全职岗位的博士，他们会被告知"只要完成教学工作就行了"；或者如果某所大学有一些科研优势，则会要求他们"多搞些研究、多发表些论文专著"。这些学校也确实会提供一些机会让他们学习如何成为更好的教

4

师，但这种机会少之又少。学校的奖励系统也传递出了一个明确的信息，尤其是一些比较大的学校，清楚地说明："你的第一要务是发表科研成果！"

一、中心论题

本书旨在为改进高等教育常用教学方法提供参考。为此，教师读者首先需要了解除了当前所沿用的方式外，还有哪些完全不同的教学方式。其次，他们应该相信这些新的、不同的教学方式对师生双方都有所裨益。再次，如何以这些新的方式进行教学，他们需要得到必要的指导。最后，所在的学校和其他主要高等教育机构需要认识到这些努力的价值，并给予适当的支持和鼓励。我希望本书能够涵盖所有这四个方面，从而帮助教师找到更好的新途径，从事这个世界上最重要，可能也是最给人以满足感的职业。为实现这个目标，我在这里提出一个新的教学视野，该视野基于三个主要思想观点：意义学习、综合课程设计和更好的组织支持。

（一）意义学习

本书第一个观点是意义学习分类法，该分类法为教师制定课程学习目标提供了一套理论语言工具。这个分类法超越了理解—记忆型学习，甚至还超越了应用型学习。如果教师和学校要提供以学习为中心的教学，这个分类法可以成为读者了解各种意义学习的路线图。

（二）综合课程设计

本书还包括一个综合课程设计模式。关于教学设计和优秀教学的研究文献有许多，该模式正是建立在这些已有观点之上的，并综合了这些观点。本书以一种全新的方式呈现这些观点，帮助教师和学校的课程设计者更容易看到他们可以做些什么，或者可以让学生做些什么，以促成意义学习、主动学习和教育性评估。该模式强调教学设计的综合性本质，向读者展示了这些观点相互联系起来之后才能真正发挥其强大力量。例如，如果将实践学习与反思性对话相联系，那么学习的效果会好得多；真实性评估如果与学生的自我评估结合起来，会变得更有意义。当意义学习和综合课程设计联系起来，教师就有了设计、分析教学的有力工具，这些工具能够帮助他们更透彻地理解，现在的努力是值得的、为何这些努力是值得的、还需要做些什么工作使自己的教学更为有效等。

（三）更好的组织支持

前两个观点是为教师提供参考的，但是学习实施这些教学新观念需要时间、精力和支持。这意味着大学教师若要改变教学方式，需要得到比现在更强有力的支持。教师需要的支持大部分来自所在学校，但是许多其他组织也对教师工作有着显著的影响力，所以它们也可以做出各自的贡献，以支持教师更好地教学。

二、本书内容安排

本书基本内容安排如下：第一章描述了高等教育的现状——该现况要求对教学方式进行重大改革——同时就如何进行改革提出了许多新观点。接着就本书提出的两个主要问题展开论述：其一是意义学习分类法，它为我们提供了设定学习目标的新语言（第二章）；其二是综合课程设计的要点，这些要点为教师实现更具挑战性的学习目标提供了新方法、新工具（第三章和第四章）。

教师可能还需要得到有关教学方法改革的建议，本书将在第五章探讨这一问题。假设教师已经做好改革准备，还需要各个影响教师工作的组织给予教师以更好的组织支持（第六章）。最后，在第七章我将展望高等教育的蓝图——实现这一蓝图的前提是在21世纪之初高等教育转型期间，致力于这一事业的所有组织能紧密合作，支持更有意义的学习。

三、意义学习网站

同时我也愿意邀请读者访问意义学习网站，以便使有关这一思想的对话不断进行下去。该网站的主要目的是让教师提出问题、分享成功的经验，在所有的教育背景下，为意义学习课程设计保存有价值的材料和想法。无疑，这个网站的体系将随着时间不断发展。但是在最初阶段，该网站将设置一个讨论主题目录，上传协助教师进行课程设计的各种资料，提供促进意义学习的课程说明。该网站的网址为：http://www.designlearning.org。

致　谢

有一句现代格言："合全村之力才能写好一本书。"用这句格言来描写本书的写作过程再合适不过了。本书"村子"中的重要成员包括在大学教学领域著书立说的其他学者。本书所展示的重要观点借鉴了许多高等教育教学方面的经典著作，还融入了很多当代图书中的精妙观点。只要你粗略翻翻本书的正文、参考文献和附录 B 中的推荐读物，就不难发现，我借鉴了许多他人已发表的研究成果，为此我对他们致以深切的感激之情。

还有一些人在本书写作过程中给了我更为直接的帮助。虽然书中的问题和观点已经酝酿了许多年，但是其中一些具体见解是 1996 年我在俄克拉荷马大学教"成人和高等教育教学策略"这门课时的收获。为了解答这个研究生班学生的问题，我开始了艰巨的钻研、阅读、创新、讨论、检验和修改观点的历程。

在写作过程中，许多人给予我启迪，使我能够更深入地进行探索。当时在俄克拉荷马大学、后执教于亚利桑那大学的杰出音乐教师史蒂夫·保罗（Steve Paul），在一年半的对话中不断给我灵感和鼓励，促使我最终形成了本书要点的最初轮廓。比尔·麦基奇（Bill McKeachie），一位绝对严谨的大学教育学者，在我写作之初，当我对于本书观点的价值和对自己完成这本书的能力缺乏信心时，给了我极大的鼓励。汤姆·安杰洛（Tom Angelo）在百忙之中抽出许多时间仔细审读了初稿，并提出了非常宝贵的修改意见。

近几年来，我所在学校的教师和其他学校的教师在非正式交谈中，或是在正式研讨会中曾听我介绍过本书的观点。虽然这种交谈和研讨永无止境，但是他们提供的反馈意见使我慢慢理解应该讨论哪些内容，才能使这本书对于关心教学、想提高教学水平的人更有意义。特别是俄克拉荷马大学的物理学教授约翰·芬诺（John Furneaux），他不但耐心倾听了我的观点，而且还亲自在课程中检验这些观点的价值。本书将在第五章介绍实验的结果。

在此我还希望向儿时的两位老师——托马斯·拉德卢姆（Thomas Ludlum）和威廉·帕蒂森（William Pattison）表示感谢。他们在学术上和品格上都为我树立了优秀的榜样，是我整个个人生活和职业生涯的导向标。

曾任职俄克拉荷马大学、现任杨百翰大学（Brigham Young University）教师中心副主任林恩·索伦森（Lynn Sorenson），为本书投入了许多时间和精力，在本书的连贯性和可读性上不吝赐教，给了我很多建议。

最后，我必须感谢阿莉塔·奈特（Arletta Knight）。她也从事教学发展领域的研究，为本书各阶段的草稿提出过非凡的意见。她还在精神上不断鼓励我，给我提出了非常有价值的修改建议，使本书更为通俗易懂。我特别幸运地在生活中拥有这样一位妻子！

作者简介

L. 迪·芬克（L. Dee Fink）在俄克拉荷马大学担任了29年地理学副教授、教学发展研究中心主任。他在俄亥俄州哥伦布市的首都大学获学士学位，在芝加哥大学获硕士和博士学位。1976年研究生毕业后，在俄克拉荷马大学教授地理学和高等教育学课程。1979年，他建立了教学发展研究中心，并一直担任该中心主任。他还在俄克拉荷马大学人文学院任职15年，从事面向成人非在校生的跨学科研究，并担任俄克拉荷马大学"大学学习入门"课程的首任负责人，该课程旨在引导新生适应大学学习生活。2005年，他从俄克拉荷马大学退休，将更多的时间投入到与国内外的大学就如何在整个校园内促进更好的教学和学习进行研讨。

L. 迪·芬克从事教学咨询工作超过25年，他的丰富经验为本书提供了基本思想素材。他观察了数百名教职员的课堂教学，并向他们请教，探讨如何在课程中强化学生的学习、如何解决教学问题，还主持了大量的教师研讨会和专题讨论。这些咨询经验，加上他自身的教学经验，使他对大学教师的环境、思想、情感和行动有着切身体会。

芬克还积极从事国内外教师发展研究。1981年，他发起建立了大平原地区教师发展者协会（Great Plains Regional Consortium），他还是高等教育教师专业和组织发展（Professional and Organizational Development，POD）协会20多年的资深会员，曾任POD的执行委员。自20世纪90年代初以来，一直协同主持POD年会上的"投身教师发展"研讨会。他还是《高教研究协会——教育资源信息中心高等教育系列报告》编委、《教师、研究项目和组织发展杂志》编委。2002 年，他当选为世界上最大的教师发展组织——高等教育教师专业和组织发展协会（POD network）的主席。

1989 年，他获得美国高等教育学会（AAHE）贾梅·埃斯卡兰特（Jaime Escalante）"为人师表"奖，1992 年获得俄克拉荷马大学人文学院"卓越教师奖"。

他早期重要著作之一是一项对 100 位刚走上大学教学岗位新教师的实证研究，发表于乔西-巴斯出版社《教学新动向》杂志 1984 年第 17 期。自那以后，他还发表了大量有关大学教学、大学教学评估、新教师发展、教学发展研究等方面的文章和专著。他还是《小组教学》（*Team-Based Learning*）（Michaelsen, Knight & Fink，2004）一书的编者之一。L. 迪·芬克的个人网页地址是：http://www.finkconsulting.info。

目　录

第一章

创造意义学习经历：教育质量的关键所在

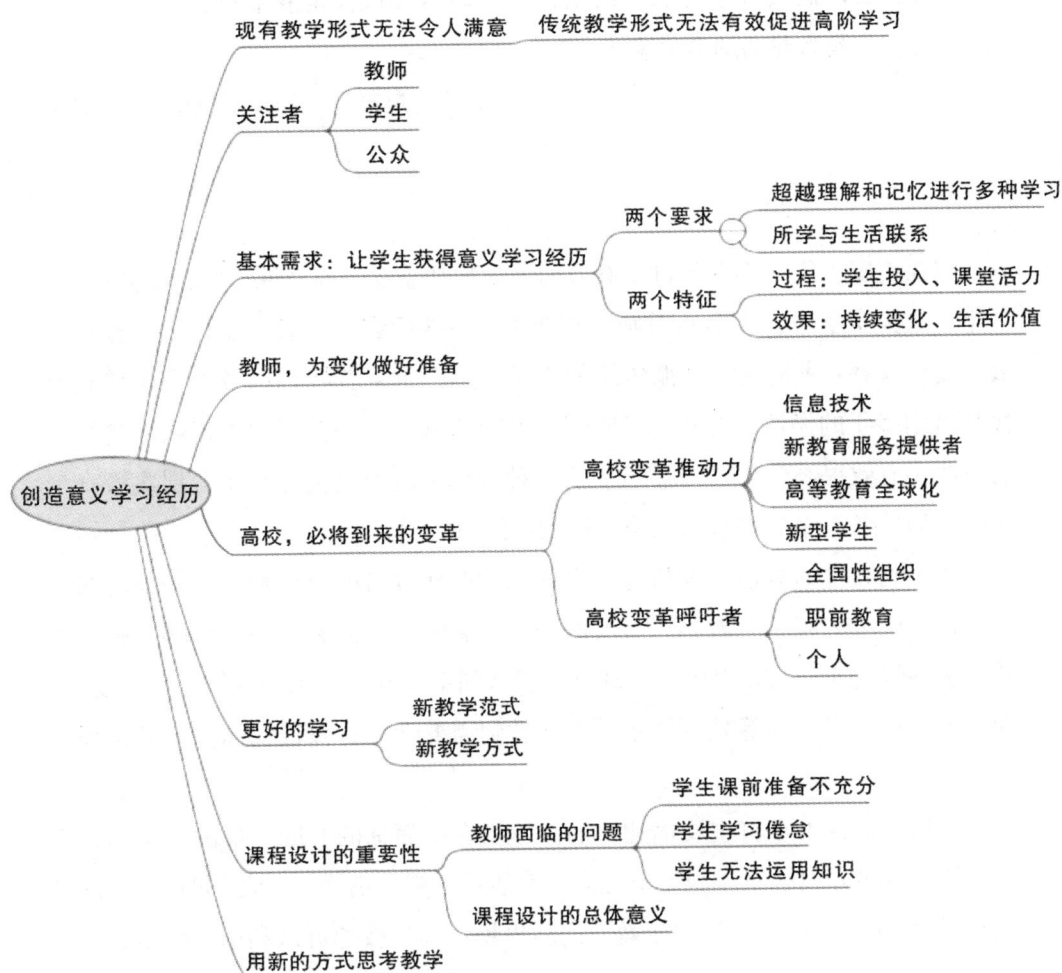

现有教学形式无法令人满意 ── 传统教学形式无法有效促进高阶学习

关注者
- 教师
- 学生
- 公众

基本需求：让学生获得意义学习经历
- 两个要求
  - 超越理解和记忆进行多种学习
  - 所学与生活联系
- 两个特征
  - 过程：学生投入、课堂活力
  - 效果：持续变化、生活价值

创造意义学习经历

教师，为变化做好准备

高校，必将到来的变革
- 高校变革推动力
  - 信息技术
  - 新教育服务提供者
  - 高等教育全球化
  - 新型学生
- 高校变革呼吁者
  - 全国性组织
  - 职前教育
  - 个人

更好的学习
- 新教学范式
- 新教学方式

课程设计的重要性
- 教师面临的问题
  - 学生课前准备不充分
  - 学生学习倦怠
  - 学生无法运用知识
- 课程设计的总体意义

用新的方式思考教学

只有教授们成为学习经历的设计者，而不再仅仅是教书匠，才能满足越来越多、越来越高的教育需求。

——拉里·斯彭斯（Larry Spence，2001）

仅在美国，每年都有超过 100 万的大学教师需要提前备课，超过 2000 万的学生进入大学学习，大多数教师一年要上 4～8 门课。在教学工作中，教师一般有两种选择：或是继续遵循传统的教学方式，重复着我们以及教育领域其他教师沿用多年的做法；或是大胆地做些不同的事情——在课程中提供一些特殊的东西，有效提高学生学习质量。后一种选择，就给全世界从事各层次教育工作的教师带来了一个问题：应不应该做出改变呢？

考虑到教育的规模以及教育对个体和社会所具有的重要性，教师如何回答这一存在已久的问题有着相当重要的意义。影响这一回答的因素有哪些呢？本章及全书将就这一问题提出一些观点。我认同本章开头所引用的斯彭斯的观点，即为了大幅度提高高等教育质量，大学教师需要学习有效设计高等教育课程的方法。

作为开篇，本章将主要描述目前高等教育所面临的非同一般的、激动人心的形势。许多方面的发展激发了提高教育质量的强烈需要。与此同时，自 20 世纪 90 年代起，出现了大量关于教学的新思想，大学教师可以利用这些新思想在新形势下做出创造性变革。在本章末尾，我将论述以下观点：课程设计是融合多项新思想的最佳结合点；为提高教师教学活动和学生学习活动质量，课程设计是大多数教师所能做出的最大改变。

一、现有教学形式令人满意吗？

从学校外部来看，目前的高等学校看起来数量充足，高等教育质量似乎也还很不错，社会对教育服务的需求居高不下。高中毕业生选择上大学的比例超过70%，而且还在增长。报名参加各类高等教育项目的成年人也有相当高的比例，而且数量也在持续增长。此外，美国高等教育对全球学生依然具有强大的吸引力。

但是如果我们从学校内部来审视，看看学生学习的质量，就会发现令人不安的状况。应该学的东西，大学生学得怎么样呢？当然，对于学生在大学里应该学什么，人们会持有不同的看法，但是大多数人都会关心一些最新的研究结果。哈佛大学前校长德里克·博克（Derek Bok）于2006年出版了《回归大学之道》一书，书中他提出了美国大学生八种不同类型的学习，如，沟通技巧、批判性思维、性格、如何成为一名好公民、包容多样性等，并对这八种学习进行了元分析研究。通过研究，他得出了相应的结论：虽然学生能够达到一定的学习水平，但是，与应该达到的和能够达到的水平相比，还远远不够。最近，阿鲁姆与罗克莎（Arum & Roksa，2011）的一项研究结论引起了很多关注，他们对24所院校的2300名学生进行评估后发现，45%的学生经过大学一年半的学习后，批判性思维能力没有统计意义上的显著提高。

同样，目前在开展的一项文科教育扩展研究（Blaich & Wise，2011）对49个院校的17000名学生进行调查。研究设置了七个维度：批判性思维、认知的需求、多样化的兴趣、多样化的态度、道德判断、领导力和幸福感。最新数据表明，尽管大多数学生在某些思维能力上显示出"适度"的提高，但超过三分之一的学生在同一能力上呈现明显下降。实际上更令人担忧的是，大多数高年级学生毕业时，学习动机和对多元化的开放度比入学时还要低。这项研究的结论尤其令人关注："我们还确定了一系列可以促进学生实现全面发展的教学实践方法和条件。研究结果表明，在所有研究院校中，这些有效的教学实践和条件还未得到广泛运用，不足以产生深远的影响。"（http://www.liberalarts.wabash.edu/study-research）也就是说，我们所知道的优秀教育实践，只要运用到院校和教学中，学生就能够实现成长。但是，几乎没有几所学校在使用这些方法！

总之，社会领导者相信，有一种学习对 21 世纪的个体和社会极其重要，但相关研究表明，当前的高等教育实践未能成功提供这种学习。为什么会这样呢？

（一）产生这一问题的原因

根本原因在于：尽管许多教师想要学生达到更高层次的学习，但是他们继续采用的传统教学形式却不能有效促进此类学习。在采访中，教师们经常提到批判性思维等高阶学习目标，但是他们一直以来严重依赖着"讲授"（lecturing），并将其作为主要的教学方法。一项研究调查了五类不同院校（包括小型的私立学院）中的 1800 名教师，发现其中 73% ～ 83% 的教师将讲授作为主要授课方式（Blackburn et al.，1980）。近二十年后，一项涵盖了全美近三分之一教职员工的调查，也得出了相同的研究结论：76% 的教师将讲授作为主要的教学方法（Finkelstein，Seal & Schuster，1998）。尽管自第二份报告发表以来，该比例可能略有下降，但是从我对教师们的访谈情况来看，讲授仍然是占绝对优势的主要教学方法。

多年的研究表明，讲授再好也不能有效地帮助学生达成以下目标：

- 在课程结束后牢记信息。
- 培养把知识运用到新情境中的能力。
- 培养思维技能或解决问题的能力。
- 获得情感成长，比如进行额外学习的动机或者态度的转变等。

尽管以下两项研究是在多年前开展的，但我们有理由相信这些研究展示的讲授效果并未改变。其中一项精心设计的研究在英格兰诺维奇大学（Norwich University）得到实施。该校教师对课程教学进行了专门设计，确保教学效果后开展讲授（McLeish，1968），学生则在听课后接受有关事实记忆、理论和所学内容应用等方面的测试。学生可以使用课堂笔记，甚至可以使用印发的授课内容摘要。授课结束后，学生信息记忆的平均水平是 42%。一周后，再次接受同一测试时，他们的记忆水平降到了 20%——在一周之内，下降超过了 50%！

在美国进行的另一项研究则比较了两组学生：一组选修过两个学期的"经济学导论"，并已连续学习了一年；另一组则从未学习过该课程（Saunders，1980）。两组学生（共 1200 多名）参加了课程内容测试。在课程结束的时候，相比未选修该课程的学生，选修过该课程的学生成绩仅高出 20%。两年以后，差距缩小到 15%；七年以后，差距则仅有 10%。

这些研究成果和其他一些研究的成果（其中许多成果都由莱昂·加德纳 [Lion Gardiner] 在 1994 年开展的一项研究中进行了总结）共同表明：目前的教学不太有效。学生甚至没有学到基本的常识，他们的高阶认知能力没有得到发展，所学知识的保持效果也不尽如人意。事实上，上过课的与未上过课的学生之间没有显著的差异性。

（二）谁在关心这些问题？

很显然，并不是所有人都关心现行教学方法所带来的影响，促进教学开展变革创新的压力还不够大。不过，如果我们仔细了解教师、学生和公众对学生学习质量的反馈，可以发现他们已经意识到，或者说是越来越强烈地意识到，某些地方出现了问题。

1. 教师的关注

在我与教师进行的访谈中，许多教师都说他们最关心的问题是学生到课率降低。在低年级课程中，学期过半时学生到课率也降到一半。不过也有教师提到其他一些问题：到课的许多学生，在课堂上用大量时间看手机或做其他事情；学生没有完成阅读任务；课堂讨论不积极；学生更关心成绩而不是学习本身。教材的内容越来越多，意味着教师为完成教学任务必须付出越来越辛苦的劳动。许多教师说他们已经失去了教学乐趣，每当尝试着做点改变时，总觉得缺乏学生、同事和学校的支持。

2. 学生的关注

学生也有类似的关注。他们经常抱怨课程没什么意思，只能坐在那儿记笔记，然后为一次又一次的考试死记硬背。他们看不到所学的东西有什么价值或意义。学生也提出教材量越来越大，这对他们来说意味着更高的学费；而且为了应付考试，得学习、掌握、记忆更多的内容。

在一项学生对教学意见的大型调查研究中（研究的结论，参见 Courts & McInerney，1993：33-38），学生最普遍的批评意见集中在所接受教育的质量、教师的教学质量和教师对学生的表现期望上。目前，最突出的批评意见是教师在知识传授中严重依赖讲授法与练习册、缺少互动以及许多学生提到的缺少"动手学习"等。还包括以下结论：

- 学生不是自我指导的学习者。他们对于独立研究问题以及解决问题的能力缺乏自信。
- 学生表达了一种强烈的感觉：所学的远没有到应该达到的或能够达到的水平。
- 许多学生表示大学教师并没有真正关心他们、没有真正关心他们的学习、没有真正愿意与他们进行互动交流。
- 结果是什么呢？学生没有全身心地、劲头十足地学习，所学内容也是他们不愿意学或者觉得没必要学的东西。

我与所在学校以及其他一些院校的学生开展过座谈，学生在谈话中表明还有学习碎片化、孤立化的感觉。碎片化的感觉来自他们对所学课程的观察——课程间彼此没有联系，有"这门课"和"那门课"，但是没有形成连贯的教育；孤立化的感觉来自与其他同学缺乏学习交流，很少在课堂内外互相交流课程相关问题。最后的结果是什么呢？那就是学生学习不努力。尽管大多数大学教师提出，他们期望的是，课堂内教师讲授 1 小时，课堂外学生要自学 2 小时，但实际上学生的学习投入远低于此。教师的期望意味着，如果一个全日制学生选了 5 门 3 学分的课程，那这名学生每个星期要自学 30 小时。但是对学生自学时间的大量研究反复表明，大多数学生每个星期只学习 6 小时或更少的时间——这 6 小时是全部课程的自学时间，而不是单独一门。大学生在社交、工作和看电视上投入的时间要多得多（多项研究，引自 Gardiner，1994：52）。

3. 公众的关注

公众也正察觉到并开始关注美国高等教育不尽如人意的质量。这成为许多州立法机关设立问责法规，甚至根据学校业绩进行拨款的重要推动力。《高等教育纪事》（*Chronicle of Higher Education*）（Carnevale，Johnson & Edwards，1998：B6）杂志记载，截至 1998 年，"11 个州把财政拨款与公共院校业绩评估结果相挂钩，另有 15 个州拟在未来五年内加入这一行列"。两年后，《高等教育纪事》收入的一篇文章介绍了得克萨斯大学的董事会建议，该建议提出在全校范围内建立能力测评系统（Schmidt，2000）。文章指出，"越来越多的州依靠（或期望）实施大规模能力测评为公立大学或学生设立标准，有的甚至兼而有之"。（Ibid.：A35）文中引用了美国国家高等教育管理系统中心（The National Center for Higher Education Management Systems）的报告：在过去的两年里，越来越多的州正在认真考虑或积极试行标准化测试，并以此作为高等教育政策的重要组成部分。

显然，许多人都认为应该提高高等教育质量。关键是，应该进行什么样的革新呢？

二、基本需求：让学生获得意义学习经历

在以上每一层面关注的背后，都有着同一个基本需求，那就是应该让学生获得意义学习经历。如果意义学习经历能在高等教育中更频繁、更持续地出现，那么每一个人——教师、学生、家长、机构和社会大众——对高等教育的满意程度都会比现在高出很多。

（一）意义学习经历

解决这一问题的方法之一是寻求有效途径，为学生提供意义学习经历（significant learning experiences）。如果我们能够找到方法确认并创造出真正的意义学习经历，得到学生和其他人的认可，那么高等教育质量就能够取得巨大提升。这种意义学习经历是什么样的呢？

意义学习经历这一提法的中心理念认为，教学应该能够带来深远价值，使人们一见这提法就会说："这种学习经历，确确实实对学生的生活具有重要意义。"那么，我们该如何恰当地定义、描绘这种学习经历呢？

最重要的是它意味着，学生不仅要将课程内容信息存入短期记忆，还应该有其他的收获。研究表明，以往的学习通常让大多数学生在短时间内忘记课程

的内容。相比之下,意义学习意味着对人们的生活方式以及能够拥有的生活方式产生影响。我们希望学生通过意义学习学到的,能成为思维方式的一部分,成为能做什么、想做什么的一部分,成为对生活真谛之见的一部分,成为价值观的一部分。我们也希望,意义学习能增强他们充实而有意义地生活的能力。

实现这个宏伟的教学目标有两个要求。首先,它需要学生进行多种特定的学习,即不能仅仅是理解和记忆学科相关信息。下一章将介绍意义学习分类,确定了六种学习,能够满足这一需求。其次,意义学习要求我们帮助学生,将他们在课程中学到的东西与"生活文件"联系起来,而不是仅仅与"课程文件"相关联。这一观点反映了我的观察结果:学生们的大脑里似乎有两个"文件区域"。他们把在学校或大学里学到的所有东西都存放在"课程文件"区域里,只有在考试、做作业等时候,才用到这个区域。而另一个"生活文件"区域,存放的是日常生活的经验,这个区域有助于学生们在生活中做出决策、考虑问题、采取行动等。有时,这两个区域似乎完全无关。如果我们想促进意义学习,就需要帮助学生将课程中学到的东西与"生活文件"联系起来。总体说来,这意味着从学生过去和现在的生活中吸取经验,为他们的学习打下基础,然后将新的学习与未来可能的生活经验联系起来。

我们还需要认识到,意义学习经历具有过程和结果两个维度,这两个维度各具有两个特征。

在一种具有强大影响力的学习经历中,学生会投入自己的学习,随之而来的是高度的活力,为整个学习过程带来重要成果与结果。学生不仅会在整个课程中学得认真,而且在课程结束之际,还会明显产生某种重大变化——他们将学到一些有意义的东西。这种学习经历还将有可能以一种重要方式改变学生的生活。根据我的观察,所有的意义学习,都有可能通过以下一种或多种方式改变人们的生活。

- 提高生活价值:培养艺术、音乐欣赏能力,培养深刻的生活哲学思考能力等。
- 增强与他人的社会交往:无论是正式的还是非正式的关系,知道如何以更积极的方式与他人进行互动。
- 成为更有见地、更有思想的公民:在一个或多个层面,发展参与公民活动的意愿，如当地社区、州政府、国家和国际组织。

- 帮助学生做好就业准备：在一个或多个专业领域中，培养有效工作所需的知识、技能和态度。

意义学习经历的特征

过程
- 投入：学生投入学习。
- 活力：课堂里充满活力。

效应、影响以及成果
- 持续变化：课程给学生带来有意义的变化，这种变化在课程结束后，甚至在学生毕业后还将持续。
- 生活价值：课程结束后，所学的东西将在生活中具有很大的潜在价值，为他们的个人生活、社会生活、公民生活和工作生活做好准备。

（二）打个比方

我是一个喜欢去餐馆享受美食的人，因此想到这样一个类比：正如餐厅必须提供高质量的用餐体验，大学也必须提供高质量的教育体验。个人认为优质的用餐体验有三个关键因素：极具诱惑力的菜单、精心烹制的食物和及时周到的服务。并非贬低其他重要因素，但如果缺少上述任何一个因素，都会严重降低顾客用餐体验的质量。三者之中，食物的质量尤其重要：这是人们选择某一餐馆的根本原因。如果食物烹制得不好，无论餐馆的菜单制作得多么诱人、服务生多么彬彬有礼，餐馆还是会很快出现问题。

同样，在高等教育中，各院校需要定制出色的课程库，提供优秀的教学以及能与学生进行良好沟通的优秀教师。如果其中一样不够好，学生教育经历的质量将受到很大影响。同样，教学质量也是最为重要的。它是人们之所以上大学的根本原因——如果教学不够好，无论课程名称多么令人振奋，无论教师多么和蔼可亲，整个学习经历都将是有缺陷的。

如果我们想要做出改变，期望提升高等教育的质量、让学生获得更有意义的学习经历，那么教师和学校都需要进行重大革新。这，是否可能呢？

三、教师：为变化做好准备了吗？

教师所面临的问题是："我是否该费时费力去学习新的教学方法并将其付诸实践？"实际上，所有的教师都觉得目前的教学、研究和社会服务三项职责已经超负荷了，要求他们为了专业化发展而接受新的重大任务并不是一件小事。因此，他们对这个问题的回答，似乎取决于另一个问题，即是否有充分理由说："是的，我应该投入（时间和精力来）学习如何更好地教学……"那么，是否存在完全可能实现的潜在价值，值得教师为之付出那么多的时间和精力呢？

这个问题的答案就在教师身上。我相信，而且这也是我的经验，几乎所有的教师内心深处都有关于自己期望如何进行教学的梦想——这些梦想和他们日常的课堂教学经历有着极大的差别。如果能找到方法鼓励教师拥有自己的梦想，并觉得这些梦想可以实现，基于此，他们就有可能说："是的，投入时间和精力去学习如何做一个更好的教师，是值得的。"

教师是否有着这样的梦想呢？答案是他们不但拥有梦想，而且梦想无比精彩。自2001年起，从加利福尼亚到康涅狄格，从大型州立大学、地区性学院、小型私立学院、特殊目的学校到社区学院，我开设了大量的工作坊，研讨课程设计问题。所有设计类的工作从本质上说都是创造性的，因此我让教师们以"梦想和想象"为题，练习想象力。

想象一下，你正在理想条件下进行教学工作：学生愿意完成你要求的每一件事情，他们会及时并且出色地完成你布置的所有阅读和写作任务。在这一特殊情况下，你可以做一名教师想做的任何事情，按照自己的愿望对学生产生影响。唯一限制我们的是自己的想象力。

问题： 在你最热切、最强烈的愿望里，你最希望对学生产生什么样的影响？也就是说，课程结束一两年后，与没有听过你讲课的学生相比，你希望听过课的学生有什么不同之处？你希望自己的教学和课程，对学生发挥怎样与众不同的教育影响力？

教师们在回答这个问题时，表现出很大的创造热情，而且他们的答案绝对精彩。典型的回答，包括以下这些：

我的梦想是，在课程结束一两年之后，学生们能够……

- 在现实生活情境中应用、使用他们所学的东西。

- 找到让世界更美好的方式，能为世界带来些变化。

- 具有强烈的好奇心。

- 投入终身学习。

- 体会到"学习的乐趣"。

- 无论选择什么行业，为自己所做的工作、所取得的成就感到自豪。

- 理解工作和个人生活中团队建设的重要性。

- 在信仰、价值观和行动等问题上，看到自己与他人之间的联系。

- 以综合的而不是孤立的方式思考问题。

- 看到不同观点之间的联系。

- 认识到改变世界的必要性，并成为变革的推动者。

- 成为创造性地解决问题的人。

- 掌握重要的生活技能，比如沟通技巧。

- 理解并能够运用本课程的基本原理。

- 尽管在生活和工作中遇到挫折和挑战，始终保持积极乐观。

- 成为他人的良师益友。

- 不断发展批判性思维。

- 重视持续改进。

在梦想练习之后，我还要求教师们用艺术的方式来表现梦想。他们可以选择任何形式：一幅画、一首诗、一首歌、一个哑剧、一个小品等等。制作图片是最常见的形式，但几乎每个工作坊也都应用了其他形式。随后，我要求参与者在小组内相互分享梦想、开展艺术汇报。接下来，每组选择一些内容与所有参与工作坊的教师共同分享。

描述梦想、分享梦想的过程有助于拓展增强其多种价值。吉娜·马斯克斯梅（Gina Masequesmay）是加州州立大学北岭分校（California State University at Northridge）亚美研究学教授，她这样描述自己的梦想：

我的梦想是学生具有批判性思维，并把这一思维融入日常生活，能够与他人分享知识和激情，建立一个公平社会。

进行批判性思考，首先要意识到知识／真相是有权利限制的。这句话的意

11

思是说，一个人对世界的理解会因为他／她在社会中所处的位置而带有一定的偏见；因此，所有的看法都是片面的。为了对社会事件有更全面的看法，我们需要走出偏见／文化视角，抛开所有限制因素，在"批判"的过程中多一些反思，而不是毫不怀疑地接受权威看法。

然后小组其他成员补充了她的梦想。他们综合了批判性思维、同情心，分享了各自的批判性思维梦想，随着讨论的继续，树立了逐步发展批判性思维学习的目标。

这些梦想激动人心。如果我们可以找到方法把这些梦想变成现实，高等教育将会是一个更激动人心的经历。学生毕业时，将拥有截然不同的教育经历，完全不同于现在人们习以为常的教育。

然而，这些梦想也提出了这样一个问题：高等教育机构——也就是教师任职工作、所有这些变化发生的地方——是否已为更有效地支持教学创新做好了变革的准备？

四、高校的变革：无论准备与否，必将到来！

没有学校的支持，教师不太可能自行做出创新的决定。他们需要感觉所在学校已经认识到更好的学习和教学的价值，并愿意为教师提供学习新教学方法所需的一切：时间、鼓励、提供教学思想的教师发展中心、回报等等。各院校为变化做好准备了吗？许多人都认为，这样的变化不是高校面临的选择或选项，而是不可避免的。无论高校是否做好了准备，变革都将发生。这一变革的本质是什么？是什么驱动着它？

（一）推动机构变革的力量

自 1990 年以来，许多人一直在预测高等教育将发生重大变革，并积极倡导变革。他们所看到的是一种结构性变化，包括但不限于新技术的推动。这种变革首先需要对什么是"好的学习"以及产生这种学习的教学方法有一个新的认识。

道伦斯和诺里斯（Dolence & Norris, 1995）正是这样的倡导者，他们所写的报告《改变中的高等教育：展望 21 世纪的学习》（*Transforming Higher*

Education: A Vision for Learning in the Twenty-First Century）简短但富有远见，
报告提出的一个总观点是：社会正经历着从工业时代到信息时代的根本变化。
这个变化带来的后果之一是大部分社会机构也将随之改变，包括高等教育。在
信息时代，需要学习什么、能够如何学习、应该如何学习，社会和个体都有了
新的要求。道伦斯和诺里斯对工业时代和信息时代学习的不同特点进行了总结，
见表1.1。

表1.1　工业时代和信息时代的高等教育

工业时代	信息时代
教之权	学之权
由教学者推动、预先设定学习时间	个性化学习
信息设备作为支持工具	信息设备作为变革的基本手段
个别的技术	技术协同效应
滞后的教育	适时的学习
继续教育	终身学习
彼此孤立的学习系统	融合的学习系统
传统的课程、学位和校历	以学习者需求为基础的非捆绑式学习经历
教学和能力认证结合	学习和能力认证是相关的，但彼此独立的问题
按学习时间长短一次性预付费用	以附加值为基础，按知识产权交换分点付费
零碎狭窄、各专有系统的集合	无缝整合、全面开放的系统
行政驱动机制	自我省察、自我纠正机制
严格的、预先设计的过程	能根据学习者和教职员工需要灵活定制教学工作
技术推动	学习远景吸引

资料来源：Dolence & Norris，1995：4，经许可使用。

　　部分基于信息技术的特殊能力，高等教育改革的第一驱动力是这样一个现
实：传统院校将失去他们的"专属特权"，即高等教育供给的垄断权。新的高等
教育提供者已经出现，并正在有效地争夺生源，包括各类企业大学，如凤凰城
大学（The University of Phoenix，通过分布式网站和在线课程提供课程组合，
见 http://www.phoenix.edu）以及虚拟大学（Virtual University，完全网络化的大
学，见 http://ksurf.net/vu）。坚持工业时代模式或者说是工厂模式的大学也可能
会继续存在，但是它们将越来越处于竞争劣势。传统的大学不够灵活，它们所

13

关注的是过程和产品（毕业生）而不是成果（意义学习），它们的运作方式成本过高（Dolence & Norris，1995）。如果新型学校能成功地解决学位问题，聚焦学习者的需要和期望，提供高质量学习经历，以及这种学习经历的证书，并能以更方便或更廉价（或既方便又廉价）的方式进行运作，那么它们将从传统院校吸引走一大批生源。这是理所当然的，除非传统院校进行重大变革，也提供满足这些需求的课程。无论怎样，高校竞争的关键是提供高质量学习经历的能力。那些知道如何更好、更快、以更低的成本（按时间、精力和金钱计算）来做到这一点的学校将更具优势。

是否还有其他人也认为这些变化可能发生呢？美国教育委员会前主席弗兰克·纽曼（Frank Newman），也认为高等教育正进入一个重大变革时期。21世纪初，他确定了推动这一变革的四个主要动力（Newman，Couturier & Seurey，2004）。

- 引起这些变化的首要驱动力是信息技术。当今信息技术已经足够复杂、运用足够广泛，完整课程乃至整个课程库的完全在线提供正迅速变得普及。

- 信息技术的特殊能力正激发着变革的第二个动力：新的教育服务提供者快速涌现。公共机构和营利性教育公司成长得很快，它们不仅能够提供独立的学习内容，也能够提供传统的学位课程。

- 新提供者和新教育服务提供方式的整合带来了第三个变革驱动力：高等教育全球化。美国和其他国家的教育机构纷纷在世界范围内推销课程和学位项目。一个非常引人注目的例子是卡丁大学（Cardean University）——一所由四所美国大学（芝加哥大学、斯坦福大学、哥伦比亚大学和卡内基梅隆大学）和伦敦政治经济学院联合组成的大学，它在全球范围内提供商业学位。

- 最后，以上所提到的这些变化还和新型学生相互作用。在美国，越来越多的年长学生、少数民族学生和（移民）第一代学生不断要求接受高等教育。此外，传统学生进入大学时的计算机熟练程度越来越高，而且通常还勤工俭学。这些学生中部分会追求传统的教育经历，而其他的一些人则会在家里，以新的形式接受高等教育，这些高等教育的提供者可能来自世界上任何地方。

纽曼预测说，这四个变革驱动力带来了一个重要结果：高等教育界的竞争将比过去激烈得多，而且将会更加以学习为中心（learning-centered）。自 2000 年以来，我们看到纽曼所有的预测都得到了证实。其结果就是，高等教育机构面临着巨大的新压力，要求它们对变化持有更加开放的态度。当这些变化发生时，各高校的领导们会意识到，他们必须比过去做好更加充足的准备，才能在高校运行方式上做出重大变革。

（二）朝着正确的方向变革

面对这个重大变革的时代，管理者、领导者的问题显然不是是否该变革，而是应该进行什么样的变革。从历史上看，一旦变革的呼声足够大，美国的高等教育均做出了回应。如 19 世纪中期，为提供更具应用性的教育，美国成立了一批由政府拨给土地的赠地大学；19 世纪晚期，院校引入了以学科为基础的研究和院系组织；还有 20 世纪晚期，非传统型学生呼吁社会提供更多高等教育机会。

20 世纪 80 年代以来，类似的声音一直在呼吁另一项变革，即关于学生应该如何学习，尤其是应该学习什么的变革。从某种程度上来说，这些呼声反映了社会中一些全国性组织以及见识广博的个人对高等教育持有的梦想。

1. 全国性组织

最早唤起人们关注该问题的声音来自美国教育研究院（National Institute of Education，NIE）的一个研究小组。1984 年该小组的报告《参与学习：发挥美国高等教育之潜力》（*Involvement in Learning: Realizing the Potential of American Higher Education*）指出了对美国高等教育一些问题的关注：学生学业成就问题、本科课程狭窄化专业化问题、教师职业吸引力下降以及其他一些问题。报告还指出，传统的测试手段不够充分，关注的重点是学习资源和知识输入，而不是"学生实际学到什么，在接受高等教育后发展得怎么样"（NIE，1984：15）。该研究小组敦促各高等院校必须进行明显的改进，不只是"学生的知识"，还应该包括学生"从入学到毕业期间，能力、技巧和态度上的改进"（Ibid.）。这是呼吁大学课程走出"内容学习"的最早、最强的呼声之一。

一年后，美国院校协会（Association of American Colleges，AAC）发起了一个"重新界定学士学位的意义和目的（Redefining the Meaning and Purpose of Baccalaureate Degrees）"项目。该项目报告的措辞和语气比美国教育研究院的报告更为强烈，甚至更具批判性。报告开头一句听起来就好像在努力唤醒美国高等教育：

美国的教育失败正在成为 20 世纪 80 年代的一个主要问题……我们的研究报告将论述美国教育的危机，并揭示大学课程的衰落，以及大学教师在创造和促成这种衰落中的作用……

至于说什么才算得上大学课程，几乎是没有限制，什么都可以。目前看来，相比大学教育的内容或者目的，我们对于大学教育的时间长度要有信心得多（AAC，1985：1-2）。

该项目组成员接着描述了一种最低要求课程，与现在人们所熟知的"专业和一般学分要求"截然不同。他们提出了一种新型课程，其中心思想是学生应该"学会学习"（Ibid.：24）。

与该报告相类似的还有美国州立大学和赠地学院协会（National Association of State Universities and Land-Grant Colleges，NASULGC）的一个报告，它呼吁大学应该更积极地帮助全体学生培养重要的生活技能，充分发挥高等教育的价值：

需强调的是，这些价值值得特别关注。在教育工作中，我们面临的最大挑战是培养学生的个性、道德、公民意识、宽容、礼貌和个人与社会责任感。在一个有时让人觉得这些品质可有可无的社会里，我们不敢忽视这一培养义务。这些品质应该成为大学毕业生标准要求的一部分，而不能只是选项之一。（NASULGC，1997：12-13）

大约在同一时间，"校园盟约（Campus Compact）"——一个旨在推进高等教育服务式学习（service learning）的组织，在威斯康星展翼会议中心（Wingspread Conference Center）发起了一次会议，主题为"研究型大学的公民责任"。在《展翼宣言》（Campus Compact，1998）声明中，与会者宣布了他们的观点——"研究型大学必须把学生培养成为负责任的公民，促使教师能够发展和运用知识，以改善所在社区"。为了成为"负责任的、投入的"公民，学生应该学些什么呢？他们应该"学习技能、培养良好习惯、自我认同、获得所需知识，为公众（校园的、社区的、世界的）福利贡献力量"。（Ibid. : 9）

2005 年，美国学院和大学协会（AAC & U）发起了一项雄心勃勃的国家项目，名为"通识教育和美国的承诺（Liberal Education and America's Promise, LEAP）"，旨在促进美国高等教育开展更有效的通识教育。作为该项目的一部分，他们在全国范围内对公民、商业和教育界领袖开展访谈，询问什么样的学习在 21 世纪至关重要。调查结果产出了一套"基本学习成果"（AAC & U, 2007），在许多学院和大学得以运用。

I. 人类文化以及物质和自然世界知识

● 研究科学和数学、社会科学、人文、历史、语言和艺术

II. 智慧和实践技能

● 调查和分析

● 批判性和创造性思维

● 书面和口头交流

● 定量素养

● 信息素养

● 团队合作和解决问题

III. 个人和社会责任

● 公民知识和参与——本地和全球

● 跨文化知识和能力

● 伦理推理和行动

● 终身学习的基础和技能

IV. 综合学习

● 一般和专业研究的综合和高级成就

2. 职前教育

学者们在各种职前教育领域也开展了大量的研究，旨在厘清各领域的大学毕业生应该懂得些什么、变化中的时代如何改变了学生的学习内容。在一项商业教育领域的大型研究中，波特和麦基宾（Porter & McKibbin, 1988）对商学院院长和公司总裁开展了调查，聚焦他们对商务专业本科生和研究生教育内容

期望的变化，探寻背后的原因。该项目研究成果呼吁，应更多地关注人际交往技能——管理能力和领导力——以及整合企业和社区活动的能力，为终身学习或持续学习做好准备。

近期，工程技术认证委员会（Accreditation Board for Engineering and Technology，ABET）对新型学习提出了进一步的要求，将特定类型的学习纳入其认证标准（http://www.abet.org/uploadedFiles/Accreditation/Accreditation_Process/Accreditation_Documents/Current/eac-criteria-2012–2013.pdf）。新标准确定了工科学生毕业时应该完成的特定学习类型，其中包括特定的工程技能或能力（例如，能够设计满足客户需求的系统）、一般专业技能（例如，能够有效沟通）和广泛的专业视角（例如，理解工程解决方案在全球和社会背景下的影响）。

几乎同时，美国科学基金会（National Science Foundation，NSF）的一个顾问委员会分析了科学、数学、工程和技术（STEM）学科本科教育的现状。《塑造未来：本科生科学、数学、工程和技术教育的新期望》（*Shaping the Future: New Expectations for Undergraduate Education in Science, Mathematics, Engineering and Technology*）（1996）的调查报告指出，虽然美国在科学、数学和工程学方面的基础研究是世界一流的，但其STEM教育却并非世界一流。鉴于STEM在整个现代社会和教育领域中的重要地位，STEM教育中的问题带来的影响相当严重。学生该学些什么呢？报告作者呼吁，从事STEM教育的教师要培养学生特定的观念和技能，以满足今日社会的新期望。他们尤其呼吁，教师需要推广新型学习，比如培养沟通能力、团队精神和终身学习能力。

3. 个人对新型学习的需要

除了全国性机构和专业机构在学习内容方面提出的呼吁之外，许多热心关注高等教育的个人也发表文章，提出类似呼吁。其中之一是列昂·加德纳所著的《重新设计高等教育：达成学生学习的惊人效果》（*Redesigning Higher Education: Producing Dramatic Gains in Student Learning*）（1994）一书。在完成一项重要研究后，加德纳意识到商业、工业和政府领导人都认为有几种重要的学习是未来几年里大众和从业人员所必需的。他称之为"关键能力"，包括以下个人特征、技能和性格（Gardiner，1994：7）：

- 责任心、个人责任感和可靠性；

- 以有原则、有道德方式行事的能力；

- 口头和书面沟通的技巧；

- 人际交流和团队合作技能；

- 批判性思维和解决复杂问题的能力；

- 尊重与众不同的人；

- 适应变化的能力；

- 终身学习的能力和热情。

作为批判性思维中心（Center for Critical Thinking，http://www.criticalthinking.org）主任，理查德·保罗（Richard Paul）一直专注于批判性思维这一关键能力。在《批判性思维：如何使学生应对这个日新月异的世界》（ *Critical Thinking: How to Prepare Students for a Rapidly Changing World* ）（1993）一书中，他提出了当今世界的两个重要特点：变化迅速、越来越复杂。基于这一观点，他总结说："未来的工作是与思想有关的工作，是脑力工作、带有推理性和自我约束性的工作。"（Paul，1993：13）据此，他认为我们都应以不同的方式养育孩子，以不同的方式开展工作，以不同的方式进行教育。

从事高等教育的教授们大多相信自己已经在着手培养学生的批判性思维，但是根据保罗和他的同事对 140 名大学教师的调查结果，大多数教师只是在培养粗浅形式的批判性思维。他们的研究发现，绝大多数（75% ～ 80%）的教师都认为自己重视批判性思维并在课上培养学生的批判性思维。但是，只有少部分（19%）的教师能清楚解释什么是批判性思维；9% 的教师能够在某天的教学中明确地为培养批判性思维而展开教学，而很小一部分（8%）的教师能确定评价学生思维质量的重要标准（Paul，Elder & Bartell，1997）。这也就是为什么越来越多的用人单位抱怨雇用的大学毕业生不能很好地思考、写作和交流。

五、更好的学习是否真的可能实现呢？

很显然，高等教育工作者和社会领导人都看到了这一需求，各院校需要提出新的教育方案，给学生带来不同的、更有意义的学习方式。不过这也提出了一个问题：变革是否真的可能让教和学的质量产生重大提升呢？我们真能比现在做得更好吗?

实际上,在过去几十年里,学者、教师以及大学教学理论专家都一直在积极地针对更好的教学新方法,提出了许多思想理论。为学生创造新的学习经历,这些思想提供了所需工具。

(一)新的教学范式

许多作者都宣称,高等教育的教学方法正在经历一种范式转变。在一篇颇具影响力的文章中,巴尔和塔格(Barr & Tagg,1995)描述了他们所认为的美国高等教育已经发生的重大变化。这一变化是范式的转变,在新范式中,教学机构对如何提供教学(教的范式)思考得少了,而对如何产出学习(学的范式)思考得更多了。他们的文章还进一步指出了这样一个变化对本科教学的启示意义。

- **任务和目标:**从"提高教学质量"到"提高学习质量",从"生源质量"到"毕业生质量"
- **教学结构:**从"教学内容的覆盖面"到"特定的学习效果"
- **学习理论:**从"学习是渐进式的、线性的"到"学习是知识框架的嵌套和交互"
- **产出和投入:**从以"每学生每小时教学成本"计算产出到以"每学生每学习单位的成本"计算产出
- **角色的性质:**从"教师主要作为讲授者"到"教师主要作为学习方法和学习环境的设计者"

作者相信这种范式转变是"需要的、受人欢迎的"。我也完全赞成这一观点。我想做的唯一调整是:真正的需要是教学机构不只是"产出学习",而且是"产出意义学习"。

坎贝尔和史密斯(Campbell & Smith,1997)也进行了类似的研究,他们称之为大学教学"新旧范式"对比(见表1.2)。新范式的观点反映了美国和其他国家教育发展项目中,创新教育工作者一段时间以来始终强调的许多主题。

表1.2　大学教学的"新旧范式"对比

维　度	旧范式	新范式
知识	由教师向学生传授	由师生共同构建
学生	接受教师知识填灌的被动容器	积极的知识构建者、发现者和转变者
学习方式	记忆	关联
教师目标	将学生分类排名	培养学生的能力和才干
学生成长目标	学生竭力完成教学要求，获得某一学科的证书	学生尽力在一个更宽泛的系统内关注持续的终身学习
关系	学生之间和师生之间的非个人关系	学生之间和师生之间的个人关系
环境	竞争性、个人主义	教室内的合作学习，教师合作团队
气氛	一致性、文化同一性	多样性与个人尊严；文化多样性和共同性
权力	教师拥有并施行权力、权威和控制	赋权给学生；权力在学生内部和师生之间共享
评估	常模参照评估（即依照正态曲线给学生打分）；以多项选择题为典型评估方法；课程教学结束时，学生进行教学评价	标准参照评估（即根据预先设定标准打分）；以表现性评估和学习档案为典型做法；教学过程中持续评估
理解方式	逻辑性—科学性	叙事性
认识论	授受主义；事实和记忆	建构主义；探究和创造
技术使用	练习和实践；课本替代物；粉笔—讲授替代物	解决问题、交流、合作、信息渠道、表达
教学假设	任何学科专家都会教学	教学是复杂的，需要相当大的培训

资料来源：Campbell & Smith，1997：275-276，经许可使用。

　　弗兰克·史密斯曾出版过《学习和遗忘》一书（Smith，1998），引起广泛讨论，书中也提到过两种学习。他描述了被称为"经典"的学习观：学习是持续的、毫不费力的、永不遗忘的。这是一种在人们生活中自然发生着的学习。这种观点完全有别于"官方"观点，后者认为学习是偶然的、艰苦的、容易遗忘的，在正式的学校教学中屡见不鲜。史密斯提出："我们只能从自己感兴趣的、可理解的活动中学习。换句话说，也就是只能从令人满意的活动中学习。否则，我们只能拥有低效率的机械学习或死记硬背，遗忘不可避免。"（Ibid.：87）

　　在20世纪70年代开始的一系列行动中，瑞典、英国和澳大利亚的研究人员曾半独立地提出了这样一个观点：教师、教育评估人员和研究者应该关注学生的学习体验，而不只是学习活动本身（Marton，Hounsell & Entwistle，1984，1997）。他们的观察结果表明，有的学生展现出一种"深刻的学习方法"，而另外一些则只是运用"肤浅的方法"。前一种情况下，学生渴望对所学材料达到个人的、有意义的理解；而后一种情况下，学生只满足于能复现课程中所学的信息（Marton，Hounsell & Entwistle，1997）。意识到这样一种区别，意味着教师需要思考一下教学评估带来的影响——不仅关注学生学习知识的数量，而且需要考虑学习的质量。

既然现在我们已经有了新视野、新范式，那么教师能够，或者说应该做些什么改变教学呢？人们已经发展出哪些新的教学和学习方法，对传统的讲授和课堂讨论教学加以强化补充呢？

（二）新的教学方式

自 20 世纪 90 年代以来，教师们一直在尝试和探索多种替代性教学方法，这些方法均属于主动学习和实践学习（active and experiential learning）范畴。尽管这些努力的开展或多或少有些不协调，但在越来越多的校园教学与学习中心的支持下，教师在以下教与学的方式中发现了价值。

有许多著作总结了过去几十年间涌现出的教学、学习新观点。我认为以下一些著作极具实践意义：贝恩（Bain，2004）的《最好的大学教师在做什么》（*What the Best College Teachers Do*）；戴维斯（Davis，2009）的《教学方法手册（第二版）》（*Tools for Teaching*, 2nd ed.）；斯文尼奇和麦基奇（Svinicki & McKeachie，2010）主编的《麦基奇的教学建议（第 14 版）（*McKeachie's Teaching Tips*, 14th ed.）》；尼尔森（Nilson，2010）的《最佳教学（第三版）（*Teaching at Its Best*, 3rd ed.）》。还有一个非常受欢迎的网站：http://honolulu.hawaii.edu/intranet/committees/FacDevCom/guidebk/teachtip/teachtip.htm。

1. 主动学习

1990 年以前，大多数关于大学教学的书，都在写如何成为更有效教师的建议。但是，第一本关于主动学习的书（Bonwell & Eison，1991）出版后，大学教师对课堂上的教学创新有了一个全新的视角：为学生提供更多的实践学习活动和反思这些活动意义的机会。后来，学者将这一观点与如何更充分地"吸引"学生的问题融合起来（Barkley，2010）。

2. 写作学习

在教学中运用写作有着多年的历史，但是它主要用于评估学习，如学期论文、考试的论述题等，写作并没有成为学习过程的内在组成部分。部分学者认为写作应贯穿课程始终，他们指出写作活动也能强化学生的学习过程，提高学习质量（Zinsser，1988；Bean，1996）。

3. 学生如何学习

自 20 世纪 90 年代以来，人们对学习，尤其是大学水平的学习进行了大量的研究。对大脑工作的研究，为学生创造有效的学习经历提供了许多见解（Zull，2002）。斯文尼奇（Svinicki，2004）综述了关于动机和学习的文献，安布罗斯和她的同事们（Ambrose et al.，2010）确定了学习如何发挥作用的七个原则，每个原则都包含了如何更有效地教学。

4. 小组学习

同样自 1990 年以来，小组学习方法的使用急剧增加。该方法包括临时小组的形式（如合作学习），将小组固定发展成为高效团队的形式（基于团队学习）。给出一定的结构和任务，小组可以创造强大的学习能力——帮助学生掌握主题、问题解决过程，了解自己，学会与他人合作，形成跨文化意识等（Johnson et al.，1991；Millis & Cottell，1998；Duch，Groh & Allen，2001；Michaelsen et al.，2004）。

5. 评估学习

自正规教育存在以来，教师就一直在评估学生，但最近教育工作者一直在寻找将评估纳入学习过程的方法。威斯康星州阿尔维诺学院（Alverno College）使用学习档案和该校泛评估中心资源，向学生提供关于其学习情况的持续发展方面的反馈。一些教职员工称之为"学生评估即学习"（Mentkowski，1999）。在单一课程层面，现在盛行的课堂评估技术服务于相同的目的：经常性地提供反馈，但通常不评分，以便学生能够提高学习质量，教师也能够评估不同教学技术和策略的有效性（Angelo & Cross，1993）。威金斯（Wiggins，1998）提出了另一个强有力的概念，即"教育性评估"，意思是评估过程不仅反映学生目前能做什么，而且实际上还能教育学生，从而提高学生的能力。

6. 服务式学习

尽管有不少先例，但服务式学习主要是在 20 世纪 90 年代才兴起的，它把高等教育和更多的服务社会需求连接起来——学生和高校本身都已感觉到这种需求。基本的做法是：学生选修某一指定主题的课程，在课程中参加某种形式的社区实践活动。通过给别人提供服务，同时观察社会上的重要问题与事物，学生的学习质量增加了全新的维度（Jacoby，1996；Rhoads & Howard，1998；Zlotkowski，1998）。

7. 反思教与学

20 世纪 90 年代出版了几本大学教授撰写的专著，这些著作较全面地论述了更充分地反思自己教学的益处和程序（Brookfield，1995；Seldin et al.，2010）。后来，苏比萨列塔（Zubizarreta，2009）提出了如何引导学生，通过学习档案反思学习的类似过程。

8. 教学技术

虽然高等教育采用新教学技术的速度相对较慢，但自 2000 年以来，某些形式的技术运用在迅速增加。幻灯片已普遍使用，甚至有人认为已经是过度使用了。但课程管理软件如"BB 平台（Blackboard）"和"渴望学习（Desire2Learn）"的使用现在也相当普遍。马祖尔（Mazur，1996）曾帮助推广课堂应答器，该设备可以收集和总结学生在课堂上解决问题或思考问题的情况。一位作者有力论证了在课堂外使用技术的优势，可以加强课堂内的应用活动（Bowen，2012）。

新观点层出不穷，现在我们所需要做的是用一个理论框架把这些观点组织起来，以便看清楚它们之间的相互关系。就我看来，这也是我们需要深入了解课程设计过程的原因之一。

六、了解课程设计的重要性

为了给学生提供更高质量的学习经历，教师需要了解的、能够了解的又是什么呢？我的看法是：无论教学是否有效，无论是传统教学还是创新教学，所有的教学都涉及四个因素，如图 1.1 所示。所有的教师都应该拥有一定的学

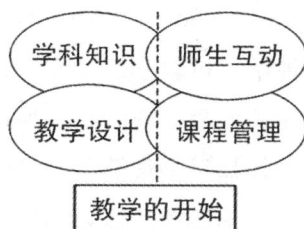

图 1.1　教学的四个因素

科知识，都要就教学设计做出决定，都要和学生进行互动，都要对课程事件（course events）进行管理。前两个因素主要发生在课程开始之前，后两个因素则在课程开始之后产生。

图 1.1 告诉我们，教师如果想改进教学，可以通过改进这四个因素中的一个或几个来实现。改进任何一个方面显然都是有价值的，但是，根据多年来和教师共事的经验，我发现这些因素对教师教学质量的影响有程度上的差异。

比如说，大多数大学教师对学科知识（knowledge of subject matter）都掌握得很好，因为这是研究生院和大部分院校教师聘用选拔程序的主要重点。尽管有些教师会重新思考一下初级学习者（相对于教师这样的高级学习者而言）需要学些什么并从中受益，但是学科知识并不是制约高等教育教学的主要瓶颈。

"师生互动（teacher-student interactions）"是个概括性术语，它包括教师和学生发生互动的所有不同的教学方法：讲授、引导课堂讨论、坐班时间与个别学生谈话、通过电子邮件进行交流等等。据我观察，这方面技能从拙劣到优异有着很大差异。有些教师具有某种特质和一整套社交技能，可以很容易地与学生自然互动，以促进学习。其他教师则需要学习如何让自己更有活力、如何建立更好的信誉、如何与学生建立更理想的关系。对于相当一大部分大学教师来说，学会改进与学生的互动将是一个重要进步。而对其他教师而言，师生互动不是主要问题。

"课堂管理（course management）"指有条理地准备好课程中的各种事项，比如及时准备好要布置的作业、及时批改、发还作业、在学生查询时随时提供成绩等等。有时，我发现这方面存在着严重的问题。但对大多数教师来说，课程管理同样并不是主要问题。

在"教学设计（design of instruction）"方面，很少有大学教师接受过相关的系统训练。有些教师很幸运地学习过教学活动设计，如在本科阶段接受过师范培训，在研究生阶段学习过相关课程，或者是参加过有关教学设计的在职教师发展培训项目。但是，大多数教师只是很简单地遵循学科里常见的传统教学方法，缺少重新思考、重新构建教学活动所需要的概念工具。根据我的经验，在这四个基本教学要素中，课程设计知识是制约高等教育教学质量提高的最大瓶颈。

（一）教师面临的问题及其可能产生的影响

从另外一个角度来说，想要解决教师在教学中经常碰到的问题，课程设计似乎是最具潜力的途径。要验证这一观点，有必要审视三个普遍存在的问题，然后判断三种可能的解决方法中哪一种最有价值。

1. 课前准备

教师们经常抱怨，学生不愿意在课前完成布置的阅读及其他作业，对课堂中解决挑战性问题准备不充分。为解决这一问题，教师可以做什么呢？

• 对不预先完成阅读作业的学生给予更严厉的惩罚。

• 和学生进行一次鼓励性谈话。

• 重新设计课程，让学生愿意主动阅读。

所有这三种做法都可能是有效的。但是大多数人认为，重新设计课程最有可能解决预习问题，并能够让学生参与到更有效的学习中。

2. 学习倦怠

另一个普遍存在的问题是学生感到厌倦——要么是厌倦了教师的讲课，要么是厌倦了所有课程的学习。如果教师要解决学生倦怠问题，并期望对学生的学习质量产生最大影响，那么下面三个可选做法（源自教学的四个要素）中，哪一个最有可能达到目的呢？

• 加强教师的讲授技能。

• 增加最前沿的研究资料。

• 重新设计课程，以更主动的学习代替讲授。

每一种做法都有可能缓解学生的倦怠情绪。但是，当我在教师讨论会上提出这个问题时，与会者大都选择了第三个选项，我也完全赞成。重新设计课程、将更多的主动学习融合到课程中，不仅最有可能解决学生的倦怠问题，而且还最有可能提高学生的学习质量。

3. 知识保持

教师面临的第三个问题是，考试成绩表明学生已经掌握了课程知识，但是，在转向学习其他课程后，学生却似乎无法回忆运用之前课程中所学。为解决这个问题，教师能做什么呢？

- 使测试变得更好（或更难）。
- 在课程之间开设复习课。
- 重新设计课程，使学生有更多机会运用所学的知识。

同样，大多数研究都支持第三个选择，增加知识运用的机会，有望带来更深刻的理解和更好的知识保持率。这也意味着应当重新设计课程，提供更多的知识运用机会。

（二）学习课程设计的总体意义

教师掌握课程设计的有效步骤，具有多方面的价值和意义：提供更有可能实现梦想的工具；帮助处理课堂教学中碰到的许多问题；提供组织架构（organizing framework）帮助教师理解与教学有关的许多新思想的意义；给学校领导提供方向，改进教育课程总体质量，也改进课程框架下的具体课程教学质量。

我非常理解并一直强调内容知识（content knowledge）和师生良好互动在教学中所具有的重要作用。与此同时，多年来我也坚持认为课程设计是一个被忽视的环节。这个环节可以把新思想融合到教学中去，可以解决大部分教学问题，可以使机构为教师提供更好的支持，为学生（和社会）提供更好的教育。

七、呼吁用一种新的方式思考教学

在本章开头，我提到了全世界的大学教师共同面临的一个问题：教师应继续沿用一直在使用的传统教学方法，还是应学会变革和创新？此后，本章通过一个案例描述了学生对更好学习的需要、大学教学中新的和似乎更佳思想的可得性，以及院校面临的时代变革，论证了我们能够为教师的变革提供更好的支持。在我看来，这些都构成了对变革、对教与学的新思路的呼吁。对于教师来说，现在的情况比以往任何时候都好，他们可以学习，并开始寻找所需的智力和组织支持，为学生创造各种学习体验，而这正是教师在自己的特殊梦想中所希望的。

在本书中，我努力组织、呈现关于整个变革过程中的一个基本部分——教学设计方面的一些想法。如果教师能学会更有效地设计课程，学生就更有可能获得意义学习经历，也就是当今社会多方需要的那种学习经历。

但这本书同时也是关于梦想的。我的梦想是鼓励教师拥有属于自己的关于教与学的梦想。只是我希望他们不仅能够梦想一些与众不同的事情，而且能够相信自己可以促使这些梦想的实现。

为了开启实现梦想的旅程，本书第二章将介绍明确学习目标的一套话语，这套话语能帮助教师和其他教育领导者更有效地描述所珍惜和向往的那种学习。

意义学习分类法

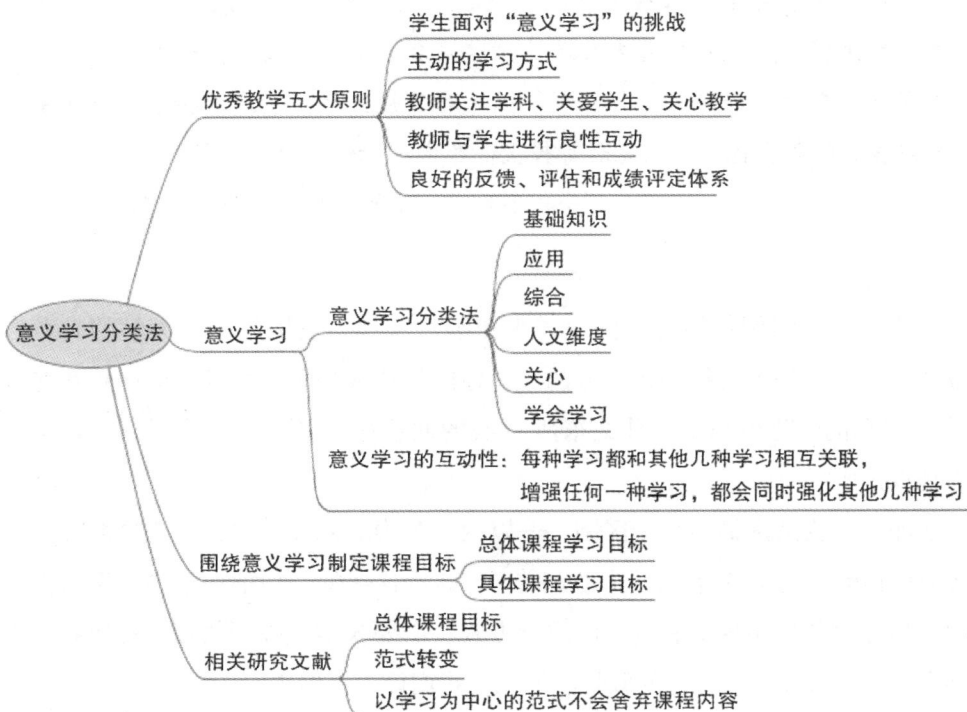

意义学习分类法

├─ 优秀教学五大原则
│   ├─ 学生面对"意义学习"的挑战
│   ├─ 主动的学习方式
│   ├─ 教师关注学科、关爱学生、关心教学
│   ├─ 教师与学生进行良性互动
│   └─ 良好的反馈、评估和成绩评定体系
│
├─ 意义学习
│   ├─ 意义学习分类法
│   │   ├─ 基础知识
│   │   ├─ 应用
│   │   ├─ 综合
│   │   ├─ 人文维度
│   │   ├─ 关心
│   │   └─ 学会学习
│   └─ 意义学习的互动性：每种学习都和其他几种学习相互关联，增强任何一种学习，都会同时强化其他几种学习
│
├─ 围绕意义学习制定课程目标
│   ├─ 总体课程学习目标
│   └─ 具体课程学习目标
│
└─ 相关研究文献
    ├─ 总体课程目标
    ├─ 范式转变
    └─ 以学习为中心的范式不会舍弃课程内容

如果将学习不仅仅视为获得信息，而是生命中对意义和一致性的探索；如果将重点放在学习内容及其对学习者的个人意义上，而不仅仅强调学了多少东西，那么对学习机制，以及对教师主导学习方式和学习者主导学习方式的各自优势，研究者都将获得非常有价值的全新理解。

——菲利普·康迪（Philip Candy，1991：415）

几年前，因例行体检去医院，我和医生谈起了美国学校和大学的教育质量问题。医生是个关注公共事务的人，他的说法表达了当今社会的一种普遍感受："现在的学生好像没学什么东西。"我的回答是："不，他们在学，只是学的不是真正所需而已。"

那天，我试图描述一个区别——以内容为中心和以学习为中心这两种教学之间的区别，也就是本章开头菲利普·康迪所描述的。如第一章中大家所倡导的，高等教育想实现更有意义的教育方式，需要大学教授们找到一种更好的教学方式——关注学习质量的教学。为此，我们该怎么做呢？

在过去的 26 年里，我一直是俄克拉荷马大学的教学顾问，和大学教师一起工作，帮助他们寻找改进教与学的方法。在这个过程中，我们的做法是——探索更好的教学方法，为学生提供意义学习经历。这与第一章所描述的国家所做出的努力相呼应。

在工作中，我们很快意识到，需要形成一套新的概念和术语来描述意义学习经历。需要用一种语言，精确、充分地描述希望带给学生的影响。这种新语言不仅适用于各种学科领域和学习场合，还应该满足高等教育中几类主体——教师、学生、管理者、专业学会以及劳工组织等的需求。

本章将阐述一种"意义学习分类法"。该分类法涵盖了多种不同类型的学习，包括许多人员（学生、教师、专业学会、现代社会教学需求评论员等）认为有意义的学习种类。本章还将展示，如何根据这一分类法创建课程目标，并阐释该分类法如何呈现大学教学相关研究文献中描述和倡导的各种学习。此外，本章还将指出这一分类法所蕴含的范式转变，并解决与这种根本观点变化相关的一系列问题。

一、开启旅程

多年前，我就开始探索如何更好地进行教学：有一天在校园办公室里，接见我的人问道："根据对其他人课程教学的观察，你认为是什么成就了一门'好课程'？"对这个简单而深刻的问题，我居然给不出答案。尴尬过后，我开始寻求答案，并最终得出一个标准——称之为"芬克优秀教学五大原则"。该标准后面三条经常会有些修改和变动，但前面两条一直列在榜首。这一标准目前是这样的：

优秀的课程包括：

• 使学生能面对"意义学习"的挑战；

• 采用主动的学习方式；

• 拥有关注学科、关爱学生、关心教学的教师；

• 拥有与学生进行良性互动的教师；

• 有着良好的反馈、评估和成绩评定体系。

这些标准反映了这样一个观点：如果教学覆盖了这些标准，无论是否存在其他方面的问题——甚至教师讲课能力不好或者条理不清楚——都会有良好的教学效果。反之，如果教学没达成这些标准，无论其他方面有多好，教学质量都不佳。

在我看来，这里面最重要的就是第一条。如果学生能面对"意义学习"的挑战，并从中有所收获，那么课程其他方面无论怎样，学习效果都会不错。是否为意义学习，是衡量的根本。那么，什么样的学习，才是意义学习呢？

二、是什么造就了意义学习？

当教师们描述希望学生在课堂里学到什么，并且需要超越自己的惯性思维时，有时就会运用本杰明·布卢姆（Benjamin Bloom）及其同伴，在20世纪50年代提出的著名的教育目标分类法。虽然该分类法包括三种，即认知的、情感的和心理动作的，但教师们最常用到的是认知领域的（Bloom，1956）。认知领域将学习分为六个层次的种类，从高到低依次是：

- 评价
- 综合
- 分析
- 应用
- 理解
- 知识（指知识记忆的能力）

2001年，布卢姆的学生安德森和克拉斯沃（Anderson & Krathwohl），对这一分类方式进行了适当修改。他们把"知识"改为"记忆"，把"综合"改为"创造"，并改变了排序，把创造作为最高的类别。教师把最初的和修订的分类方式，作为设定课程目标的框架和测试学生学习的基础。

布卢姆及其同伴提出的这个分类法，其价值是值得肯定的。能够在半个世纪后还受人尊崇的模式，必定非同凡响。但正如第一章所指出的，参与高等教育的个人和机构，都有一些重要的学习需求，但却没有体现在布卢姆的分类法中，比如学会学习、领导力、人际交往能力、道德、沟通技巧、个性、宽容和应变能力等。这句话可以理解为：他们表达了一种新的学习需求，这种需求超越了布卢姆的认知领域分类法，甚至超越了认知领域本身。这意味着，我们需要对意义学习进行更广义的重新分类。意识到这种需求后，我对优质教学的含义进行了查阅，试图建立新的分类法。这种分类法描述了学习的各种意义，是我几十年来为解决这个问题与教师、学生进行对话交流的总结。

在创建该分类法的过程中，一种特殊的学习视角引导着我：从变化的角度来定义学习。学习的产生，伴随着学习者的某种变化；没有变化，也就没有学习。意义学习，就是对学习者的一生产生有重要意义的、持续变化的学习。基于这种想法，我构建了基于六种意义学习的分类法（见图2.1）。

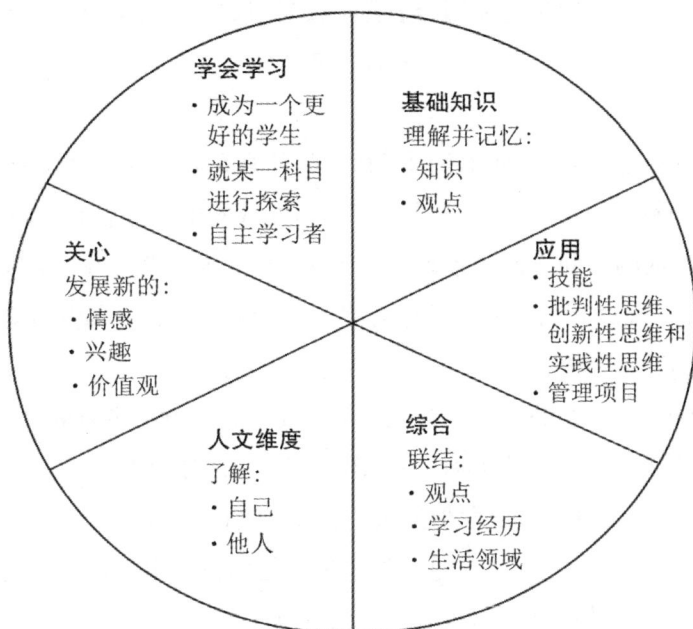

图2.1 意义学习分类法

（一）意义学习分类法的主要类别

各类意义学习都包括几个具体的学习种类，它们在某种程度上相关联，但对学习者又有着各自的价值。

1. 基础知识

学生需要了解一些知识，这是很多其他种类学习的基础。这里的了解是指学生理解并记忆一些具体知识和观点的能力。对学生来说，拥有一些基础知识是很重要的，比如说，科学、历史、文学、地理和世界的其他各方面。学生也需要理解一些重要的观点，比如什么是进化（和什么不是进化），资本主义是什么（和什么不是资本主义），等等。

特殊价值：基础知识提供了学习其他知识所必需的理解基础。

2. 应用

除了事实和观点外，学生们还经常需要学习如何参与一些新的活动，这种活动可能是智力的、体力的，也可能是社会性的。学会如何进行各种思维活动（批判性、创新性、实践性）是应用学习的重要形式，但这类学习也包括一些技能的培养（如交流沟通技巧或钢琴演奏）或学习如何管理复杂的项目。

特殊价值：应用学习使其他种类的学习更有价值。

3. 综合

当学生能够意识到并理解不同事物之间的联系时，就达到了意义学习的效果。有时他们将不同的观点相联系、将不同领域的思想相联系、将不同的人相联系或者将生活的不同方面联系起来（比如，学习和工作、学习和休闲生活）。

特殊价值：建立新的联系，给学习者带来新的力量，尤其是智慧的力量。

4. 人文维度

如果学生了解一些关于自己或他人的重要信息，就能更有效地工作和交流。他们会发现所学知识对个人和社会的影响。所学的内容或学习方式有时会让学生对自己有一个新的认识（自我形象），对想成为什么样的人有一个新的看法（自我理想），或更有信心完成一些重要的事情。他们也能更好地理解他人：他人如何做、为什么这样做，以及如何更有效地与他人互动。

特殊价值：这种学习使学生理解自己所学内容的人文意义。

5. 关心

有时候学习经历会改变学生对某一事物的关注程度，表现出新的情感、兴趣和价值观。所有这些变化都意味着学生比过去更关心某一事物，或者以不同于以往的方式关心某事物。

特殊价值：当学生关心某事物时，就更有动力了解它，并把它融入自己的生活。缺乏学习动力，意义学习就不可能发生。

6. 学会学习

在课程学习中，学生也可以学到一些关于学习过程本身的知识。他们可能正在学习如何成为一个更好的学生，如何进行某种探究（比如科学方法），或者如何成为一个自我指导的学习者。所有这些构成了学会如何学习的重要形式。

特殊价值：这可以使学习者能够在未来继续更有效地学习。

（二）意义学习的互动性

该分类法的一个重要特征是互动性，而不是层级结构。图 2.2 阐释了这一分类法的互动特点。这个具有动态性质的图表明，每种学习都和其他几种学习相互关联，增强任何一种学习，都会同时强化其他几种学习。这一点为什么如此重要呢？

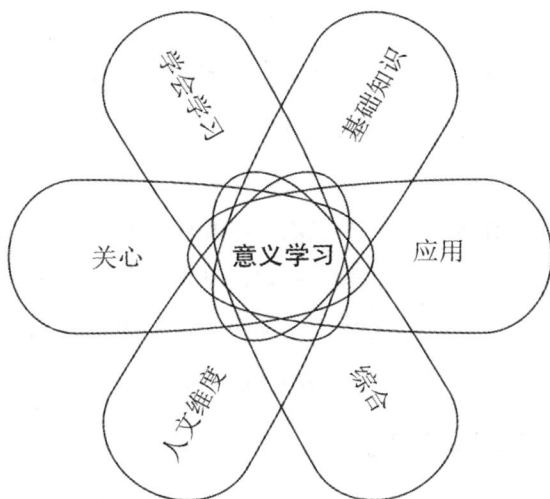

图 2.2　意义学习的互动性

这种相互关联对教师来说非常重要，因为这表明了各种学习是协同促进的。进一步说，这意味着教学不再是一个零和博弈，即教师不必为了达到一种学习目标，而放弃另一种学习。相反，当教师找到一种方法帮助学生实现一种学习时，实际上可以提高而不是降低学生在其他方面学习的可能性。

例如，如果一位教师想出一个方法，帮助学生学习如何使用知识和概念，在课程中有效解决某些类型的问题（应用），能使学生更容易对学科的价值感到兴奋(关心)。或者学生学习如何有效地将某主题与其他思想和主题联系（综合），能使他们更容易看到课程材料对自己和他人的意义（人文维度）。当一门课程或学习经历能够促进所有六种学习时，我们就可以真正称之为"意义学习"。

三、围绕意义学习制定课程目标

这一分类法对教师来说主要有两点启示。首先，一门课程的学习目标，应该包括但不限于要求学生掌握的内容。在基础知识之外加入一些内容，会让学习经历本身更有价值，同时也会让学习者更感兴趣。其次，如果教师将意义学习目标结合使用，就有可能产生一定的交互作用和协同效应，极大地提高学生意义学习的效果。

为了达到这样的效果，教师必须知道如何围绕意义学习的理念设定课程目标。该如何操作呢？第三章针对这一问题提供了更多的思路，不过在此之前，有必要看看意义学习的总体目标，然后再来看具体课程的学习目标。

在这里，可以谈谈两个相关的短语：学习目标和学习结果。在本书中，我将学习目标定义为希望学生在课程结束时达到的状态，有些人将其称为学习结果。因此，如果有些读者更喜欢后一种说法，他们可以在阅读本书时将学习目标转换成学习结果。我认为，这两个短语是同义词。

（一）制定总体课程学习目标

有些教师喜欢用笼统的语言来描述他们的课程目标，而有些教师则喜欢更具体的语言。对喜欢前一种做法的教师来说，以下表达了一系列六种意义学习的课程目标。大多数教师会觉得它们很有意义，并且会因为学生达到这些目标而倍感欣慰。

根据意义学习制定总体目标

在课程结束时，学生将……
•理解并记住关键的概念、术语、关系等等
•知道如何应用这些内容
•能将该课程与其他课程相联系
•明白学习该课程相关知识的个人和社会意义
•关心该课程（并愿意更多地学习有关内容）
•知道在课程结束后如何继续学习有关内容

上面所描述的总体目标未能回答这样一些问题：概念、术语、关系具体指

什么，这些内容有何具体应用，等等。在课程教学过程中，通过学生的阅读、讲座、应用练习和其他学习活动，这些问题可能会逐渐清晰起来。

（二）制定具体课程学习目标

有些教师喜欢在一开始就具体地表述课程目标。就某一门课程来说，学习的目标是什么呢？为了快速回答这个问题，我以教过的"世界地理"课程为例进行说明，该课程目标围绕六种意义学习目标进行设计。

在这门课程结束后，学生将……

基础知识

- 在头脑里有一个世界地图的概念，并能正确地指出重要地点的位置——国家、山脉、河流、城市、海洋等等。
- 理解主要的地理概念——物理地理、人文地理、比例尺、人口变迁等等。

应用

- 能够从地理角度就地区问题查询信息并进行分类。
- 能有效、快速地使用地图。

综合

- 能判断地理和其他领域知识之间的联系，如历史、政治、经济社会结构等等。

人文维度

- 能够辨别个人生活如何与世界其他地区之间产生互动影响。
- 能够智慧地与别人讨论全球事务，以及地理对这些事务所产生的影响。

关心

- 对世界其他地区感兴趣，愿意通过阅读、电视、互联网和旅行继续了解这些地区。

学会学习

- 能够解释将来可能获得的信息、观点的地理意义。
- 熟悉众多常见的地理杂志以及其他获取世界各地区相关知识的资源。
- 比较具体地知道自己还想了解哪些地区的知识。

不同教师在制定课程目标时，自然会与上述案例有很大的差异，尽管如此，这个最初的版本展示了一个特定课程的学习目标可能是什么样子。下一章将讨论课程设计的初始步骤，并提供更多的例子，说明教师如何在具体课程中创建意义学习目标。

四、意义学习和大学教学的相关研究文献

意义学习这种宽泛分类法的吸引力之一，是它包含并整合了大量关于理想学习方式的文献。如果我们用这个分类法去观察耳熟能详的课程目标，它们就重新获得了生命力。另外，新的分类法还能够解读大量已发表的，关于学生能学什么、该学什么的论述。

（一）总体课程目标

大学教学的相关研究文献中，有着许许多多关于教师该教什么、学生该学什么的指导性意见。在意义学习的框架内去看这些文献，就更容易看出每一种说法所独具的价值，也更容易看出它们当中没有一个能包括意义学习的全部特点。

以下列出了高等教育相关研究文献，这些文献都对大学课程应该达到的教育目标进行了描述。根据意义学习的种类，我们对这些目标进行了分类。

主要教育目标和意义学习

当前有许多与教学有关的研究文献，以下列出了其中描述、倡导多种意义学习的案例。根据意义学习分类法的总体框架，这些例子被分别归入最能代表其特性的具体学习类别。

学会学习
- 如何成为更好的学生：学习如何进行自我调节的学习或者深度学习。
- 如何探索、构建知识：学习如何使用运用科学方法、历史方法和其他方法进行探究。
- 如何进行自我指导的学习或者是有目的的学习：制订学习日程或计划；成为有意识的学习者；有自习能力（安排学习和生活的能力）；做一名有反思能力的实践者。

关心
- 想成为好学生：希望有好成绩、成为优等生。

- 对某一活动或科目感到兴奋，如对鸟类活动观察、历史书籍阅读或音乐欣赏产生浓厚兴趣。
- 培养对生活的承诺：如决心学习，并养成科维（Covey）提出的高效能人士七个习惯。

人文维度

- 领导能力：学会如何做一个有实际能力的领导者。
- 道德、品格塑造：塑造品格，并依据道德准则进行生活。
- 自我定位：学会创新，并对自己的生活负责。
- 多元文化教育：在人际交往中具有文化敏感性。
- 团队合作：知道如何为一个团队工作。
- 公民责任：成为所在社区、国家和其他政治实体的负责任的公民。
- 为他人（地区、国家、世界）服务：在社会的各个层次为他人利益做出贡献。
- 环境道德：在与非人类世界关系中坚持道德准则。

综合

- 跨学科学习：关联不同的学科和观点。
- 学习共同体：联系不同的人。
- 学习、生活与工作：连接生活的不同领域。

应用

- 批判性思维：对不同的事务、情况进行分析批判。
- 实践性思维：培养解决问题的能力和决策能力。
- 创造性思维：提出创造性的观点和见解，开发创新产品。
- 管理复杂项目：能将一个项目、课题中的多项任务进行协调、排序。
- 实用技能：培养外语、交流、操作技术、艺术表演、体育等方面的能力。

基础知识

- 概念理解：充分理解某一科目相关的概念，能进行解释、预测等。

为理解该分类法的价值和意义，下一步需要将它与更广义的大学教学研究文献相联系。为了让学生能够学到有意义的东西，人们已发表了大量的研究论文讨论学生应该学什么、教师应该如何教学。对任何学习分类的验证方法之一是看它如何阐释、解读这些文献。

为了对这些文献进行综述，我们将从最熟悉的种类——基础知识开始，然后逐渐转向该分类法中的一些更新的学习种类。

1. 第一种意义学习：基础知识

这一类学习的基本意义是理解和记忆。持续努力学习任一主题、科目或者活动，都不可避免地需要学生基本理解一些数据、概念、关系和观点，并能在将来回忆起这些知识。

对此，一些教育家提出了一些重要的思想，值得我们在追求对一个学科的基本理解时牢记。杰尔姆·布鲁纳（Jerome Bruner）以其在教育领域提出了许多富有远见的思想而闻名，他的一个重要贡献是，提出了所有学科都有一定的逻辑或概念结构（Bruner，1960，1966）。因此，教师的职责之一不仅是教授某一学科的实际知识，还要帮助学生们充分理解该学科的基本概念结构。只有这样，学生才能用新知识做一些有价值的事情。需要注意的是，这个论点的第二部分——"用知识做事"，指的是意义学习分类法所指的"应用"。总之，布鲁纳的观点是正确的，他认为掌握基础知识的前提需要对一门学科的概念结构有深入的理解，而不仅仅是记住大量相关的事实和概念。

在过去的几十年里，部分由于受到布鲁纳的影响，部分由于对教育观念的重新思考，很多学科的研究者、从业者都试图对所在学科的关键概念和概念性结构进行清晰描述。其中一个引人注目的例子是戴维·赫斯坦斯（David Hestenes）及其同伴，在亚利桑那州立大学的物理教育中所做出的努力：更为清晰地描述了物理学中最基本的概念（Hestenes，1999）。他们进一步开发了一些方法帮助学生理解物理学的概念，而不只是培养学生通过普通练习培养正确运算的能力。

上述案例的中心主题是：几乎所有的意义学习都是建立在对某学科知识的深入理解基础之上的，因此要求学生必须对学科知识有深入的理解。这就是这种知识在此被称为基础知识的原因。

2. 第二种意义学习：应用

继基础知识之后，学会应用大概是大学教师最普遍的教育目标了。他们经常谈到要求学生"学会应用知识"。知识可以通过多种方式得到应用，因而这一类意义学习也具有多重意义。应用或者是对基础知识的使用，包括培养某些技能、学习管理复杂项目以及培养多种思维能力。

（1）技能。当教师说要求学生学会应用某些知识时，他们有时指的是让学生培养某种技能，也就是从事某一活动的能力。有时指的是这种技能与身体的某部分相联系，比如说学钢琴的人必须学习一定量的基础知识，如音符、音阶、和弦等；但是从某个方面来说，新钢琴家必须学习如何运用他们的手臂、手、脚和手指，用钢琴创造出音乐。在这些学习中，他们在培养一种技能，一种从事某一活动的能力。我们熟悉的其他技能包括写作、口头交流、应用电脑程序、操作显微镜和酒精灯等实验室设备。

几年前，美国学院和大学协会（AAC & U）就高等教育中哪些学习方式最重要这一问题，采访了教育界和公民领袖。根据采访，该协会在2007年发布了一份名为"基本学习结果"（The Essential Learning Outcomes）的清单，其中包括令人印象深刻的六种智力和实践技能：探究和分析、批判性和创造性思维、书面和口头表达能力、定量思维、信息能力，以及团队合作和解决问题的能力。

大多数技能具有区分专家级别表现和新手表现的相关标准，任何以技能为目的的学习都是为了让学习者能以更高水平从事某一活动。

（2）**复杂项目管理**。另一种应用是管理复杂项目的能力。与运用技能相似，这种活动也有评价其优秀表现的相关标准，但是这一活动与其他形式应用学习的区别是：复杂性。这种复杂性要求学生学会对某个大项目里的几项任务进行组织、协调。

俄克拉荷马大学区域和城市规划专业的一位教授，开设了一门面向本科生和研究生的课程，成为复杂项目管理的一个好案例。这位教师让学生对如何美化洛杉矶市一条穿城而过的河流提出自己的意见，并向该市提交一个实施该项目的计划。这要求学生必须了解城市水道，查阅洛杉矶及该河流的相关资料，用电脑建立模型、绘画图纸，还需要处理好政治、市场和公共关系，让市政府接受他们的计划。该项目之所以特殊，部分原因在于为了成功地完成整个项目，学生必须学会组织、协调多项不同任务。

还有一个更为普遍、广为人知的学习管理复杂项目方案：让学生参与一个复杂的研究课题。为完成整个课题，学生必须知道如何组织、协调几个子任务：必须学会选定题目，寻找相关信息的来源，从研究文献中提炼关键知识和观点，分析知识和观点并将其组织成连贯的论文或口头报告，等等。这些任务帮助学生培养了管理复杂项目的能力。

（3）**思维的一般概念**。第三种非常重要的应用是学会思考。在大学教学的相关研究中，这几乎是最受关注的主题。几乎所有发表长篇论文讨论教育目标的教师，最后都会以某种方式说："我要学生学会思考。"有关这个主题的学术文献如此之多，以至于有两位作者专门就有关思维的教学做了一个带注释的资料目录（Cassel & Congleton，1993）。但是，只需对这些文献稍加浏览，就可以很清楚地看到，教师和作者们在使用"思维"这个词的时候，所指的往往是极不相同的概念。一方面，是因为该概念本身的复杂性；另一方面，是因为这个概念有着很大的吸引力，无论人们喜欢哪种学习方式，都用这一概念来描述。

尽管教师们对思考持各种不同观点，但都认为思考是一种应用学习。引用一个我觉得特别有意思的例子：斯滕伯格（Sternberg，1989）对思维持有一种称为"三要素"（triarchic）的观点，使用这一观点可以帮助学生更有效地进行思维。他把思维看成一个总体概念，然后将其分为三个子概念：批判性思维、创造性思维和实践性思维。根据我个人对这一观点的理解，这三种思维之间有着以下区别：批判性思维（这个词在高等教育中援引最广泛）在斯滕伯格的"三要素"论中有着特殊的意义，它指的是分析和评价事物的过程，因此在批判性思维中标准起着特别重要的作用。当一个人在想象、创造新的观点、设计方案或产品的时候，创造性思维就产生了。新意和"符合情境"在其中起着关键作用。当一个人在学习如何使用、应用某事物的时候，比如说试图解决一个问题或者做出一个决定的时候，实践性思维就发生了。这种思维的产品是一个解决的方法或决策，而且该解决方法或决策的有效性至关重要。在商学院使用的案例研究是培养实践性思维的一个好案例，在案例研究中，学生通常学习如何解决问题、如何进行决策。

为了帮助教师了解这种思维方式在课堂上的意义，斯滕伯格就六门不同的课程创建了一个问题列表，来进一步说明这三种思维的培养（见表2.1）。与许多作者不同的是，斯滕伯格用"思维"而不是"批判性思维"作为总的概念。批判性思维固然很重要，但是它只是三种重要思维之一。我发现在和教师们讨论到底要学生学会什么的时候，厘清这个概念的区别非常有帮助。那么有哪些我们熟悉的课程目标案例反映了这三种思维呢？

表2.1 为促进三种思维而设计的问题

领 域	批判性思维	创造性思维	实践性思维
心理学	请比较弗洛伊德和克里克的梦的理论	请设计一个实验来验证梦的理论	弗洛伊德梦的理论对你个人的生活有何启示意义？
生物	试评价溃疡细菌理论的正确性	请设计一个实验来验证溃疡细菌理论	溃疡细菌理论将如何改变传统的治疗方案？
文学	凯瑟琳·恩萧和戴茜·米勒有哪些相似之处？	改写《呼啸山庄》的结尾，让凯瑟琳和希斯克利夫在生活中结合	为什么恋人们有时会残酷地对待彼此？对此我们能做些什么？
历史	"一战"后德国的哪些事件导致了纳粹主义的崛起？	杜鲁门如何可以不在广岛使用原子弹的情况下让日本投降？	纳粹主义对波斯尼亚20世纪90年代的多民族战争有哪些经验教训？
数学	该数学证明过程有何缺陷？	证明一个假设的命题	如何将三角学应用到桥梁建设中？
艺术	比较、对比伦勃朗和凡·高在具体绘画作品中的光线运用	画一束光	我们如何在现实房间里重现这幅画中的光线？

资料来源：由曾执教于耶鲁大学心理学系、现任俄克拉荷马州立大学教务长的罗伯特·斯滕伯格提供。经许可使用。

（4）批判性思维。当大学教师要求学生学会分析和评价某事物时，就是以批判性思维为课程目标。文学教师要求学生阐释一部小说时，会让学生进行"分析和评价"。他们让学生从概念(情节发展、人物刻画、戏剧紧张状态的创造等）出发对小说进行分析。为让学生学会评价不同的解释方式，还经常采用课堂讨论的教学方法。科学教师在要求学生运用已学概念（如能量守恒理论或者板块构造理论等）来解释（或预测）在特定条件下正在（或者即将）发生的现象时，他们也对学生提出了分析的要求，然后让学生个人或者集体对这些解释和预测进行评价。

在这些及其他相类似的教学情境中，教师都在要求学生进行批判性思考，并提高批判性思维能力。为做到这一点，学生需要理解相关概念，并且还需要有相关标准评价他人所做的解释和预测的质量。

（5）创造性思维。人文学科的教师很习惯让学生进行创造性思维。在人文应用类课程里，教师帮助学生通过绘画、音乐和其他媒介，找到表达自己的新方式和新风格。即使在非应用类的课程里，教师也常常努力让学生对现有作品做出新的解释。这些情况都是在鼓励学生进行创造性思维。

创造性思维也存在于社会科学和自然科学领域。当教师要求学生"跳出思维定式"寻找问题的新答案，提出对所研究现象的新见解，或者是对老问题提出新的解决思路时，他们就是在鼓励学生进行创造性思维。创造性思维的共同要素是帮助学生学会形成新的观点和新的做事方式。

（6）**实践性思维**。第三种思维是实践性思维，即让学生学会回答问题、进行决策和解决问题。当要求学生参与解决问题或做决策练习时，我们就是这么做的。例如，当商业、工程或教育领域的教师对学生说："这里有一个问题。你如何解决？"这个时候他们就在要求学生运用实践性思维。当教师说："在这个情况下你通常有这些选择，你会怎样决定？"他们也同样是在要求学生运用实践性思维。

不论我们采用的问题是假设、模拟还是真实情境，都是在培养学生用实践性思维进行思考，这种能力在他们的个人生活、社会生活和工作中都能用到，这就是应用学习的重要价值所在。学习特定的技能、学会管理复杂项目、学会进行批判性、创造性和实践性思考，所有这些都能促进学生学习并运用其他类型的知识。

3. 第三种意义学习：综合

第三种意义学习是综合。在这类学习中，学生学会将不同事物联系起来。在下面的案例中，我将列举教育家们所强调的三种联系：跨学科学习、学习共同体以及将学术工作与生活的其他方面相联系。

（1）**跨学科学习**。教师们一直对跨学科学习教育目标感兴趣。尽管认识到深入学习某一门学科的必要性，但许多学者都指出，世界上很多重大问题都跨越了单一学科（Davis，1995）。因此，这个世界需要那些已经学会如何从两个或多个学科的角度看待问题的人，需要能够与来自不同学科、持有不同见解学者有效沟通的人。

有时，跨学科教学的实现方式是由一位教师在一门课上，向学生展示两个或多个学科的观点。有时，教师也利用合作教学、协作课程、跨学科项目，甚至是整个大学的课程来达到跨学科学习的目的（Klein & Newell，1996；Moss & Osborn，2008；Chandramohan & Fallows，2009）。华盛顿常青州立大学（Evergreen State University in Washington）就是这样的一所大学，俄克拉荷马大学的人文学院也是如此。这些做法的共同之处在于，其目标都是帮助学生学会综合各种知识和观点，掌握探究和分析的方法，使学生对问题有更全面的理解。

（2）**学习共同体**。20世纪90年代以来，与上述学习密切相关的学习共同体的构建，引起了人们浓厚的兴趣。学习共同体的总目标是帮助学生综合不同的观点，但重点是将不同的人以及不同的学科联系起来（Cox & Richlin，2004；Laufgraben & Shapiro，2004；Smith，2004）。

这些项目都积极探索新的途径实现教师之间、学生之间、员工之间，甚至是学校与社会之间的新的互动。其实现方式是多种多样的：

- 以新的方式安排住宿；
- 把一些课程联系在一起，学生可以同时选修系列课程，课程通常采用合作教学；
- 引进校外人员和学生一起合作，或者是把学生送到校外和不同工作环境中，与他人一起工作。

帕克·帕尔默（Parker Palmer）在他的成名之作《教学勇气：漫步教师心灵》（*The Courage to Teach: Exploring the Inner Landscape of a Teacher's Life*）（1998）中，描述并推荐了创建学习共同体的另一种方式。他半理想主义、半现实主义地敦促教育者把课程"放在中心"，让教师和学生围绕主题坐成一圈，一起学习。其目的是在师生之间、学生之间建立一种新的关系。

所有这些讨论不断重复的一个主题是希望打破壁垒，消除学生和课程之间的隔阂。也就是说，希望带来目前缺乏的，不同的人、不同的观点之间的联系和融合。

（3）**将学术工作和生活的其他方面相联系**。第三种综合是将学生的学术活动和生活的其他方面相联系。这些"其他方面"通常包括学生的工作，而且还延伸到学生的个人生活及社会生活。

当教师让学生采访年长的家庭成员，通过口述历史的学习，学生将学会如何从新的来源收集信息。此外，他们也将课堂所学的历史，与自己的家庭生活建立起一种联系。在职前培训课程中，教授要求学生在课程学习的同时，进行见习或实地教学，试图帮助学生将课堂所学知识，与正在从事的，或将来可能从事的工作建立联系。教授提供服务式学习机会，就是鼓励学生寻找课堂上所学知识和生活中更大的社区之间的关系，并在两者之间建立联系。当教师让学生在日记中记录个人生活与所学科目相关的事件时，就是在试图帮助学生将课堂上学到的东西与生活中其他事情之间建立联系。

4. 第四种意义学习：人文维度

第四种意义学习与我们和自己、我们和他人之间的关系以及互动有关。学会以积极的方式实现这些关系，学会珍视、推进这些关系非常重要。大学生经常提到，了解自己、了解他人，是他们在大学期间最有价值的学习经历之一。这与了解书本上的人物有着很大的不同，其差异在于生活中存在着真实的人际关系。

（1）**了解自己**。在努力了解自己时，我们可能学到一些东西，有利于更好地认识目前的自己。这种学习让我们了解自己并改变自我形象。有些时候，这种学习也帮助我们了解自己希望成为某种人，给自己一个新的自我理想。两者都很重要，它们都可能通过有意识的方式来实现，或者都可能是接受正规教育的额外收获。

举例说明一下，可以想象某个第一代移民大学生，选择了一门富有挑战性的课程——化学或者数学。随后他想："虽然这些学习材料非常难，但是如果用合适的方法努力学习，并发现我也能学好，就可以说明，我能够理解有挑战性的科目，并能取得很好的成绩。我想我具备完成大学水平学习的能力。"这样一个学生，原本对能否在大学里取得成功持怀疑态度，但如果他努力学习并获得了成功，便会形成一种新的自我形象，成为一个更有能力的人。

几年前，我采访过一名学生，他讲述了自己选修一门"城市地理"课程的故事。课程中，教师让他们给所在城市做一个真正的规划项目。有一天，他用胳膊夹着图纸，走在校园里，遇见了一群朋友。他们见他拿着图纸，便问他在做些什么。他告诉朋友们，自己正在从事这个城市交通系统新方案的评估项目。朋友们纷纷表示惊讶和赞叹，该学生觉得自己在朋友眼里变得更重要了，在自己眼里也更有价值了。而且他还意识到，自己喜欢这种感觉，感到自己像个专业人士。最后，他决定成为一名专业城市规划设计者。从而，他所获得的就不只是一个新的自我形象，还有新的自我理想——希望自己成为的那种人的新形象。

（2）**走向自我定位**（Self-Authorship）。巴克斯特·马格尔达（Baxter Magolda，1992，1999，2001）曾给所有大学生提出了一个教育目标，该目标是意义学习的一个有力的案例：帮助学生进行自我定位。她对100名1986年进入大学的学生进行了一项纵向研究，跟踪研究这些学生一直到他们30岁出头。她的结论之一是：我们可以为大学生做更多的事，帮助他们逐步确定自己的信仰、认同感、人际关系，也就是自我定位。

她所倡导的这一做法，包含这样一种观念：知识是复杂的，它通过社会交往来构建；自我在知识建构中起着关键作用。如果学生们要承担起责任，构建自己的知识和生活的其他方面，就要进行自我定位，培养一种强烈的自我认同感。

（3）**了解他人**。教育经历，能够帮助我们更好地理解他人，更好地进行人际交往。比如说，我所在的学校，有几位教授在自己班级里以小组为单位开展学习活动。其中一个班级有一名小组成员是东亚学生。该小组很快就发现，这名东亚学生在考试中可以取得很高的个人成绩，但是在小组共同完成测试题时，他却不愿意说出自己的答案。当被问起为什么不愿意多说话、不愿意毫无拘束地说出自己的答案时，他说："在我的文化中，说别人错了是很不礼貌的行为。"小组其他成员考虑了这个问题后，就决定在小组测试时，采用新的策略：讨论时，先让这个学生给出答案，然后再问其他成员是否同意。这样他就不必被迫告诉其他小组成员"你的回答错了"，其他小组成员也能知道他的答案。这个小组的学生学到了非常重要的一课，就是如何与来自不同文化的人交往，尤其是与那些文化背景中很看重面子的人如何交往。

另一个例子，是我几年前教过的大学预科班的一个新生。那一年，我想做些事情来克服那个班学生中强烈的"自我主义"态度，因此给他们安排了一些社区服务工作。有一次，我们在一个叫作"朋友美食"的社区厨房里做午餐服务生。结束后写下各自的经历时，许多学生谈到了如何用一种新的眼光看待穷人，因为他们看到穷人在努力挣扎着维持自尊。这次经历改变了这些学生，改变了他们看待那些出身不如自己的人的态度，并改变了对待他们的方式。

在这两个例子里，学生们对人际交往增加了新的理解，从学习和生活的人文维度进行了学习。

（4）**更宽泛的"他者"概念。**当我们讲到了解他人时，通常指的是人。但是"他人"或者说"他者"有时指的不仅是其他人。《马语者》（*Horse Whisperer*）的原型人物蒙帝·罗伯茨（Monty Roberts）所著的作品和所拍摄的录像，给了我新的启示。作为一个年轻人，他花了许多时间在内华达广袤的大地上观察野马，了解到野马的日常行为和相互交往的方式。在此基础上，他发明了一些与马进行交流的方法、程序，让人类能够和马合作共事，而不是以粗暴的方式强迫它们。在这个过程中，罗伯特（以及其他向他学习的人）学会了如何理解他者、如何与他者交往，只不过这里的"他者"指的是马。相类似的，美国原住民有时把自然作为自己生活中重要的"他者"部分。

有些人与非生命的"他者"，即与机器技术之间建立起一种类似的特殊关系。读过查尔斯·林德伯格（Charles Lindbergh）所写的他和飞机的历险故事的人常常会说，他不仅是在操作飞机，更是在和它们"一起工作"。甚至小说的题目也反映了这种关系：《我们》（*We*）（1927），《圣路易斯的精神》（*The Spirit of St. Louis*）（1953）[①]。他与这种技术有着特殊的关系，他理解这种技术，深切地关心它，然后就能以一种别人不能的方式与飞机共事。如今，我们常会发现人们和汽车或者电脑有着类似的关系。同样，这些人也知道如何了解他者、如何与他者互动，只不过在这些情况下的"他者"是某种技术。

（5）**学习的人文维度和情感智力。**我所说的学习的人文维度和戈尔曼（Goleman，1995，1998）所描述的情感智力相类似。戈尔曼发现了几种不同的与自己有关的能力（个人能力）和与他人交往的能力（社会能力），见表2.2。

---

① 译者注：圣路易斯是飞机名称。

表2.2　个人能力与社交能力的区别

个人能力	社交能力
自我意识：知道自己的内心状态、喜好、资源和直觉	同理心：能觉察他人的感受、需要和顾虑
自我调节：管理自己的内心状态、冲动和资源	社交技能：善于诱导他人给出所需要的反应
动机：引导或促进达成个人目标的情感倾向	

资料来源：Goleman，1998：26-27，表1。

从根本上说，戈尔曼认为我们必须从情感和智力两个方面理解自己、理解他人，才能学会引导自己的行为，引导个人与他人成功的互动交往。他透彻地阐述了此类学习对个人生活质量和工作生活质量所具有的重要意义。

（6）了解自己和了解他人的相互促进作用。在寻找学习的人文维度的案例过程中，我很快就发现了一个对教师具有极大帮助的关系：一个人在了解自己的同时，也几乎总是在了解他人，反之亦然。这意味着，如果教师能把一种学习纳入课程，学生很可能会同时获得这两种学习。

在不少情况下都可以同时发现这种关系。从事少数民族文化教育的教师已经发现，无论课程主要关注某一种文化还是同时关注几种文化，学生都能同时了解本民族文化和其他民族文化。同样，在文学课上，学生读到一部小说里的人物时，常把自己看成其中的一个人物，把自己与这个人物联系起来，从而在学着了解别人的同时也更充分地了解自己。

前面提到的主要教育目标中，我们也可以看到这种相互促进的作用：塑造人格、学会与不同于自己的人交往（多文化视角）、领导能力、伦理道德（可能是个人的、社会的、职业的或者环境的）、学会作为团队一员行事、公民责任感、服务他人、国际意识等等。这其中有些重在了解自己，有些则重在了解他人。但是从根本上来说，这些都同时涉及了解自己和他人，也就是培养一个能更有效、更有利地与他人进行互动交往的自己。

因此这一点的意义就很明了：帮助学生了解自己，他们就可能会了解他人；反之亦然。

体现在所有的课程中？ 有读者也许会不解：意义学习的人文维度是否同时适

用于自然科学、人文学科和社会科学呢？针对这个问题，我请教了一位物理教师：人文维度的学习与你的课程是否相关？他思考片刻后说：是相关的。他要求学生理解物理学中的重要人物——就像所有科学领域的重要人物一样——和学生自己都是很相似的。他们都有自己的独特人格，有些人很绅士，有些人却很自负；有些人很愿意把自己的想法和研究结果与他人分享，有些人则总是很保密，还嫉妒别人的成果；他们大多数都对物理世界和研究怀有极大的激情。这位教师的回答，意味着这种意义学习几乎可以应用到所有学科里去。

5. 第五种意义学习：关心

第五种意义学习是关心。在为教师举办的课程设计和意义学习研讨会上，我经常先让他们描述最希望学生从自己的课程中学到什么东西。最常见的一个回答是："我希望学生能对……产生兴趣。"有的教师希望学生对某一学科感到兴奋："我希望学生对历史感到兴奋。"有的希望学生对学习活动本身产生兴趣，"我希望学生产生好奇心"，或者是"我希望他们对研究（无论什么东西）感兴趣"。这些回答都说明，教师希望学生能更深切地关心某事物，也就是说，以不同的方式评价事物。

（1）关心：情感、兴趣、价值观的变化。在我和学生们谈到对某一课程的感觉时，或与教师们谈到希望学生对课程有什么样的情感反应时，我们常常提到以下几个方面（用学生的语气表述）：

- 我很享受这门课。（所有课程）
- 我喜欢通过显微镜观察东西。（生物课）
- 了解为什么人们会去做他们所做的事情，我觉得很有意思。（心理学、社会学）

这些表述说明，学生已经培养起与某一门课或者某一学习经历相关的情感，他们产生了一定的兴趣，有了不同的价值观。在这些情况下，学生对某事物就有了不同于以往的关心，当学生关心的时候，他们的情感反应也会不同。

（2）关心的焦点。把关心作为一个教育目标，很重要的一点是我们应该记住，学生所关心的可能是若干学习重点中的任何一个。根据各自的学习经历，他们可能更关心或者是以不同的态度关心以下问题：

- 所学习的现象：他们可能对文学、历史、鸟类、天气、岩石……产生新的兴趣。

- 所学习的观点：他们可能对地理学家或历史学家研究世界的角度方法、相对论的启示、进化论对生物现象的解释力、一位知名女性主义者对某事件的看法等更感好奇。

- 自我："也许我有潜力在一生中做些激动人心的事，比我自己意识到的还要好；我有潜力成为自己希望成为的那种人。"

- 在课上或研究中遇到的他人：学生会发现在年龄、性别、种族、宗教、民族或其他方面不同于自己的人也是好人，了解他们、与他们交往的过程可以丰富自己，很有意思。

- 学习过程：当学生开始关心学习、想要学习时，无论这种学习是总体意义上的还是关于具体事物的，真正有教育价值的、有影响力的东西就出现了。那个时候学生关心的不只是现象、观点，他们还关心对自己的了解。

6. 第六种意义学习：学会学习

第六种意义学习是帮助学生学会学习。这个教育目标长久以来都对教师有着莫大的吸引力。就像评价和思考一样，它也能极其有效地促进其他类型的学习。如果我们能帮助人们学会如何在课程期间和课程结束后进行学习，学习者将能够实现终身学习。这个前景的确非常有诱惑力。

历史变化也使得这种学习显得特别重要。21世纪发生了知识大爆炸，其间几乎每一个主题和科目的相关观点和信息每年都呈级数增长，这一趋势还在继续，且势头未见减弱。教师和学生对知识爆炸给教育带来的影响都有非常清楚的认识。学生所购买的教科书一年比一年大、一年比一年厚，教师所要完成的教材一年比一年多。对教育者来说，应对这一形势的唯一策略是确定某一科目的基本知识，确保学生了解这些基本知识，并教会他们如何在课程结束后继续进行学习。

如果人们认同"学会学习极其重要"这一观点，那这对我们来说又意味着什么呢？我们该如何做呢？不幸的是，"学会学习"这个词的流行也带来了令人迷惑的海量研究文献。这是因为不同的人在使用这个词的时候，所指的意思各不相同。在这些文献的基础上，我总结出学者和教师在用"学会学习"这个说法的时候，有三种不同的含义：

- 学会做一个更好的学生；

- 学会如何获得和构建知识；

- 学会自我指导的学习。

学习如何学习的这三种含义都是有效的，并且每一种都与其他两种截然不同，每一条都会给教师们带来不同的建议。因此，回顾这三种学习方法的含义很重要。

（1）**学会做一个更好的学生。**多年来，尤其是 20 世纪 80 年代以来，人们为了帮助学生更有效地学习付出了更多努力。20 世纪 80 年代初，约翰·加德纳（John Gardner）在南卡罗莱纳大学（University of South Carolina）发起的"走过大一"活动，就是一个很好的例子。加德纳和其他人都曾撰写著作（如 Gardner & Jewler, 1999；Ellis, 2012）并组织了一些项目帮助大学新生更好地学习，如：如何更好地阅读，如何在课堂记笔记，如何考试，如何进行时间管理和注意力管理，如何在大一过渡性的一年里处理好生活上的一些事情，等等。这些项目如果成功，会让学生学到一些"学会学习"的基本技能。

最近，桑德拉·麦圭尔（Saundra McGuire）受到美国全国上下的关注。她于 2007 年获得卓越科学教学总统奖（President's Award for Excellence in Science Mentoring），以表彰她为学生提供更积极的学习方向，帮助学生在大学课程中取得更大成功。作为路易斯安那州立大学（Louisiana State University）的化学教授，她在学生收到前几次考试的成绩后，开设了时长为一小时的特别课程，虽然不强制学生参加，但出席率很高。在该课程中，她让学生相信，他们可以提高自己的智商。也就是说，如果他们更清楚地理解大学水平的学习是什么，就能提高自己的学习能力。通过这一点，再加上一些传统的学习技巧，许多学生虽然在最初几次考试中只获得了 D 和 F，但在随后的考试中就获得了 A 和 B。

同样的研究也出现在欧洲，它源于 20 世纪 70 年代晚期，在 90 年代越来越活跃，并扩展到全球范围。该研究关注"深度学习"（deep learning），它指的是学生的学习倾向（Gibbs, 1992, 1993；Marton, Hounsell & Entwistle, 1997）。吉布斯（Gibbs）在与力图开展深度学习的教师一起工作后，通过以下方法使学生更深入地学习（根据吉布斯 1999 年的个人交流）：

- 培养学生对学习或对知识的概念理解。

- 培养学生的元认知意识，让学生认识到，他们需要一个更深层次的学习方法；培养学生的元认知控制，使学生采取合适的意义建构方法。
- 提供开发个人兴趣的空间和自由。
- 明确测试要求，让学生明白只有充分的理解才是可接受的学习结果。
- 改变教学方法，使学习更具互动性。

这个研究小组认为，仅仅训练学生的学习技能，并不能达到吉布斯所建议的改变学生学习方向的效果。我认为这种感觉是有道理的。

以上这三个教育项目，都是为了帮助大学生学习需要学习的东西，从而成为更有效的学生，这是"学会学习"的有效含义之一。

（2）**如何在不同的研究领域建构新知识。**"学习如何学习"的第二个意义是，帮助学生学习如何在研究领域内，以特定方式增加自己的知识。这就是为什么学生需要学习科学方法、文献分析等等。这些领域内的知识，本质上是不同的，因此一个人如何增加相关知识，无论是通过集体学习方式还是通过个人学习方式，其方法也是不一样的。从教育上来说，这意味着我们需要帮助学生了解这些差异是什么，帮助他们至少在某个领域内继续增长个人知识。

几十年来，许多科学领域的教育工作者都支持"探究型教学"和"探究型学习"。这些研究主要基于这样一个观点：科学教育不仅应教给学生他人探究的结果，还应让学生懂得科学探究是如何进行的（如 Schwab，1962）。如果教师很认真地应对这一挑战，他们就会积极寻求各种途径帮助学生提出问题，然后帮助他们寻找回答这些问题所需的信息。

更普遍的，此类学习可以带来更大范围的努力，帮助学生了解科学领域（如 Gower，1997）和历史学等有成熟研究方法的领域（如 Collingwood，1993），了解这些领域内规范的、创新的研究过程（如 Barzun & Graff，1992）。

帮助学生学会提出和回答问题，并把由此带来的新知识融合到已有知识中去，这是"学会学习"的第二个有效含义。

（3）**学习如何成为一个自主的学习者。**学会学习的第三个含义，涉及帮助学生成为"自我指导的学习者"。（注：对这一教育目标的传统提法是"自我指导的学习"，但是我更喜欢用学习者，而不是学习，这样更具积极的个人意义。）

1975 年，马尔科姆·诺尔斯（Malcolm Knowles）为这一主题的研究奠定了概念和理论基础。根据他的观点，学会学习有两个步骤：诊断个人的学习需求和设计一个学习计划。艾伦·图赫发现成人总是自己进行学习（Tough，1979）。在此基础上，布鲁克菲尔德（Brookfield，1985）提出教师需要成为"学习的促进者"，而不是"知识的传递者"。在布鲁克菲尔德主编的这本书中，他和梅茨罗（Mezirow,1985）用几个章节讨论了学习者进行批判性反思的必要性。成人，也就是自我指导的学习者，需要考虑从不同角度、以不同方式理解每一次经历所具有的意义，这其中的关键因素就是批判性反思。

菲利普·康迪（Philip Candy）1991年发表的论文，是到目前为止关于自我指导的学习最全面的综述。他提到将学会学习（自我指导的学习）作为一个目标和将其作为一种方法之间的差别，并进一步提出这两者如何在生活和课堂学习中得到应用。对其中的关系可以做如下说明，见表2.3。

表2.3　将自我指导的学习作为目标与方法之间的差别

应 用	目 标	方 法
在生活中	个人自主	自我研修
在学生角色中	自我管理的学习	学习者控制下的学习活动

康迪强调这些区别的原因之一是他想指出，"学习者控制下的学习活动"不同于自我研修。自我研修是指知道如何学会生活中需要学习的东西。许多教师给学生布置任务去找一个主题，进行独立研究，然后向全班做一个汇报，希望通过这些来促进自我指导的学习。这的确会有所助益，但是效果很有限。根据康迪的分析，这种练习只把自我指导的学习作为一种学习方法，而且只在学生的角色内进行。如果没有对学习过程进行必要的批判性反思，就不能成为实现"自我管理学习"目标的主要推动力。如果没有把整个研究过程和更大的学习过程联系起来，没有让学生参与到问题中——"除了这个主题，我还应该学什么？为什么？怎么学？"，学习者控制的活动并不会增强参与自学的能力，也就无法增强个人在生活中的自主性。教师怎样才能促进更有效、更全面的自我指导的学习呢？康迪提出了以下建议：

• 利用学习者现有的知识结构；

• 鼓励深层次的学习；

- 增加学习者的提问；

- 培养学习者的批判性思考能力；

- 加强学习者的阅读技巧；

- 加强学习者（对自己学习）的综合监控。

圣塔克拉拉大学（Santa Clara University）英语教授斯蒂芬·卡罗尔（Stephen Carroll）设计了一些非常实用的程序，帮助学生进行自我指导的学习。在第一天上课时，他鼓励学生更清楚地意识到自己的生活目标，认识到当前的活动和习惯如何阻碍他们实现这些目标。他让学生更深入地思考以下四个问题：你是谁？你为什么在这里？你要去哪里？你想要什么？这些活动获得了广泛的成功。在三年级和四年级的学生中，他的学生进入院长推荐名单的比例是进入名单学生总比例的四倍。（更详细的相关介绍请观看两个短片，网址为http://www.youtube.com/user/learninghabits/videos。）

读者如果有兴趣进一步了解学会学习的重要含义，可浏览我推荐的其他两个资源。肖恩（Schön，1983，1987）极具说服力地讨论了职业学校应该打破实践规则和学生应用之间的鸿沟。在他看来，出色的职业人员应该具备反思能力。也就是说，他们在进行实践时，需要对自己所做的事情进行反思。他还指出，职业学校的学生需要一门课程，支持他们学习如何同时开展这两项任务。其次，巴克斯特·马格尔达（Baxter Magolda, 2001）对"自我定位"的概念进行了研究，并开发了应用模型。她的研究表明，大学生在校期间在自我定位方面并没有太大的提高，但毕业后却提升明显。她认为，大学教师应该成为学生自我定位旅程中的好伙伴，帮助学生学习成为自我指导的学习者。

（二）范式转变

至此，我已描述了这种新的学习分类法所设想的多种学习，回头看看它的一个重要特征带给我们的启示，将会很有帮助。这一分类法代表了思考教学方式的一个重大转变。在高等教育中，大多数教师仍然在我称为以内容为中心的范式下教学。在这种范式下，教师对学生应该学什么这一问题的反应，是描述课程中将会包括的主题或内容：

主题：A、B、C、D……

相反，意义学习分类法是一个以学习为中心的范式。在这一范式下，教师对学生应该学什么这一问题的反应是描述各种类型的学习：

- 学会学习；
- 关心；
- 人文维度；
- 综合；
- 应用；
- 基础知识。

这两个范式的运作方式是很不一样的。在以内容为中心的范式下，教师面对的问题通常是在可利用的时间内能完成多少教学内容。新研究的不断发表引发了这样一种需求：要以越来越详细的方式教越来越多的内容。教材不断变大、变厚，清楚地反映出这一问题。这使教师觉得不仅需要教授那些传统的内容——A、B和C，还得增加主题D、E、F，如果可能，还得增加更多内容。

以学习为中心的范式推动教师走往另外一个方向。如图2.3所示，它包括了对重点内容的关注，但是它更关注于促进教师融合新的学习方式，而不是新的学习内容。

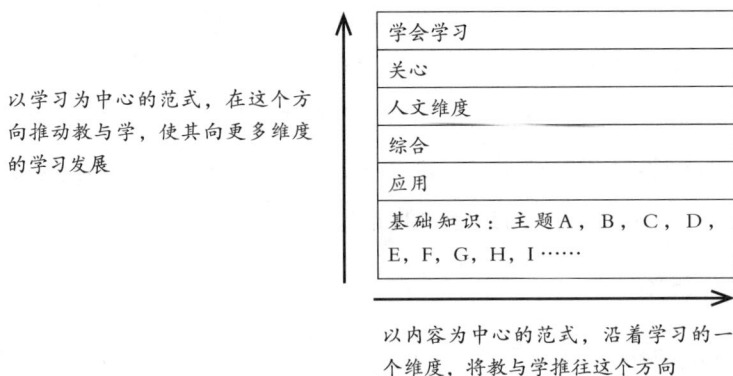

以学习为中心的范式，在这个方向推动教与学，使其向更多维度的学习发展

| 学会学习 |
| 关心 |
| 人文维度 |
| 综合 |
| 应用 |
| 基础知识：主题A，B，C，D，E，F，G，H，I…… |

以内容为中心的范式，沿着学习的一个维度，将教与学推往这个方向

图2.3　两种不同范式的效果

既然我们已经很清楚可以有两种不同的方式理解教与学，那么我们该根据什么选择其中一个，放弃另一个呢？在我看来，以学习为中心的范式是更好的选择，一方面与学生的学习有关，另一方面则与教师的需求有关。

1. 需要有长远的学习眼光

我经常从教师的反馈中感受到一种担忧：所有学科本质上都是不断增长的知识体系，新的教学方式会进一步强化知识增长。当我提出意义学习分类时，教师经常对此表示怀疑："课堂时间本就讲不完必须讲授的内容，而你却告诉我，还需要分出时间在全新的学习方式上？！"

我的回答是请教师们面对事实。他们的讲授是否涵盖了所有学生需要了解的知识点？他们的回答通常是肯定的。实际情况当然不是，没有人能做到这一点，而且形势日益严峻。那么，我们在面对这一困境时，该如何做出选择呢？一种选择是一年比一年讲得快，这显然是最简单的一种应对方法，但既不会奏效，也不具有吸引力。而第一章所描述的研究也表明，把越来越多的材料塞到同一门课程里无法带来持续的学习。那么我们还能做点什么呢？

我个人的看法是：唯一可行的选择是对学习树立起长远的目光。这意味着我们需要确定课程中最重要的内容，同时推动多样化的学习，提高学生在课程结束后继续学习的可能性。考虑一下这两个选择。如果我们讲了很多内容，可是学生在课程结束的时候，既不喜欢该科目，也没有学会如何继续学习，那么学生如何能记住他们所学的知识，又如何能继续学习呢？大量的研究和教师观察证明，学生目前并不能记住从一门课到另一门课学到的所有东西，这表明这种做法不是我们想要的。

但是，如果学生学会了如何应用所学内容，并能够理解它与其他知识之间的联系，能够理解所学内容的人文意义，同时关注学科、关注如何继续学习，那么他们很可能会记得已学内容，并在课程结束后继续扩充知识。因此，如果从长远来看学生的学习，关注意义学习无疑是正确的选择。

2. 意义学习和教师的梦想

选择以学习为中心范式的第二个理由和教师有关。在第一章中，我提出让教师们想象真正希望学生从课程中得到什么。他们一贯的反应是描述令人兴奋的学习方式。这些梦想反映了以内容为中心还是以学习为中心的范式？表 2.4 展示了教师的梦想与意义学习分类之间的关系。这个列表包含了第一章所描述的所有教师对学生学习的梦想，并指出了每个梦想所代表的意义学习的类型。

基于意义学习分类法和教师梦想之间的关系，我的结论是：以学习为中心的范式，比以内容为中心的范式，更能帮助教师实现有关学生学习的梦想。

表2.4　教师的梦想与意义学习

我的梦想是，在我的课堂里学生能够……	
• 为终身学习做好准备	学会学习
• 重视持续的改进	
• 培养强烈的好奇心	关心
• 体会"学习的乐趣"	
• 看到自己的信仰、价值观和行动与他人的信仰、价值观和行动之间的联系	综合
• 以综合的而不是孤立的思维方式思考问题	
• 看到不同观点之间的联系	
• 在自己所选择的行业里，无论是什么行业，都为自己所做的工作、所取得的成就感到自豪	人文维度
• 理解工作和个人生活中共同体建设的重要性	
• 保持积极的人生态度，即使在生活和工作中遭遇挫折和挑战	
• 做他人的良师益友	
• 在现实中应用、使用所学的东西	应用
• 想办法让世界变得更美好，并有所作为	
• 创造性地解决问题	
• 培养生活中的关键能力，比如沟通能力等	
• 成为具有批判性思维的思考者	
• 从整体角度进行思考，而不是从局部角度进行思考；能看到全景	基础知识
• 看到世界改变的需要，并为世界带来变化（应用与思考，人文维度与自我）	融会贯通
• 分解问题并将其进行重组，找到新的解决方法，并将解决方法与个人生活和他人生活联系起来（应用与思考，人文维度、自我和他人）	

（三）以学习为中心的范式会舍弃课程内容吗？

有时候，教师们很不习惯以这种全然不同的方式思考学生的学习。这种不习惯促使他们考虑这样一个问题：把课程范围拓展到我们所希望的其他类型的学习，是否舍弃了原先的内容教学目标？

我的回答是："没有，我们没有舍弃课程内容。"我们只不过给了它一个新的名字——基础知识，然后在其周围展开其他几种重要的学习方式。其他类型的意义学习仍然需要学生掌握所学学科中相关主题的新知识和新思想，但这不是课程的唯一目的。获取新的知识，成为实现其他几种学习的基础，学习如何使用内容，以及如何将其与其他知识领域相结合，了解其个人和社会含义，等等。

五、如何实现意义学习？

如果人们认可学习中心范式的价值，那么下一个问题就可能是：我们如何能让学生实现更有意义的学习呢？只是用意义学习分类法描述教学目标，并不能提高学生的学习质量。为达到这个目标，我们必须找到一些方法，在课程中设计、创造出一种特别的学习经历，只有那样，这些更加激动人心的学习才有可能实现。

这就是本书接下来三章的目的。第三章、第四章介绍了一个模式，在这一模式中，教师通过综合课程设计，为学生创造更有效的学习经历。第五章就如何改变教学方式，使更多的学生实现更有意义的学习，提供具体的做法。

设计意义学习经历Ⅰ：准备开始

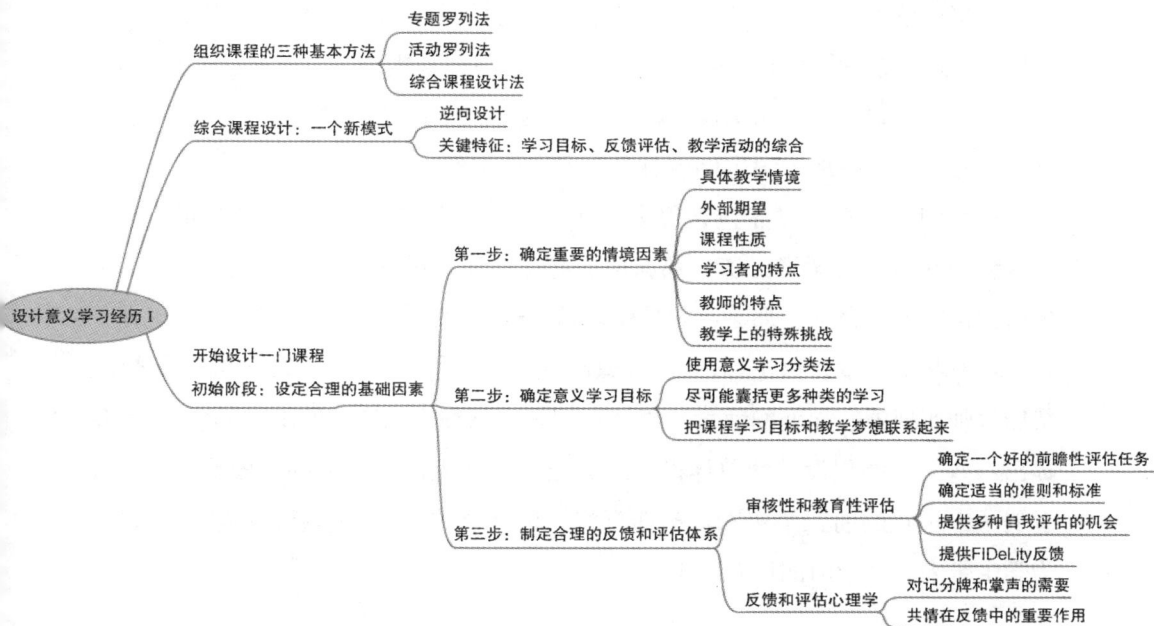

- 设计意义学习经历Ⅰ
  - 组织课程的三种基本方法
    - 专题罗列法
    - 活动罗列法
    - 综合课程设计法
  - 综合课程设计：一个新模式
    - 逆向设计
    - 关键特征：学习目标、反馈评估、教学活动的综合
  - 开始设计一门课程
  - 初始阶段：设定合理的基础因素
    - 第一步：确定重要的情境因素
      - 具体教学情境
      - 外部期望
      - 课程性质
      - 学习者的特点
      - 教师的特点
      - 教学上的特殊挑战
    - 第二步：确定意义学习目标
      - 使用意义学习分类法
      - 尽可能囊括更多种类的学习
      - 把课程学习目标和教学梦想联系起来
    - 第三步：制定合理的反馈和评估体系
      - 审核性和教育性评估
        - 确定一个好的前瞻性评估任务
        - 确定适当的准则和标准
        - 提供多种自我评估的机会
        - 提供FIDeLity反馈
      - 反馈和评估心理学
        - 对记分牌和掌声的需要
        - 共情在反馈中的重要作用

本书的前两章提出了两个重要观点：所有的教学都应该努力实现意义学习经历；这就需要一种新的分类方法（一种语言与一套概念），用以说明如何实现这样的经历。高等教育正朝着以学习为中心的方向推进，如果这一假设成立，教师怎样才能更好地为学生创造意义学习经历呢？

这个问题的答案显然包含很多方面，但有一点很清楚：如果教师想让学生在课程中获得意义学习经历，那么他们必须在课程设计中体现出意义学习。如果课程设计得不合理，那么有效教学其他方面的效果，也会受到限制。

本章和下一章将讨论如何设计课程，使其对学生产生重要影响和学习体验，帮助教师实现内心深处的教学梦想（正如第一章和第二章中所描述的）。本章将提出一些关于课程设计的总体设想，介绍一个课程设计过程的新模式，并向读者展示该过程的前三个步骤。第四章将探讨其余的步骤，通过这些步骤，设计为学生带来意义学习的课堂活动。

一、组织课程的三种基本方法

教师在进行课程设计时，使用的方法大致可以分为三种。

第一种方法，称为"专题罗列法"。没有接受过课程设计培训的新教师使用这一方法的比例较高，有经验的老教师也常使用这一方法。该方法是这样的：教师根据课程确定 8 ～ 12 个专题，准备系列讲授单元，再加上一两次期中考试和一次期末考试，这门课就备好了。专题的目录可以来自教师对课程的理解，也可以来自一本优秀教科书的目录。早期在讲世界地理这门课的时候，我的课程设计（如果可以这么称呼它的话）除了列出地区的顺序（按照教材提供的顺序）和增加一些考试之外，什么都没有。几分钟之内，我就完成了课程设计。

该方法一个吸引人的特征是简单、快速，设计一个每周教学专题的大纲通常只需要 30～45 分钟，不足之处是它只关注信息的组织，对学生如何学习这些信息则很少关注，因此，这种方法只倾向于基础知识的学习。遗憾的是，研究指出，这一类型学习的生命周期相对较短，而且更重要的是，它已无法满足当今学生和社会的教育需求。

第二种方法，称为"活动罗列法"。这种方法也是围绕专题为课程设计一个结构，但它通过使用更多的主动学习避免教师过分强调讲课。例如，在第二周教师提出了一个案例研究，在第四周开展模拟，在第六周进行一个角色扮演，等等。这使得课程更加有趣，更加吸引人。然而，它仍然没有把重点放在学习上，也缺乏整体性。例如，教师把案例研究放在第二周，而不是其他时间的原因是什么？

除这两种方法之外，还有以学习为中心系统设计课程的方法，我称之为"综合课程设计法（integrated course design）"。在这种方法中，由教师决定在特定情况下，什么是高质量的学习，并将其融入课程和学习经历。这个方法是怎样的呢？本章和下一章将展开讨论。

二、综合课程设计：一个新模式

关于教学设计的文献相当多，其中大部分面向的是公立中小学教师，也有一些是针对高等教育的，值得我们关注（Bergquist，Gould & Greenberg，1981；Diamond，1998）。虽然我在写这本书第一版时没有意识到，但后来我了解到，还有两本关于课程设计的书大约与本书第一版同时撰写，而且都提出了以学习为中心的方法。因此，下面两本书中提出的课程设计程序与我的综合课程设计模式基本相同。一本是由威金斯和麦克泰（Wiggins & McTighe，2005）编写的《理解为先的教学设计（第 2 版）》（*Understanding by Design*，2nd ed.），尽管它主要是为幼儿园教师和中小学教师编写的，但遵循了相同的原则。另一本是比格斯和唐（Biggs & Tang，2011）专门为高等教育撰写的 [1]，这本书使用了建构一致性语言（constructive alignment），我称之为"综合课程设计"，这本书在英联邦国家广为人知。

在上述模式中，设计过程包括许多共同的要素，如确定教育目标和目的，根据目标设计学习活动、资源、评估等；但是这些模式在如何安排各个步骤，将哪些步骤拆解成单独的部分，将哪些步骤组合在一起，以及类似的问题上有所不同。

在这里，我介绍的综合课程设计模式也有一些相同的特点，包含相同的关键要素，但以独特的方式展现出来。最关键的不同在于，它是一个相互关联的模式，而不是一个线性模式，因此说它是综合的。此外，这个课程设计模式还有着以下独具吸引力的特征：

- 简单：教师能比较容易记住这个基本的模式。
- 整体：它体现了有效课程设计的复杂性，并解决了这一复杂性带来的麻烦。
- 实用：它明确了课程设计过程中需要做的事情。
- 综合：它体现了课程中关键因素之间的互动关系。
- 标准：它提供了判断某一课程设计好坏的具体标准。

综合课程设计的基本特征，可用图 3.1 来体现。最底下的方框（情境因素）指的是需要收集的信息。三个圆圈指的是需要做出的决定。方框中向上的箭头表示，应该在制定三个关键决策的过程中使用这些信息。三个圆圈之间的箭头表示这些因素应该相互联系、相互支持。这个模式的基本框架提出了设计学习经历中必须回答的关键问题：

- 在某一课程和学习中，哪些是重要的情境因素？
- 我们的一整套学习目标应该是什么？
- 我们应该提供什么样的反馈与评估？
- 什么样的教学活动才能满足我们的学习目标？
- 所有这些因素是否相互联系、相互综合？它们是否彼此一致、相互支持？

---

[1] 译者注：指《为了优质学习的高校教学》（*Teaching for Quality Learning at University*）一书。

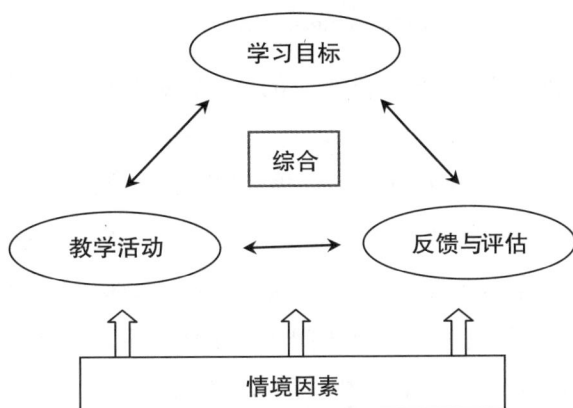

图 3.1　综合课程设计的关键因素

（一）逆向设计

细心的读者可能会注意到，在上述五个问题的顺序中，反馈和评估排在教学活动之前。对许多人来说，这不符合直觉。但是，在与教授们多年一起设计、重新设计课程的工作中，我注意到，优先考虑反馈和评估，将很大程度上使我们更加明确需要什么样的教学活动。

威金斯和麦克泰（Wiggins & McTighe，2005）给这种排序起了一个很好的描述性标签，叫逆向设计（backward design）。正如这个标签描述的，课程设计者首先设想一下，在课程结束后的某一时间，比如一两年后，反问自己："我希望学生学到哪些东西，课程结束几年后学生还能记得，并且依然十分有价值？"这个问题的答案就是学习目标的基础。再回到课程结束时，反问自己有关反馈和评估的问题："学生怎样做才能证明他们已经达到了这些目标呢？"找到这一问题的答案能够进一步阐明学习目标的真正含义。然后，时间再次返回，回到课程开展的时间，反问自己："学生需要在课程中做什么，才能在这些评估活动中表现得更好？"

我们既可以先设计教学活动，也可以先设计反馈和评估活动，这两种方法中的任何一种都可以成功地设计课程。不过经验表明，逆向设计，即先设计反馈和评估，更好地回答了"需要什么样的教学活动"这一问题。因此，这就是本书中我将采用的展示顺序。

（二）一个关键特征：组成部分的综合性

这种课程设计模式有一个非常重要的特征，就是最初的三个决定必须综合起来：学习目标、反馈评估、教学活动，三者之间相互呼应、相互支持。为证明综合的重要性，下面我来描述一个假想的缺乏综合性的课程。

想象你正在与一位教授交谈，他正在教授一门设计糟糕、效率低下的课程（这门课没有遵循有效教学的相关原则）。教授来找你，希望你能帮忙分析课程，找出需要改进的地方。你首先问他，希望学生从该课程中学到些什么？他回答："我想把世界地理课程中的重要内容都讲一下。"你指出，"把重要内容都讲一下"是老师的事情，而不是学生的事情。然后你让他陈述学习目标，他把这一说法改为："我希望学生掌握世界不同地区的所有重要知识和观点。"你注意到，他提出的学习目标之一，是让学生充分理解并记忆重要内容。你又进一步问道："你还希望学生在这门课中，学到什么其他的吗？"他想了会儿，答道："如果他们还能够学会批判性地思考世界地理，也很好。"现在，他有了一个更有意义的学习目标：让学生学会批判性思考。你还可以再继续追问，更有意义的学习目标是什么，但至少你目前有两个目标了——学习基础知识和批判性思考。

现在转到课程采用哪些教学活动的问题。你发现，课程中目前采用的全部都是讲授式的教学方法：除了 15 周的讲课，剩下的时间只够用来进行一次期中考试和一次期末考试。每个星期教师讲授一个新的地区，并让学生阅读相关章节。这里的第一个问题是：学习目标和教学活动之间缺乏联系与综合。假设这个教师有一本不错的教材，授课效果也好，学生都擅于记笔记和阅读，能很好地掌握基础知识，但缺乏练习和反馈帮助他们学习对课程进行批判性思考。课程设计的基本流程图，意味着课程在学习目标和教学活动之间缺乏联系，如图 3.2 所示。

但问题还不止于此。到了期中考试或期末考试的时候，这位教授就遇到了难题：应该怎样在试卷上出题呢？他可以考查基础内容，只要有一点好运气，学生就能顺利回答这些问题，取得不错的成绩。但教授面临的问题是，是否应该在试卷中设计要求学生对世界地理问题进行批判性思考的问题。如果考试中包含了思考题，那么考试能够准确地反映学习目标，但是学生的成绩可能会很

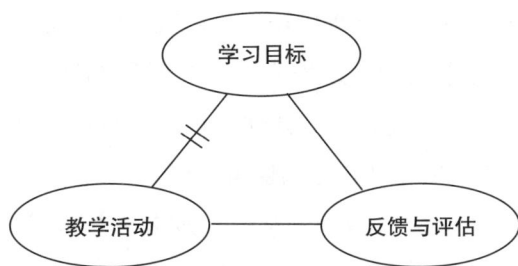

图 3.2 课程综合的问题

差，因为教学活动没有对学生的批判性思维能力进行训练。在课程设计模式上，这意味着在课程中，教学活动和反馈与评估之间存在着第二个脱节，如图 3.3 所示。

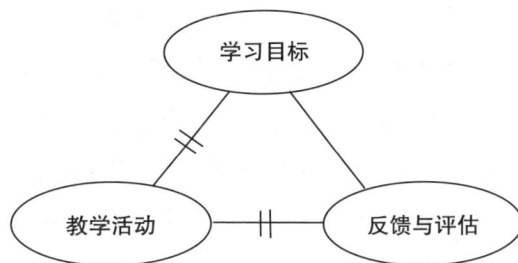

图 3.3 解决方法一：评估与学习目标一致

然而，教授可以选择不在考试中包含思考类问题，因为他知道，就授课方式而言，出思考类问题是不公平的。在这种情况下，评估将适当地反映教与学的活动，但不会支持学习目标。同样，这也造成了课程中另一个缺乏联系的地方，而这发生在课程设计模式的另一个地方，如图 3.4 所示。

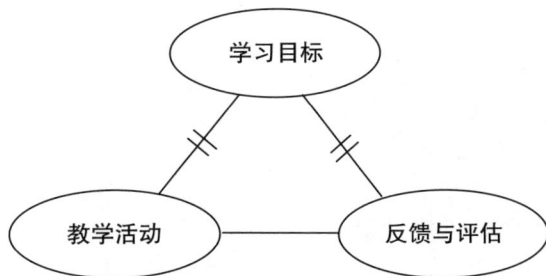

图 3.4 解决方法二：评估与教学活动一致

请注意这位教师所面临的两难困境：无论如何设计考试，课程设计所需要的三种联系中的两种都中断了。这表明，所有课程都具有一个关键性的关系。如果一位教师中断了这三种连接中的任何一种，都将不可避免地中断第二种联系，也就意味着三分之二的重要连接将断开。

如果一门课程有两个联系遭到破坏，这就是一门不完整的课程，不能有效运作，因为它缺乏综合性。这就是课程设计中很重要的一点：为什么要确保这三个部分相互综合在一起是如此重要。也就是说，它们必须相互融合，相互支持。

三、开始设计一门课程

本课程设计模式包括三个阶段，每一阶段包括若干个步骤（附录A对这个模式有更详细的说明）。本章接下来将讨论如何开展这一过程，并对初始阶段的前三个步骤进行讨论。第四章将讨论初始阶段剩下的步骤，以及课程设计的其他两个阶段，这三个阶段将形成学生实际经历的学习活动。

我认为，在这个设计过程中，教师最好一次采取一个步骤，并按照以下描述的顺序依次进行，因为每一步骤都是后续步骤的基础，所以在进行后面的步骤之前，必须先完成好前面的步骤。

综合课程设计的12个步骤

如果教师想让学生在课程中获得意义学习经历，他们首先需要在课程设计中体现出这种品质。如何做到这一点呢？可以依照以下12个步骤进行教学设计：

初始阶段：设定合理的基础因素
  1. 确定重要的情境因素
  2. 确定意义学习目标
  3. 制定合理的反馈和评估体系
  4. 挑选有效的教学活动
  5. 确保这些基础因素相互融合

中期阶段：将基础因素综合为一个统一整体
  6. 构建课程的主题结构

7. 选择或创建教学策略

8. 整合课程结构和教学策略，建立总体的学习活动计划

最后阶段：完成其他重要任务

9. 建立评分体系

10. 调试可能出现的问题

11. 制定课程大纲

12. 制订课程及教学评估计划

四、初始阶段：设定合理的基础因素

课程设计的初始阶段，要求教师设定合理的基本要素——学习目标、反馈与评估、教学活动等（如图 3.1 所示）。这些要素的设定必须非常合理，为接下来的设计过程奠定基础。而初始阶段首先要检查各种情境因素，并确定哪些因素在某一特定课程中可能比较重要。

（一）第一步：确定重要的情境因素

综合课程设计的步骤

初始阶段：设定合理的基础因素

1. 确定重要的情境因素

2. 确定意义学习目标

3. 制定合理的反馈和评估体系

4. 挑选有效的教学活动

5. 确保这些基础因素相互融合

中期阶段：将基础因素综合为一个统一整体

6. 构建课程的主题结构

7. 选择或创建教学策略

8. 整合课程结构和教学策略，建立总体的学习活动计划

最后阶段：完成其他重要任务

9. 建立评分体系

10. 调试可能出现的问题

11. 制定课程大纲

12. 制订课程及教学评估计划

在设计一门新课程或对一门现有课程进行重新设计时，首先要做的是对三个关键的决定性情境因素进行仔细考察。如果跳过这一步，或只停留于表面，则最终可能对学生和教师没有帮助，无法满足课程要求，或者偏离了课程目标。因此，重要的是要下功夫仔细检查一些潜在的重要因素，并确定在设计过程的其余步骤中需要牢记其中哪些因素。根据教学设计相关文献和自己与教师合作的经验，我列出了潜在重要因素。为尽可能综合考虑更多的因素，我列出了关于具体教学情境、外部期望、课程性质、学习者和教师的特点、教学上的特殊挑战等方面的问题。

重要的情境因素

具体教学情境

- 班里有多少学生？
- 课程属于初级水平、高级水平还是研究生水平？
- 该班级每次上课多少课时？间隔多久在一起上一次课？
- 课程采用什么授课方式？课堂讲授、电视远程互动、网络课程还是混合式教学？

外部期望

- 一般就特定课程主题而言，社会对这些学生的教育有什么需要和期望？
- 所在的州或相关的专业学会，是否有一些影响课程学习目标的专业认证要求？
- 学校或系所有哪些课程目标会影响本课程或计划？

课程性质

- 该课程是收敛性的（寻求唯一的正确答案），还是发散性的（鼓励多样化、寻求同样有效的不同解释）？
- 该课程主要是认知层面的，还是涉及一些重要技能的学习？
- 在这个快速变化的时代里，该领域的研究是相对稳定的，还是存在着不同的范式互相挑战？

学习者的特点

- 学生目前的生活状况如何：全日制学生、非全日制在职人员、有家庭负担的、有工作负担的，还是有其他类似情况的？
- 学生有什么生活或职业目标与该课程学习有关？
- 学生为什么选修该课程？
- 学生拥有什么与该科目有关的已有经历、知识、技能和态度？
- 学生的学习方式如何？

教师的特点

- 教师在这门课的主题上，有什么样的经验、知识、技能和态度？
- 教师以前是否上过这门课？还是第一次上？
- 教师以后是否还会教这门课？还是最后一次教？
- 教师对该课程是否有着较高的能力和知识水平？还是他只能勉强上这门课？
- 在教学过程中，教师之前有什么经验、知识、技能和态度？（也就是，这位教师对有效教学了解多少？）

教学上的特殊挑战

- 在这门课程中，是什么特殊的情况，能促使学生和教师都想要让它成为一个有意义且重要的学习经历？

我们的假设是，对于任何给定的课程，其中一些因素十分重要，而另一些则不是。但如果系统地看整个列表，你应该能够找出任何一门特定课程的所有主要因素。

1. 具体教学情境

这里所包含的一系列问题往往非常重要：班级里有 20 名还是 100 名学生；课程属于大学新生入门课程，还是研究生讨论课程；是每周一、三、五各上 50 分钟，还是每周只上 1 次课、每次课 3 小时；课程在教室里上，还是完全采用网络教学。所有这些信息，在做出课程设计的关键性决定时都很重要。

2. 外部期望

课程之外的人，常常对学生该学些什么持某种期望，教师应该考虑到这一点。例如，社会希望学过美国政治和美国历史课程的大学毕业生，能够对美国的政治、历史有一个基本的了解，也许还希望他们在民主社会中具有热心公益的公民理想，并开展相应的活动。所以此类课程应将这些学习目标考虑在内。有时，大学或学院希望特定的课程对整个课程体系的写作有所帮助。有时，院系开设一些课程是用来吸引某些专业的学生（如果他们想多招些学生的话），而开设有些课程的目的则相反（如果他们要限制招生数的话）。在其他情况下，专业协会也有资格考试，系里会指定一些课程帮助学生准备这些考试（或针对这些考试的特定部分）。

3. 课程性质

高等教育中不同课程的性质很不同，这些性质差异应该在课程设计中得到体现。有些课程主要是理论性的，其总体目标是让学生理解不同理论之间的差异以及这些差异所带来的启示。还有些课程是实践性的，其直接目标是让学生学会如何做某事。

另一个差异，涉及课程是寻求唯一的正确答案还是鼓励多样化、各有其效的解释。许多科学、数学和工程学课程都寻求唯一的正确答案，其智力努力旨在解决仅有一个正确答案的问题。另一些课程，尤其是人文学科和社会科学的课程，则更加鼓励多样化的解释，其目的通常是寻求对某一现象的多样化解释或者是对某一问题的多角度理解。这些特征也需要在课程设计中得到反映。

还有一个特点有时也是学科自身的典型特征。许多时候，某一特定学科在研究方法或者主导范式上会有重大变化。此时，在学科内部对新旧范式的优点、价值会产生争议。比如说我在读研究生的时候，地理学科正在争论定量分析的适当地位。在一个研究领域里出现这样的变化或争议时，系里的一些课程需要让学生知道这种情况，帮助他们通过思考，形成对这些问题的独到见解。

4. 学习者的特点

每种教育情境都会涉及一些学生，每门课的学生都不一样，甚至同一门课内，学生也各不相同。即使在同一课程里，学生们有着不同的工作和家庭背景，生活和职业目标也不同。比如：一个是主要由住校的 19 岁单身学生组成的班级，另一个是有子女或已婚、20～40 岁、全职或兼职工作的学生比例很高的班级，针对这两个班级教师需要做出不同的计划。

除了这些差异外，学生在与课程相关的情感、经历、已有知识等方面，也存在着差异。他们通常会对某些学科有着更多的恐惧和焦虑感，比如数学、统计学。而对另一些课程，可能就怀着向往或兴奋的心情。比如在我所处的地区，学生对"运动地理"这门课程的热情和兴趣就很高。

在课程设计过程中，我们还应考虑学生的不同学习风格。有的学生喜欢用看的方式学习，有的则喜欢语言形式、动作形式或者是两者相结合。学生的受教育程度、成熟程度和思想复杂程度也不一样，有的学生已经能够进行一些深度学习，而有的则还只能进行一些浅层的学习。

随着人们对网络教学和远程学习兴趣的不断增加，教师和研究者发现，有些学生在这种模式下学习得很好，有些则不然。这些信息可以用来决定学生是否参加在线课程，也可以用于课程设计，以决定使用这种形式要求学生支持数达到的标准。

如果教师了解或者能够收集到学生的这些特点，将非常有助于设计自己的课程。

5. 教师的特点

有一个在教育工作中一直存在且显而易见的，但很容易被忽视的因素，那就是教师个体（有时候是教师群体）。设计课程的时候，教师对自身特点的了解是非常重要的。

通常来说，大学教师能完全胜任自己学科的教学，但有些时候教师是在勉强胜任的情况下讲授一门课程。这不仅会影响生成问题和练习所需的时间，还会影响教师在选择教学策略时准备承担的风险水平。

评估实际的教学水平也是很明智的：看看与学生互动的技能、课程管理技能、课程设计技能发展得如何。如果你的这些技能还只处于基础水平，那么你可能希望课程设计接近舒适区。如果你的教学技巧非常高超，那么你会愿意采纳更具挑战性的学习目标，愿意采用更加有力的教学策略。

教师的教学价值观和信仰，是与教学技巧相关的一个更为基本的教学理念。我们对于“学习是如何发生的”这一问题都有自己的观点，对于什么是好的教学与学习都有不同的理解。从长远来看，这些都是值得考虑和改进的方面。但从短期来看，在设计某一课程时，应该将它们作为既定因素，并在课程设计中做出相应的决策。

最根本的一个问题是，我们对于自己的科目、对自己的学生都持有特定的态度。我们有多关心学生？我们在多大程度上、在什么范围内觉得自己的科目非常重要、激动人心？我遇到过真正关心学生的教师，也遇到过根本不关心学生的教师；遇到过真正喜欢自己的科目的教师，也遇到过对自己的科目一点兴趣也没有的教师。所有这些个人因素在课程设计过程中都必须考虑在内。

6. 教学上的特殊挑战

当教师考虑了所有这些情境因素，并确定哪些因素与课程相关后，则非常有必要提出一个总结性的问题，来整合和聚焦这些信息：该课程的教学面临什么样的特殊挑战？也就是说，为使该课程学习成为有意义的、重要的学习经历，教师和学生面临什么样的特殊挑战？如果教师能找到成功应对挑战的方法，这门课对学生来说成功的概率就很大。我举几个案例来说明不同类型的挑战。

我们学校有一位优秀的统计学教师，他觉得自己的课程所面临的特殊挑战是学生对统计学的恐惧心理。他认为学生经常把统计学看成一门"只有上帝才能理解"的复杂而神秘的课程。如果能找到好的办法来消除这种神秘感，并使学生看到，统计学只不过是日常计算的一种方法，那么学生就很有可能对统计学有一个更为综合的理解，并能更好地运用统计学的方法。

心理学教师通常说到的教学挑战则恰恰相反。来上课的学生经常认为心理学只不过是日常感受，因此认为"对这东西已经有了很好的了解"。教师面临的挑战便是让学生看到，课程里还有一些他们没有想到的现象、理论、实验和研究，是与许多惯常想法相反的；因此，需要仔细研究他人和自己，真正理解人们为什么有着不相同的行为。

一位现代德国史教师对这个问题则有一个更出乎意料的回答。当被问及该课程的特殊挑战时，她思索片刻，最后回答："希特勒。"她解释说，现在的学生看多了第二次世界大战、对犹太人的大屠杀以及希特勒和纳粹的兴衰故事，以为这些就是德国史的全部重点。因此，她所面临的挑战，是帮助学生理解这只是德国历史的一个章节，它的确是一个可怕的章节，但它只是德国历史的一个方面，德国历史还有其他同样重要、很有意思且具有积极意义的方面。

7. 分析情境因素的资源

若有读者希望了解更多关于如何收集重要情境因素的观点和案例，推荐阅读戴蒙德（Diamond，1998：59-78）有关课程设计著作的第6章。他认为对任何一门课程的设计来说，认真分析这些因素都很重要，并在书中描述了作者在雪城大学（Syracuse University）及其他地方进行课程设计的全过程。他的案例向我们展示了，应该如何运用问卷调查和水平测试收集信息，如何通过正式讨论会明确一些情况，以免自己的理解流于表面，以及如何利用这些信息确认具体需求和期望的结果。

8. 对第一个步骤的小结

在该步骤中，关键是要对不同情境因素的相关信息进行细致、深入的收集和分析。一方面，跳过这一步或者是只做点粗略的工作，会导致一些后续的不恰当决定。另一方面，透彻、深入的分析，能帮助我们看到课程的重要需求和关键情境因素，并为接下来的设计问题提供答案——意义学习目标、有意义的反馈和评估体系、合适的教学活动等。

（二）第二步：确定意义学习目标

综合课程设计的步骤

初始阶段：设定合理的基础因素

1. 确定重要的情境因素
2. 确定意义学习目标
3. 制定合理的反馈和评估体系
4. 挑选有效的教学活动
5. 确保这些基础因素相互融合

中期阶段：将基础因素综合为一个统一整体

6. 构建课程的主题结构
7. 选择或创建教学策略
8. 整合课程结构和教学策略，建立总体的学习活动计划

最后阶段：完成其他重要任务

9. 建立评分体系
10. 调试可能出现的问题
11. 制定课程大纲
12. 制订课程及教学评估计划

由于专业培训和学科惯例的关系，大多数教师的自然倾向是以内容为中心描述学习目标。他们会以某种方式来描述："我要求学生了解（或掌握）主题 X、Y 和 Z。"这是一个可以理解的回答，但不是使用自己专业知识的最佳之处。之后我们会为课程创建一个结构，并在这个结构中设置学习活动，这才是专业知识的用武之地。另外，列出一系列主题，并不能给教师带来创造意义学习经历所需的东西。

这里，应该采用以学习为中心的做法，确保学生在课程中学到些什么。这就是第二章中描述的意义学习分类法的价值所在。该分类法认为，任何课程都有可能支持多种意义学习。

- 基础知识：有关现象的知识和与这些现象相关的概念。
- 应用：以不同方式运用、思考这些新知识的能力，以及培养重要技能的机会。
- 综合：将某一领域的知识，与其他领域的知识、观点相联系的能力。
- 人文维度：发现如何更有效地与自己、与他人进行互动交往。
- 关心：培养新的兴趣、情感和价值观。
- 学会学习：培养课程结束后继续进行个人学习的知识、技能和策略。

教师只有利用这个分类法（或其他关于意义学习的分类），来描述学生应该在课程中学到的东西，才能选择各种教学活动和必要的反馈和评估活动，以支持这种学习。

1. 确定意义学习目标

确定学习目标的基本步骤，是对每一种可能相关的学习提出一系列问题。使用意义学习分类法，就需要知道每一种学习在某一具体课程中具有什么意义。以下提出了该分类法中六类学习的相关系列问题。建议教师结合自己的课程，回答每一个问题，或者至少回答每一类问题中最重要的一个。

用来明确意义学习目标的问题

我希望本课程的学习经历对学生产生的哪些影响能在课程结束后一年左右还继续存在？

基础知识
- 什么关键信息（事实、术语、公式、概念、关系……）是学生应该理解并在将来还能记住的？
- 什么关键观点是学生在本课程中应该理解的？

应　用
- 什么样的思维是学生在本课程应该学会的：
  - 用来分析、评价的批判性思维？
  - 用来想象、创造的创造性思维？
  - 用来解决问题、进行决策的实践性思维？
- 什么样的重要技能是学生应该学会的？
- 什么样的复杂项目是学生应该学会管理的？

综　合
- 学生应该认识、进行哪些联系（相同点和互动关系）：

　　课程内的不同观点之间？

　　本课程和其他课程或其他领域的信息、观点和看法之间？

　　本课程材料和学生个人生活、社会生活、工作之间？

人文维度
- 学生对自己能够或者应该有哪些了解？
- 学生对他人以及与他人的交往应该有哪些了解？

关　心
- 你希望看到学生在关心方面有什么变化吗？也就是说，他们的……

　　兴趣？

　　价值观？

　　感情？

学会学习
- 你希望学生在以下方面能学到什么：

　　如何在此类课程中成为一名优秀的学生？

　　如何利用课程主题进行探究、构建知识？

　　如何成为该课程的自我指导的学习者？也就是说，制订一个学习安排，明确自己还需要学什么、还想学什么，以及相应的学习计划。

　　为了说明答案是怎样的，我列出了艺术史、心理学和微生物学三位教授的回答。他们的回答见表3.1。请注意该表的导入问题。从"课程结束一年后，我希望学生能"的角度提问，就把关注的焦点放在了该课程对学生带来的持续影响上。这样提问，就可使得教师不是描述课程中实际采用的学习活动，而是描述这些活动的预期效果。

表3.1 三门课程的意义学习目标

课程结束一年后，我希望学生能：

学习类型	微生物学	艺术史	心理学（统计学）
基础知识	……记住微生物解剖学、生物化学和疾病的相关术语 ……理解等级顺序，即哪一等级上有哪些微生物，它们彼此如何联系 ……记住主要的有机物种类	……记住一些主要的风格（比如史前、中世纪等）、艺术家、时代和顺序、世界文明主要艺术作品的地点等 ……能够确认任何艺术品设计上的关键因素	……记住总体和参数、样本和统计等相关术语的含义 ……理解两个关键概念意义：方差和相关系数；记住计算方差的公式 ……能够理解数字系统内部的关系是有意义的，也就是说将其与真实世界相联系
应用	……能够批判性地评价学术期刊和大众媒体的文章（批判性思考） ……能够计算微生物生长的速度和幅度（技能）	……能够在参观艺术博物馆时，就艺术设计的主要因素对绘画作品进行正式的分析（分析性思维） ……在第一次见到一幅画时辨认出其年代和风格（及可能的作者），解释其内容所具有的可能的象征意义（分析性思维）	……在看图表时，能够理解图表所描述的内容与真实世界的关系（技能） ……能够进行定量推理，也就是说，创建定量信息分布（创造性思维） ……对事物的大小有敏感性，能够从情境信息合理性角度对事物大小的意义进行评价（批判性思维）
综合	……综合有关化学和微生物能量的观点 ……将微生物的观点和更高级别组织如新陈代谢、疾病等过程相联系	……辨认历史上不同时代和地区的艺术形式反映当时的社会环境（社会、宗教、经济政治等）的特殊方式 ……辨认特定时代和地区不同艺术形式（如绘画、雕塑、建筑等）的风格之间的某些相似点 ……辨认同一时代不同地区的艺术形式之间的一些相似点	……将统计系统的数字和日常生活、公共生活中广泛使用的数字进行联系 ……将统计程序与其他课程，包括人文学科（如艺术中的视觉效果等）中的定量推理进行联系 ……明确两个关键概念方差和相关系数之间的区别和联系（比如说，我可以测量班级同学智商之间的方差，然后测量智商和课程成绩之间的相关系数）

续　表

学习类型	微生物学	艺术史	心理学（统计学）
人文维度	……逐渐理解到自己在微生物学方面比一般人受到过更多的教育 ……能够告诉其他受过教育的人，微生物学在个人和公众生活中所具有的地位，比如说告诉室友如何正确地制作汉堡	……更加敏感地觉察到日常美学环境对不同的艺术风格和艺术时代的反映以及这些环境对学生本人的影响 ……更加意识到（来自不同文化、地方、时代的）不同人所创造出的不同的美学环境及其原因 ……更敏锐地意识到他人在美化居所、工作和公共场所方面所做出的努力，并与之互动	……对自己在该学科的学习能力更有信心、不被该学科所吓倒（自我） ……明白自己有着独特的学习方法，并很好地利用这些学习方法，而不是担心自己比同学好或差（自我和他人）
关心	……对微生物学作为一个广泛、复杂、多层面的学科感兴趣，并将其视为一门与生物体有关的学科，而不只是关于人类疾病的成因 ……认识到语言精确性在该学科中的重要意义，它是该学科的专业特点之一	……对参加艺术展览更感兴趣 ……考虑为自己的家居收集一些精美的艺术品 ……对不同国家或不同人群如何创造、美化不同的城市环境产生兴趣 ……不管是否出自内心的愿望，都愿意花时间去了解是什么促进了不同的艺术风格和艺术时代的产生	……发现学习数字推理是很有意思的 ……对在日常大众媒体中遇到的数字材料热切地进行批判性评价

续 表

学习类型	微生物学	艺术史	心理学（统计学）
学会学习	……认真阅读教师所布置的学习材料（做一名有效的学习者） ……了解科学方法的工作原理，尤其是了解做出假设、检验假设的重要作用（对该学科尤为重要的一个学习方法） ……能够判断后续学习的重要资源（做一名自我指导的学习者）	……知道如何继续寻求对某一艺术风格或艺术时代更充分的了解 ……能够确定当地一些主要艺术品和艺术展览的分布情况 ……能够确定几个有助于了解不同时代和地区的艺术的资源（电影、电视、书籍、杂志、电脑程序等） ……清楚地知道接下来自己想在艺术和艺术史方面进一步了解什么	……了解自己所喜欢的学习风格，并在未来的学习中加以运用 ……了解为了充分理解材料，必须对材料有足够的接触，如听讲座、复习笔记、阅读课文等 ……继续在生活中进行数据收集和分析，比如，能够计算抵押贷款的利率以决定是继续还贷还是提前付清贷款

表 3.2 展示了学习目标的另外一个重要特征，即每个句子开头的动词。用动词开头来描述学习目标，是很重要的一点，这些动词必须具体、明确，以表明这是教师希望学生在将来能够做到的事情。找到并使用这样的动词，会帮助教师和学生明白，课程需要什么样的学习。表 3.2 列出了一些适合用来描述每一类学习的动词。

表3.2　描述意义学习的课程目标的动词

学习类型	目标1	目标2	目标3
基础知识	记住	理解	确认
应用	使用 批判 管理 解决 评价	判断 做事（技能） 想象 分析	计算 创造 协调 就……做出决策
综合	关联 确认……之间相互作用	建立联系 比较	综合 确认……之间的相同点
人文维度	把自己看成…… 就……与他人相互影响	从……角度理解他人	决定成为……

学习类型	目标1	目标2	目标3
关心	为……感到兴奋 乐于……	对……更感兴趣	珍视……
学会学习	有效地阅读、学习…… 制定学习日程表	确认……方面的信息来源 能够构建……方面的知识	提出有价值的问题 制订学习计划

在确定意义学习目标的时候，可以从以下方面来考虑每一类意义学习的实施方法。

（1）**基础知识**。这一类学习的关键是 1～3 年后，学生还应该记住哪些重要知识。当然，我们希望所有的学生，都能记住所有的知识。但实际上，虽然有些知识的确相当重要，但并不是所有的知识都那么重要。请注意，微生物学教授经过考虑后，是如何把范围缩小到某些术语上面的：数量级的概念、有机物的主要种类而不是所有种类和次要种类。该课程很有可能介绍了所有的种类，但如果几年后，学生至少还能记得主要的种类，教授就会觉得很满意了。

（2）**应用**。这里涉及思考能力和其他能力。教师们不妨问问自己：在课程结束 1～3 年后，你希望学生因为选修了这门课程，会做哪些事情？学生可能会处于什么样的与这门课程相关的环境？在那些环境中，你希望学生能够做哪些事情：是批判性地评价、分析事物，还是进行创造、设计或者计算？

（3）**综合**。综合学习的主要问题，是要求学生进行什么样的联系。是要求他们将课程内容和日常生活相联系（如心理学教授所提出的），还是和其他方面的学习相联系（如艺术史教授所提到的）？这些都是很有效的综合方式，但每位教师必须根据特定的课程，确定什么样的综合是最重要的。

（4）**人文维度**。这些学习有两个密切相关的因素：了解自己、了解他人。就第一个因素来说，你可以自问，是否想要学生以新的方式来看待他们自己。比如说，你也许希望学生认为自己在某个重要方面受到了更多的教育，因此在这个方面能够承担社会领导者的新责任。就第二个因素来说，你可以自问，是否希望学生对如何与他人互动有新的理解。例如，他们可以与其他学生、该领域的专家以及未来的同事等展开交流。如果一位教师认同这种学习目标，就意味着学生将不只是学习相关的理论或内容。他们将学习的是如何应用这些理论和内容，对自己的生活及与他人的交流产生影响。

（5）**关心**。大多数教授都希望学生能更喜欢自己的课程，也就是说对它有更高的评价。从某种程度来说，这应该是课程目标之一。有时课程包含了值得提倡的一些额外价值，如重视精确语言的重要性（如微生物学课程），或参加艺术展览（如艺术史课程）。

（6）**学会学习**。这类学习更复杂，因为它有三种不同含义：成为一名更好的学生，学会就特定学科进行探究，成为一名自我指导的学习者。如果我们有选择性、有针对性，可以在一门课程内以某种方式把这三个方面都包括在内，正如微生物学教师所说的那样。另外两个教师的案例，也展示了获得这种学习的一些不同的有效方法。

2. 选择学习目标的两个诀窍

除了使用意义学习分类法外，我还有以下两点建议。

（1）**尽可能囊括更多种类的学习**。在第二章我曾提到意义学习分类法从本质上说是互动的。这就意味着，课程所包括、支持的学习种类越多，每一种学习的效果就会越好。如果你能在课程中设计五六种意义学习目标，对于学生来说相比只写一两种方法，每一种方法都会更全面、更有效。

这听起来有点神乎其神，其实不然。优秀教师已经在他们的教学实践中证明了这一点。其秘诀是要知道如何更有创意地开发、采用更有效的学习活动，使学生意识到自己所学的东西及其意义。第五章将更详细地进行介绍，给学生带来意义学习经历的具体教学活动和反馈评估过程。在这里我只是提出，在确定学习目标时"多多益善"。

（2）**把课程学习目标和教学梦想联系起来**。在第一章我曾提到，实际上所有教师对教学都有着丰富的、激动人心的梦想。尽管有时，这些梦想被深埋在日常教学的挑战和困难下。在你形成课程学习目标时，就是让自己与内心深处的梦想亲密接触，让这些梦想促成课程目标的好时机。如果你想让学生学会"为世界带来变化""为社会公平而奋斗""成为有创造力的写作者"，或者是"找到（有关该课程的）终身学习的乐趣"，就得把这些梦想转变成课程的具体目标。意义学习理论能够帮你以一种可控的、专注的方式来做到这一点，同时还可以让你尽自己所能进行充分的设想。

（3）**额外资源。**空军学院（Air Force Academy）在决定成为一个以学习为中心的机构时意识到，这意味着所有的课程都需要制定清晰的书面学习目标。因此，该校卓越教育中心的工作人员编写了一份"入门指南"，内容是如何有效编写以学习为中心的课程目标。该材料包含了完成这项任务的七个卓越原则，其中最有用的部分之一，是优秀和失败学习目标的案例。这个材料的网址为 http://www.designlearning.org/resource-downloads/helpful-handouts/（在"编写良好学习目标 [Writing Good Learning Goals]"栏目下）。

（三）第三步：制定合理的反馈和评估体系

综合课程设计的步骤

初始阶段：设定合理的基础因素

1. 确定重要的情境因素
2. 确定意义学习目标
3. 制定合理的反馈和评估体系
4. 挑选有效的教学活动
5. 确保这些基础因素相互融合

中期阶段：将基础因素综合为一个统一整体

6. 构建课程的主题结构
7. 选择或创建教学策略
8. 整合课程结构和教学策略，建立总体的学习活动计划

最后阶段：完成其他重要任务

9. 建立评分体系
10. 调试可能出现的问题
11. 制定课程大纲
12. 制订课程及教学评估计划

课程设计的第三个因素是反馈和评估。对许多教师来说，这仅意味着传统的两次期中考试和一次期末考试。也有许多教师认为，传统的反馈和评估中，有一个任务是教学中最无趣的部分：评分。教师常常感叹说："如果我可以只上课、不评分，那将有趣得多！"而学生也有同感："选修一门课还不错，但要准备考试，就是件很痛苦的事。"为什么会这样呢？有什么方法能解决这个问题

吗？这和教学设计有什么关系呢？师生双方都这么讨厌考试有多种原因，但一个主要的原因是，许多教师对反馈和评估本质的理解非常有限。就像需要拓宽对学习目标的看法，使其涵盖更多意义学习一样，教师们也需要拓宽对反馈和评估的理解，以涵盖更多的教育性评估。

下面讨论与这个主题相关的两本著作——《有效评分》（*Effective Grading*）（Walvoord & Anderson，2010）和《教育性评估》（*Educative Assessment*）（Wiggins，1998），这两本书在总体思想上有许多相似之处。我对他们的观点进行了自己的解读，但他们的观点和我的观点一样，都是为着同一个目标：制定有利于学习而不是阻碍学习的评分和评估程序。

1. 审核性和教育性评估

威金斯（Wiggins，1998）提出了一个极其重要的概念，对"审核性"和"教育性"评估进行了区分（auditive and educative assessment，我在图3.5中对这两个概念进行了说明）。比如，评估步骤只包括两次期中考试和一次期末考试，这就是审核性评估。当考试是课程中唯一的评估方式时，它只具有一种功能：审核学生的学习，为上交的成绩提供基础。这种反馈和评估的做法，是建立在回顾性评估的基础之上的，其考试是为了检查前几个星期所学的内容，了解学生是否已经掌握了这些内容。

相反，教育性评估的基本目的，是帮助学生更好地学习。只要社会要求分数，教师就需要一个有效和公平的评分基础。但问题是教师不知道除了评分之外，还有什么更好的反馈和评估方式能够促进学习过程，而不仅是记录学习的结果。因此教师有必要了解什么是教育性评估，如何将其融合到教学中去。

如图3.5所示，教育性评估有四个基本要素：前瞻性评估、目标和标准、自我评估和FIDeLity反馈。FIDeLity反馈是我对教育性评估所做的补充，它指的是经常的（frequent）、迅速的（immediate）、有区分度的（discriminating，根据明确的准则和标准）、以充满爱意的方式表达出来的（delivered lovingly）反馈。这类反馈在本章之后将展开更为充分的论述。

如果教师能学会针对这四个因素设计评估活动，那么教师自身和学生，都能更加清晰地理解学生的学习在多大程度上是正确的，继而促进学生对自己的学习进行监控和评价——这一点是学生能否成为自我指导的学习者的关键一步。

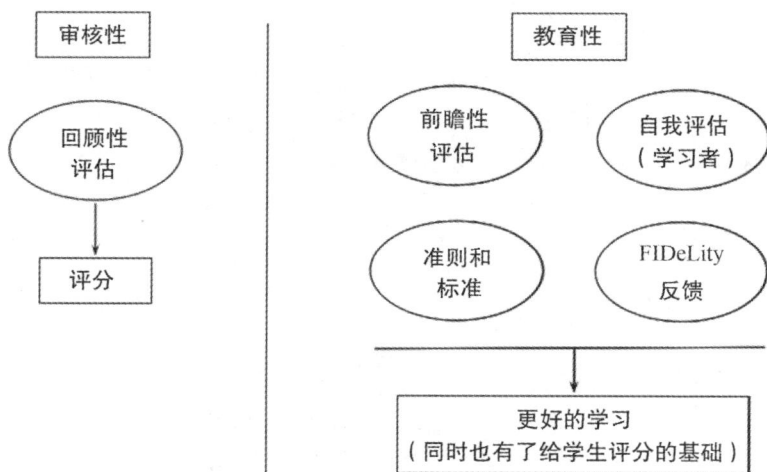

图 3.5 审核性评估和教育性评估

为了使教育性评估的概念更具操作性，图 3.6 说明了这些相关任务发生的顺序。

（1）确定一个好的前瞻性评估任务。教育性评估的第一步，是确定要求学生完成的评估任务。教师在设计一个学期的课程时，经常会使用一些评估手段（作业、测试、问答等），努力设计前瞻性评估而不是回顾性评估是一个很有帮助的思考角度。使用回顾性评估的教师是在回顾，比方说，前四个星期上课的内容。他会对学生说："我们已经学了 X、Y、Z，你们都懂了吗？"而在前瞻性评估中，教师要评估的是学生学了 X、Y、Z 以后，将来能够做什么。相关的问题就变成了这样："想象你处于一个正在使用这些知识的情境，你是否能够运用 X、Y、Z 这些知识完成相应的工作？"

威金斯（Wiggins，1998）在谈到如何确保表现的真实性时，提出了两个概念：真实性任务（authentic tasks）和友好型表现者反馈（performer-friendly feedback）。这些和我在这里所提到的前瞻性评估和 FIDeLity 反馈，在本质上是相同的。他令人信服地指出，如果想创造出促进学生学习，而不是测量学生学习的测试情境，真实性任务具有相当的重要性。"评估必须扎根于真实性任务，必须关注真实性任务，因为真实性任务为日常知识学习和技能培养提供了有效的引导方向、知识连贯性和学习动机……如果把测试根植于人们所做的工作，而不只是出些简单的问题让学生给出容易评分的答案，我们的测试就具有真实

85

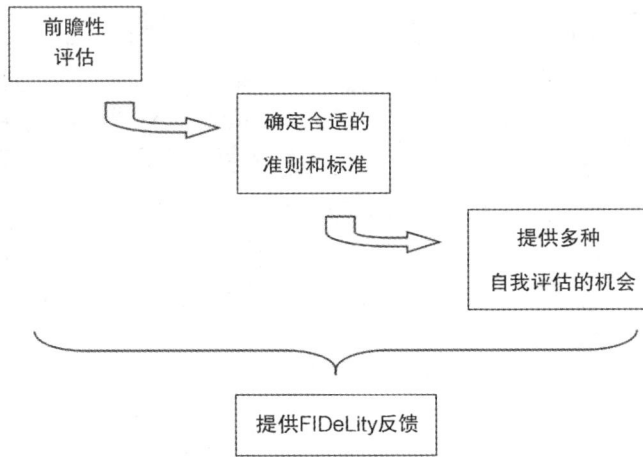

图 3.6　教育性评估任务的时间顺序

性"（Ibid.：21）。

威金斯（Wiggins，1998：22，24）就前瞻性评估或真实性评估的问题、测试、作业设计提出了以下建议：

- **现实性**。任务应该模仿检验人们知识和能力的真实情境。

- **提出判断、创新要求**。学生必须明智而有效地使用知识和技能解决非结构化的问题，比如在制订一个计划的时候，解决方案不仅仅是遵循一套常规或程序或用知识来补漏。

- **要求学生完成课程主题任务**。学生不是根据示范背诵、复述或复制课程内容和已有知识，他们必须在科学、历史或任何其他学科中开展一些探索活动。

- **复制或模仿那些考验成人的工作场合、社会生活和个人生活情境**。情境涉及具有特殊约束、目的和受众的特定情况。典型的学校测试是没有情境的，但是真实性评估应该让学生经历在工作场合和其他生活情境下完成任务的感觉，而且这些任务很可能是无序、棘手的。换句话说，真实性任务要求学生有很好的判断能力。真实性任务能够消除那些最终有害的秘密、沉默、资源匮乏和反馈等，而这些正是学校考试过多的标志。

- **评估学生快速、有效地运用知识体系分析复杂任务的能力**。大多数传统的考试项目都是孤立地检测某一能力——就像体育训练中的分解动作练习，而不像比赛那样要求学生综合运用自己的技能。这两种情况同样要求学生有判断能力。当然单项练习也是必要的，但是学生的表现常常不只是各技能的简单相加。

- **给学生提供恰当机会，进行排练、练习，掌握参考资源，获得反馈并改进表现和成果**。传统的做法是直到考试时才把问题给学生，强调安全性。但如果要提高学生的成绩，那么这种测试必须与教育性评估共存，而不能单一地采用传统的测试方式。

这里的重点，是通过表现——反馈——改进——新的表现这一循环，使学生的学习聚焦到现实的、有意义的任务上来。这一做法可以帮助学生学会运用信息、资源、笔记，在特定情境下有效完成任务。教师出的测试题目不再是没有情境的问题，而是根据学生可能在将来要面对的、具有真实意义的情境设计问题，这也使学生能够真实运用近一段时间所学的知识和技能。

① **变回顾性评估为前瞻性评估**。下面这些案例或许可能帮助教师们理解如何变回顾性评估为前瞻性评估。第一个案例来自我自己的世界地理课程，我们每周学习世界的不同地区，定期就某个地区或者是几个地区进行考试。在学完一个地区后，会进行一个很简单的回顾性评估，其做法是给学生以下两个作业中的其中一个，即"列出该地区每个国家的三个显著特点"。或者多项选择题"下列哪些特征最能准确描述 X 国？"这是以内容为中心的评估方式：给出一些内容，并问"你懂了吗？记住了吗？"

这里有个更好的前瞻性做法，这是我在教了几年世界地理课后才想出来的。

假设你是一个跨国公司的员工，该公司想在该区域建立商务代理。该公司销售的产品面向中高等人均收入人群。公司总裁知道在最初五年左右的时间里，利润不会很高。但是他们希望能在该区域先落脚，并在不远的将来取得成功。

要想取得成功，关键在于公司应该选择这么一个国家：有足够的经济稳定性保证公司收入增长，有足够的其他因素保证，使得产品获得中高等收入国民的认可。

公司已将你列为顾问委员会的成员，该委员会负责向公司推荐一个国家设立分公司。

根据所学的有关该区域内各国的知识，你认为哪个国家最能满足该公司的要求？

这个模拟公司的题目要求学生回顾所学过的知识，但是他们所需要的解题信息，并没有在课本或者课堂上以这种形式呈现过，因此他们必须考虑什么信息与政治稳定、经济增长、GNP（国民生产总值）等有关，然后还应该比较不同国家的相关信息并推荐一个"最佳选择"。在使用这种练习的时候，学生的思考和答案的质量，给我留下了深刻印象。他们也做过类似题目的小组活动，在比较不同小组的答案时，也引出了许多发人深省的讨论。他们必须为自己的小组答案辩护，以证明它优于其他小组的推荐意见。

威金斯（Wiggins，1998）也给出了几个有关基本数学运算知识评价的案例。回顾性评估的典型做法是设计一些脱离情境的题目，如常见的"计算图形的面积或体积"。威金斯提出了另一种前瞻性评估方法，他让学生想象自己在一个大百货公司负责礼品包装，手头有一些关于销售数量等数据，但是学生还需要自己推算一些关键性数据。他们的任务是确定哪种形状的盒子最节约包装纸，并向上级汇报下一年度共需多少包装盒、包装纸。这个练习还提供了教育性评估中的另一个关键因素——具体标准。

② **练习与前瞻性评估**。在我们努力进行前瞻性评估的时候，还有一个很重要的方面，就是要理解它与练习有什么不同。在介绍解决某一类问题的方法时，我们经常给学生布置一些问题，让他们多次使用这个方法，只是每次的问题会各有侧重（这种练习一般设置在每一章的最后）。练习的好处是，它使学生练习、熟悉某一脑力活动，这在学习的早期很有价值。但练习与前瞻性评估还是有所不同的。如果学生能有机会使用新知识，更有效地解决与自己有关的真实性任务，他们会更兴奋、更有动力。

在设计前瞻性评估中，很关键的一点是教师必须思考这些问题："我希望学生能做什么？"前瞻性评估的一个很好的案例是威斯康星州密尔沃基市的阿尔维诺学院的做法（当时这一做法还不叫前瞻性评估）。该学院的课程体系以结果为基础，有着复杂的评估系统。它的学生评估程序通常是这样制定的：学了 X后，学生能否完成 Y？该学院教育系，为学生建立了一个由一位教师和一位校长一起评价的学习档案。这个学习档案的根本目的是让评价者判断该学生是否已具备教学能力。这是进行前瞻性评估的一种合理方式。

（2）确定适当的准则和标准。一般来说，我们不只是要学生学做某事，还希望他们做得好。这意味着学生需要理解什么才是好的。所有的评估都是为了衡量某物的质量，因此，根据定义，需要一个适当的准则和标准，这两者合在一起就是所谓的"量规"（rubric）。出于这些原因，前瞻性评估和自我评估都必须有明确适当的准则和标准。

虽然明确的准则和标准需求似乎是相当明显的，但实证研究表明，教师经常忽视教学的这一方面。弗拉尼根（Flanigan，1998）对写作作业进行了一项纵向研究，该研究以俄克拉荷马大学一百多名大一学生为样本。在接下来的四年大学生活中，他收集了这些学生的每一份写作作业和论文，发现了其中最大的一个问题。教师给学生的大多数作业和评价中，评价写作的准则和标准并不明确，甚至弗拉尼根自身也是如此。在另一项研究中，保罗及其同事（Paul et al.，1997）采访了 140 位大学教师，询问他们在提高学生批判性思维方面所做的努力。他发现的其中一个主要问题是，只有极少数的教师（8%）能够明确制定自己用来评估学生思维质量的关键准则和标准。

教师如何更好地明确评价学生学习的标准？在《有效评分》一书中，沃尔伍德和安德森（Walvoord & Anderson，2010）将评分作为学习和评估的工具。该书的一个突出特点是，它从反馈和评估入手讨论一系列课程设计问题。

这两位作者的主要贡献之一是提出了明确准则和标准的重要性。在该书第四章，他们描述了如何使用完善的量规，让学生更好地理解教师想要什么，并帮助教师产生更有意义的反馈和评估。

为学生个人作业建立一个量规，教师应该做到以下几点：

- 选择一个作业用于测试你想评估的内容，并确保自己清楚作业的目标。
- 确定评估中要考虑的准则或特征，主要是名词或名词短语，例如：论文，与客户的眼神交流，或色彩的使用。
- 用描述性语言说明，在每一个项目要求下什么样的作业是优秀的，什么样的作业是差的，构建一个 2 ~ 5 分的量表（这构成了评估的标准）。
- 在学生或同事中试用这个方法，必要时做出调整（Walvoord & Anderson，2010：42）。

为了让量规这个概念有更具体的含义，两位作者提供了多个案例，这里分享其中两个:一个是关于自然科学中可能找到的标准,另一个是在人文学科中可能找到的标准。

一个自然科学案例

● 准则或期望特征:实验设计(设计科学实验的作业)

● 标准:

5 = 学生选择适合研究目的和受众的实验因素;(上文提到的几种特性)学生设计了一个更好的实验

4 = 学生设计了一个适当的实验,其他同5

3 = 学生选择适合研究目的和受众的实验因素;测量方法适合这些选定因素;有偏差或样本量小于10,削弱了研究

2 = 偏差和不适当的样本量削弱了研究,其他同3

1 = 学生设计了一个糟糕的实验(Walvoord & Anderson,2010:195-199)

一个人文学科案例

● 准则或期望的特征:充分论证(历史论文)

● 标准

5 = 论点新颖清晰;有说服力,条理清晰,有想象力地引证材料

4 = 论文陈述清晰,资料来源合理,条理清晰

3 = 能利用事实,对所讨论问题做出合理的解释

2 = 论文观点不明确,调查资料不充分,条理不清

1 = 没有论证的意识(Walvoord & Anderson,2010:48)

为了说明如何制定与课程主要目标相关的准则和标准,这里举一个与我共事的物理学教授的案例。该教授主要讲授电子学实验课程。我们先是确定了该课程的主要学习目标,最后形成了以下关于应用性学习的相关描述:

在课程结束时,学生应该能够设计、制作和评估用来检测物理性能的电子设备。

确认了这三个学习目标后,他就可以针对每一个目标设计一些重要标准。

电子实验课程目标

> I．设计：为了很好地进行设计，学生应该能够……
>
> 　　A. 提出问题
>
> 　　B. 利用计算机程序进行设计，并做到
>
> 　　　　a. 效果好
>
> 　　　　b. 效率高
>
> 　　C. 确定检测所需以及实验中能够做到的精确程度和精密程度
>
> II．建造电子检测设备，并做到……
>
> 　　A. 效果好（正确、准确地测量，并且只测量要求测量的属性）
>
> 　　B. 效率高
>
> 　　　　a. 使用较少的电线
>
> 　　　　b. 制作用时较少
>
> 　　C. 结实耐用
>
> 　　D. 性能可靠
>
> 　　E. 在将来仍有利用价值
>
> III．分析和检测
>
> 　　A. 确认仪器工作状况
>
> 　　B. 确认能否改进该仪器

针对每个标准，教授随后制定了一套四级标准，并描述了每个标准的不同质量性能级别，指明了三个标准的高级水平（++）和低级水平（--）。

电子实验室课程的三个标准

> **学习目标**
>
> 　I. 设计：准则
>
> 　　目标A：将问题概念化
>
> 　　++首先考虑误差、精确度和精密度。关注直接结果，但是也要考虑问题的改进。
>
> 　　--即使教师提供了一些暗示，也不能开始设计或者完成设计。需要别人安排好一切。
>
> 　II．建造：准则
>
> 　　目标C：制造耐用的仪器设备
>
> 　　++可靠性和耐用性问题成为计划过程的一部分，并在每个步骤中实施。
>
> 　　--完全没有考虑、理解可靠性和耐用性问题。
>
> 　III．检测：准则
>
> 　　目标A：检测仪器工作效果

> ++对于给定的测量，考虑到什么是必需的，并确保获得的数据能够在可能的情况下正确地回答手头的问题。
>
> ——不理解或没有考虑该问题。

这个过程还逐步明确了课程的学习目标，形成了明确的相关准则和标准，对这位教授产生了巨大的影响，给了他清晰的思路和完成各种评估任务所需的工具。有了这些工具，学生可以更专注、更清晰地进行自我评估。对教师来说，则能够更自信、更专注地评估学生的表现。

这里的基本思想相当简单。作为教师，如果想要一个好的评估程序，我们首先必须自己清楚，也要让学生明白，要用什么准则衡量学生的表现，以及每个准则有什么标准。

（3）**提供多种自我评估的机会**。除了开发前瞻性的评估程序，以及明确准则和标准之外，创建教育性评估的第三个变化是为学生创造多种机会，让他们参与自我评估。

在某种程度上，要在生活中和自我指导的学习中表现出色，学生必须学会评价自己的工作。从心理学上来说，这非常重要，也是学生必须培养的一项能力。这一能力不会自动产生，那么教师如何帮助学生培养自我评估能力呢？我认为有三个相关的活动，可以支持自我评估。

① 确定相关的准则。首先，学生需要初步了解评估特定活动的相关准则和标准。应该如何区分优秀和平庸？大多数情况下在课程开始时，学生对这个问题并没有现成答案，该问题的答案对一个刚接触该课程的学生来说并非不言自明。教师直接告诉学生相关的准则和标准是一种可行的做法。但是更好的做法是，如果可能的话，给学生一个自己形成这些准则和标准的机会。一开始可以让学生使用"头脑风暴法"（brainstorm），提出一些他们认为相关的、合适的准则和标准，然后不断地改进这个标准，并培养他们应用这个标准的能力。学生可以先从评价其他同学的工作开始，然后再学习评价自己的工作。

② 练习用准则和标准评价其他同学的学习。在学生获得或形成初始的相关准则后，下一步就可以培养他们的能力，利用该准则为其他学生提供反馈。比如说，有些教师让学生阅读其他同学的论文并给出反馈意见。为完成这个工作，

学生必须对好论文的准则有个基本的概念，并能用这个准则评价同学的论文。

③ 用准则评价自己的学习。第三步是学生用准则来评价自己的学习，并根据这一评价改进自己的学习。为达到这个目的，学生需要做一些有挑战性的工作（比如写一篇文章、做一个演讲、批判性地思考一个问题等）并用相关准则评价自己的表现。如果学生能够有效地完成这一工作，就表明他们学会了如实地进行自我评估。如果所有的大学毕业生都能在所有或者大部分学习过的领域里，进行这样的自我评估，这对他们的成人生活将有巨大的促进作用。

④ 自我评估活动的三个案例。第一个案例的有趣之处在于，学生彼此给出评价反馈的方式，是用便笺表示评价意见。这是一门商务课程，它要求几个小组的学生给一个日托中心当顾问。这个日托中心扩张迅速，已经超出纸质媒介的办公能力，需要一个新的电脑办公体系。几个小组都应给出有关硬件、软件和操作系统的推荐意见。课上对这个问题进行几次研究后，各小组都在一张大纸上列出了自己的意见，并把这些大纸贴在墙上。然后各小组在教室里阅读每一个推荐意见，并对其质量进行分析、评价。评估结束的时候，每个小组都在自己认为最好的意见上，贴上一个蓝色便笺；在他们认为有重大问题的意见上，贴上一个黄色便笺，并在便笺上写出他们所提出的问题。学生在使用黄色便笺时，注意力高度集中，非常投入。反馈活动结束后，每个收到黄色便笺的小组，都有机会回答或解释同学所提出的问题。

在这次作业中，学生学会了互相评价作业。他们明白了，不同人对同样的问题可以有不同的解决思路，他们不得不问自己："这些方案中哪个最有效？为什么我认为有些方案优于其他方案？"这就促进了评估准则的开发。当学生在便笺上写出自己的评价意见时，潜在的准则就变得明确了。在这种情况下，当每个团队对其他团队指定的问题做出回应时，都需要思考各种硬件和软件选项之间的差异以及这些差异对于当前设计的重要性。这些问题的讨论将激发深度思考和分析。

第二个案例来自我所主持论坛上的一位教师，她阐释了一种让学生评估自己学习活动的方式。她的课要求学生写一篇内容丰富的学期论文，其中包含了本学期大部分的内容，这是一种标准的作业形式。布置好作业以后，学生们还会获得评估论文的准则，这一做法虽不那么普遍，不过也并不是闻所未闻。其特殊之处在于，这位教师接下来让学生使用这一准则，来评判他们自己的论文。学生在上交论文的同时，还得说明自己的论文可以得到什么样的成绩，并解释其理由。

这位教师自己也会对学生论文做出一个初步的评价。如果学生的自评成绩和教师所给的成绩差异不超过一个级别，那么学生的自评成绩就被记入成绩册；如果学生和教师的评分差异多于一个级别，那么学生就要和教师说明他（她）自己的打分为什么会那么高或那么低，这个时候教师就会向学生说明自己对论文的看法。学生回去后重新对论文进行评估，并交上一份新的成绩和评分理由——第二次的成绩可能会比第一次更高或更低。

这个案例很好地说明了，学生有能力用准则评价自己的学习。如果他们想在成年生活中成为一个会进行自我评估的人，这样的学习就非常需要。

第三个案例是一种特别巧妙的自我评估方法，涉及批判性思维的发展。理查德·保罗（Richard Paul）曾多次主持关于如何培养批判性思维的全国性或地方性论坛，他自己也开设了一门"批判性思维"的课程。这门课的最后一个项目，是让学生对自己进行评价：在课程结束时，他们能否很好地进行批判性思考（我在 1996 年参加的一个地区研讨会上对其进行了描述）。保罗注意到这个任务给学生带来了一定的压力：如何能实事求是地对自己进行评价呢？如果一个学生经过深思熟虑后，在论文中评价，"我在学习批判性思考方面做得很一般"，那么该生能得到一个高分，他（她）的课程成绩也可能因此而提高。但是，如果一个学生说，"我在学习批判性思考上做得非常出色"，但不能有力说明这一点，那么他（她）将得到一个低分，其课程成绩也可能因此而下降。保罗创造了一个评价环境，在这个环境中，学生如果能实事求是地把批判性自我评估做好，是非常值得肯定的。

（4）提供 FIDeLity 反馈。当教师、同学，甚至是课程外的人观察学生的学习情况，并给出一个评价时，就产生了反馈。同评估一样，反馈从本质上来说也是具有评价性的，它指出了所评价的工作中的优秀部分，也指出了需要改进的地方，同时帮助学生找到了改进的方法。从这个意义上来说，反馈提供者就像是一个教练。

不过反馈和评估有两个重要的区别：其一，反馈不是课程成绩的一部分，只有评估才是；其二，反馈是以和学生对话的形式进行的，而评估则是以向学生宣布的形式进行的。比如说，评估的结果可能是："你得了75分。"（或者是得了C，这取决于所采用的评分符号。）为向学生做出反馈，教师既需要和学生分享对学生学习的评价，并知道学生对该学习活动有何想法，学生使用的是什么样的准则等，还需要和学生分享教师所提出的准则，应该如何运用该准则等。这一对话很重要，因为它有助于教师确认学生理解了课程准则并能加以运用，这就开启了帮助学生进行自我评估的过程。

若要总结高质量反馈的特点，其方法之一就是使用FIDeLity这个缩略语。前面曾经提到，FIDeLity这个词的意思是说，好的反馈应该是：

- 经常性的；
- 迅速的；
- 有区分度的（根据明确的准则和标准）；
- 以充满爱意的（或支持性的）方式表达出来的。

① 经常性的反馈。如果可能的话，每堂课或者至少每个星期都应该提供这样的反馈。学生在进行学习活动时应从教师或同学处得到相关反馈。若要得到高质量的学习，如今广为采用的只在期中和期末时给学生反馈的做法远远不够。

② 迅速的反馈。提供的反馈应在时间上与相关学习活动非常接近，可能的话，应在同一堂课上给出。延迟反馈所带来的问题是，学生已经不再关心他们的答案，或者学习活动为什么是好的、为什么是不好的。如果反馈在学习活动结束后一个星期或者更久以后才给出，学生所关心的就只是"我得了几分"了。

③ 有区分度的反馈。应该以一种清晰的方式区分优秀的和不够好的学习表现。如果只是在论文或项目报告上简单地写个"好"或"不错"，这既没有传达任何信息，也不具有区分度。反馈若要具有区分度，就应该建立在清晰的准则和标准之上，这些准则和标准应该与评估所使用的相吻合。比如说，学生需要知道，某一类作文的写作准则，包括清晰的结构以及证据和推理的恰当运用。如果学生知道自己的作文结构很好，但是证据和推理不够，这比一个简单的"好"或者"B"更能提供有区分度的、有价值的反馈。

④ 以充满爱意的方式表达出来的反馈。这对于信息的顺畅表达很重要，因为如果反馈不是以一个充满爱意、关心的方式表达出来的，那么学生不一定愿意

听到教师希望他们接受的信息。相反，他们会觉得，"我需要遵从教师的要求，以便得到一个好成绩"，而不是说，"教师在向我提供一些有用的信息，这些信息现在和将来都可以帮助我提高从事此类活动的能力"。有了共情、个人理解和关爱，学生更有可能充分地利用各种反馈并将其内化。这一原则建立在反馈和评估的心理学基础之上。

具备所有这些特征的反馈听起来很有诱惑力，但是如何才能做到这样的反馈呢？我将在这里提出一些可能的方式。首先我们来看看，从反馈和评估心理学中可以获得哪些启示，然后我们再来分析两个具体的案例。

（四）反馈和评估心理学

教育性评估的一个重要思想是，评估过程有多重目标，除了为教师提供有关学生学习表现的信息外，评估还应有助于增强学生继续学习的愿望和能力。这就意味着教师应该关注不同的反馈和评估所带来的不同心理影响。关于这一点，我在这里提两点建议。

1. 对记分牌和掌声的需要

作为一个运动迷并且偶尔还是儿子的体育教练，我注意到体育运动能给人带来强烈的动机——尽管世界一流球队也会有输球的痛苦经历，那么是什么让运动员不懈地向更高的目标挺进呢？在观察了体育现象和教学现象后，我认为在运动和教育环境中，记分牌和掌声都能够带来强大刺激，促使人们表现得更好。

在体育运动中，运动员可以在记分牌上得到迅速、可靠的反馈。篮球运动员可以立即得知自己某次投篮是否成功。在教育中，则需要建立在清晰准则之上的经常性的、公正的反馈能发挥作用。比如：学生有没有学会批判性思考，有没有学会如何解读一本小说？他们需要知道清晰的准则，得到及时的反馈，以判断自己在某一次的思考或解读中是否表现出色。

体育运动中另一重要心理因素是观众的掌声。任何一个教练都知道，观众的掌声在比赛中极具激励作用，这也是主场比赛比客场比赛更容易获胜的一个主要原因。在教育当中，这一功能可以由同学、教师或者外来评估者实现。当同学、教师或外来评估者赞扬某学生的成功表现时，他们就给该生提供了强大的动力，促使其继续学习、继续提高。

成功使用记分牌和掌声的案例来自一位音乐教授。该教授培养的是乐队指挥专业的学生，他向我描述了教学中的一个重要现象。他设计了以下学习过程，并在课程中加以多次重复：

- 每位学生记一段乐队音乐的乐谱。
- 记谱的学生负责将这段音乐教给一个由其他同学组成的临时乐队，每周一次，每次 10 分钟。
- 每次教学都加以录像。
- 在每次教学结束后，负责教学的学生从同学和教师处得到口头和书面反馈。
- 根据录像，负责教学的学生对教学进行自我分析，在周记中写下教学过程中和观看录像后的个人感受、同学的反应、同学的表现等。
- 在下次教学之前，负责教学的学生和教师见面，在录像和自我分析的基础上接受教师辅导，并尝试指挥排练的新方法。

该教授注意到，在这个过程中，学生有个典型的变化过程。在前面几个星期里，负责教学的学生在指挥临时乐队时，往往严格依照教师的指导进行。如果教师说他们应该用更简洁的语言指导乐手，他们就努力这样做；如果教师说他们应该事先对排练进行计划，他们也会这样去做；但是他们之所以这样做，只是因为听从教师的指导。

过了一段时间，学生掌握了要领，就展现出不同的做法。当他们把所有的工作——计划、说话、指挥等——都综合到一起后，其表现就更加出色。成功感带来自豪感。同学评论说："嗨，今天你的课很成功！"教师也对其教学表现给予肯定、表扬。这种建立在清晰标准（就像是记分牌）之上的成功加上教师和同学的肯定性评价（就像是掌声）带来了一个重大变化：学生开始关注自己正在学着做的事情（在这里是指指挥一个学生乐队）。

这位教授说，从这里开始，排练中负责教学的学生的表现就大不一样了。他们沉着、放松，随时准备着扮演教师的角色、负责指挥，成为寻求卓越的自我指导的学习者。

这位教师还谈到，经历过这一教学过程的学生，成为真正的教师之后会发生一些有趣现象。据他观察，进入新环境后，这些新教师因为要处理许多未知事物，其教学表现通常会后退一两步。但是一般来说，这种状态持续的时间很短，在这一调整阶段过后，新教师进步很快，并迅速达到一个比预备阶段更高的教学水平。

另一个有效使用记分牌和掌声的案例也来自音乐教学，这是一位小号教师。多年来，他一直采用对学生进行单独教学的方法：听学生演奏，并告诉他们需要改进的地方。有一次他发现学生从高中乐队教师（和其他音乐教师）处获益良多，他和学生都应该感谢这些教师。因此他想到一个简单而又有效的办法：写一封感谢信！每个学生都确认曾经遇到一位或几位音乐教师，帮助他们学到很有价值的技能，比如说好的指法、好的音调、好的演奏习惯等。然后学生和大学教师一起给这位教师写信，感谢他对这位学生的音乐发展所做出的贡献。

这个简单可行的做法，除了在大学和普通大众之间建立起特别好的公共关系之外，还对师生双方都产生了不同寻常的影响。对教师来说，这使他把教学中的焦点从"学生的演奏中哪里需要改进"转移到"学生的演奏中有哪些出色之处值得称赞"，这带来了师生之间更为积极、融洽的关系。对于学生来说，这使他们更为积极地评价自己。学生和教师之间积极的关系基调让学生觉得："我的学习基础很好，还可以在这个基础上继续朝着更为出色的演奏水平发展。"这继而使学生更加感激那些对自己的学习做出过贡献的人。随着学习的进展，学生们对后续学习的态度也更为积极。这个更为积极的互动循环，始于那位教授寻找"给予掌声"的方法，也就是说，给予积极评价，而不只是批评意见。

2. 共情在反馈中的重要作用

威金斯（Wiggins，1998）在论述"教育性评价"时指出，真正的教育性评估具有两个基本因素：其一是"真实性任务"，也就是我们前面说到的前瞻性评估；其二是提供"友好型表现者反馈"（Ibid. : 21）。他注意到，当教师真正布置给学生富有挑战性的真实性学习任务，并在此基础上进行评估时，学生一开始表现并不理想，因为任务要求比较高。在学习的这个阶段，他们很需要得到他人的鼓励，使自己做得更好。随着时间的推移，教师可以逐渐提高要求，提出更高的期望。因此最好这样来安排反馈：在开始阶段应强调鼓励，也就是"友好型表现者反馈"；随着时间的推移，评估可以逐渐向着必要的目标——"尊崇优秀"——推进，也就是说，还是得为优质的学习表现提供一个有效的"记分牌"。

（五）对反馈和评估的相关建议总结

对课程设计初始阶段的第三步，可以做如下总结：形成合理的反馈和评估体系。在这一部分，我们提出应采用教育性评估原则，也就是说，反馈和评估应该能够提高学习过程的质量，而不只是给学生打一个分数。为此，教师应在教育性评估的四个基本因素上做出努力：

- 提出前瞻性评估的问题。
- 发展评估所需的清晰、恰当的准则和标准。
- 创造让学生进行自我评估的机会。
- 提供 FIDeLity 反馈：经常性的、迅速的、有区分度的、以充满爱意的方式表达出来的反馈。

图 3.7 对这些因素和它们之间的相互联系做了一个直观的总结。

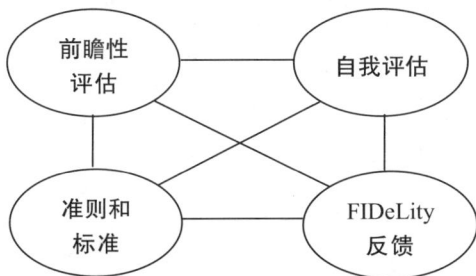

图 3.7　教育性评估的四个基本因素

五、回顾到此为止的课程设计过程

本章我们介绍了一个课程设计的新模式——综合课程设计法，并初步讨论了如何帮助教师为学生设计更有意义的学习经历。该过程的第一步是分析教学的情境因素，这一工作必须彻底、仔细地开展，因为其结果将影响到三个必须做出的决定。第二步是思考教师想让学生从课程中获得些什么，即课程学习目标。我们建议这一步工作，必须通过以学习为中心的方式，而不是以内容为中心的方式来完成，并采用意义学习分类法列出一系列意义学习目标。第三步是形成合理的反馈和评估程序。我们建议采用教育性评估的做法，该评估可以支持并促进学习，同时让教师真正了解学生的学习进展情况。

　　课程设计过程的下一步是开展实际的教学活动，这些活动将决定学生的学习经历的特点。下一章的讨论，将从这一问题开始。

第四章

设计意义学习经历 Ⅱ：塑造学习经历

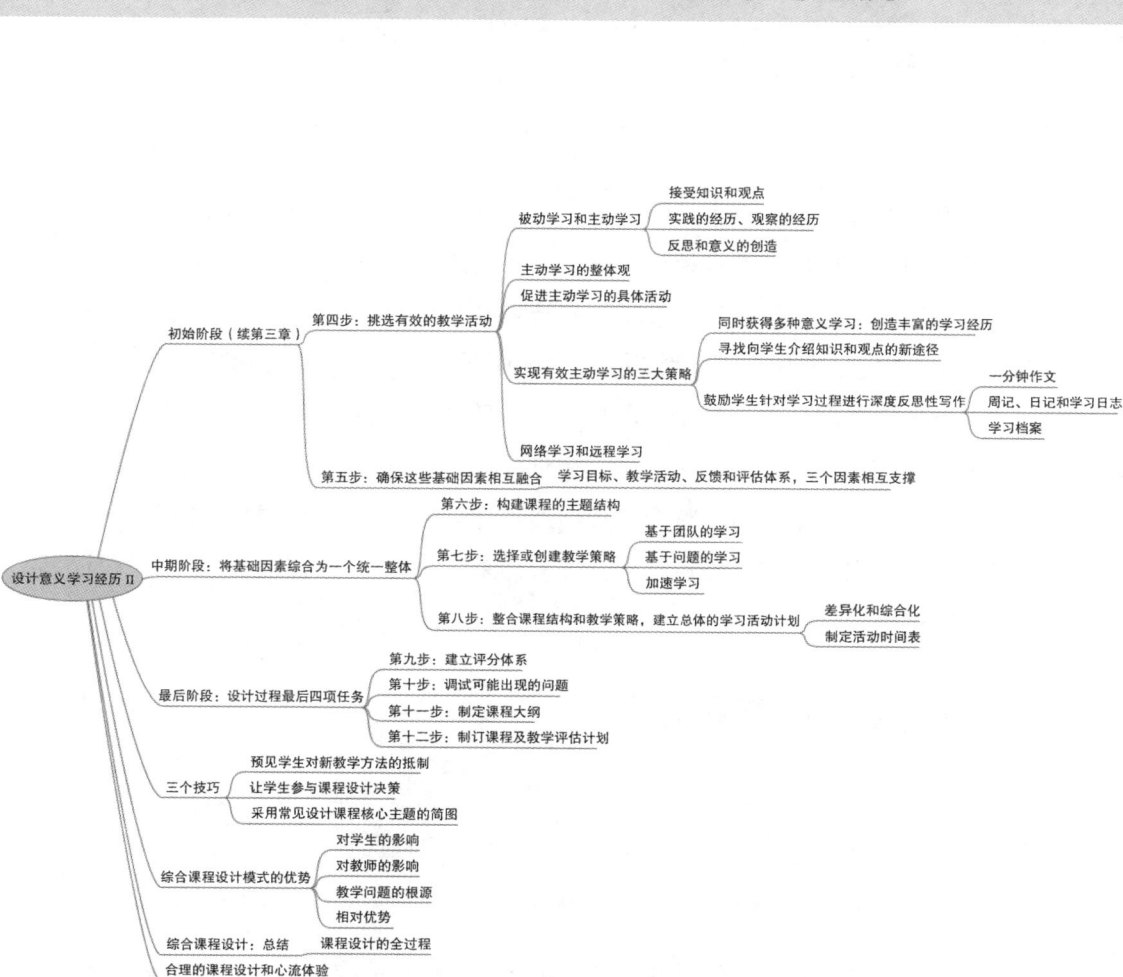

设计意义学习经历 Ⅱ

- 初始阶段（续第三章）
  - 第四步：挑选有效的教学活动
    - 被动学习和主动学习
      - 接受知识和观点
      - 实践的经历、观察的经历
      - 反思和意义的创造
    - 主动学习的整体观
    - 促进主动学习的具体活动
    - 实现有效主动学习的三大策略
      - 同时获得多种意义学习：创造丰富的学习经历
      - 寻找向学生介绍知识和观点的新途径
      - 鼓励学生针对学习过程进行深度反思性写作
        - 一分钟作文
        - 周记、日记和学习日志
        - 学习档案
    - 网络学习和远程学习
  - 第五步：确保这些基础因素相互融合　学习目标、教学活动、反馈和评估体系，三个因素相互支撑
- 中期阶段：将基础因素综合为一个统一整体
  - 第六步：构建课程的主题结构
  - 第七步：选择或创建教学策略
    - 基于团队的学习
    - 基于问题的学习
    - 加速学习
  - 第八步：整合课程结构和教学策略，建立总体的学习活动计划
    - 差异化和综合化
    - 制定活动时间表
- 最后阶段：设计过程最后四项任务
  - 第九步：建立评分体系
  - 第十步：调试可能出现的问题
  - 第十一步：制定课程大纲
  - 第十二步：制订课程及教学评估计划
- 三个技巧
  - 预见学生对新教学方法的抵制
  - 让学生参与课程设计决策
  - 采用常见设计课程核心主题的简图
- 综合课程设计模式的优势
  - 对学生的影响
  - 对教师的影响
  - 教学问题的根源
  - 相对优势
- 综合课程设计：总结　课程设计的全过程
- 合理的课程设计和心流体验

本章将继续介绍如何为学生设计意义学习经历。仔细分析情境因素、确定意义学习的课程目标、形成教育性反馈和评估体系，完成这三个步骤之后，各基本元素得到确定。但是设计过程的初始阶段并没有结束，还需要完成一些必需的工作：决定采取什么样的教学活动、确保课程各主要元素彼此融合。

本章的第二部分将讨论中期阶段和最后阶段的设计过程，如第三章"综合课程设计的12个步骤"中所展示的。中期阶段的任务包括构建有区别的课程结构、选择有效的教学策略、整合课程框架和教学策略，并形成整个课程的学习活动计划。最后阶段的任务包括建立评分体系、审查总体课程设计、撰写课程大纲、安排课程评价。

一、初始阶段（续第三章）

初始阶段余下的步骤特别重要，它们在很大程度上决定了学生学习经历的本质和质量，因此要像前面的步骤一样给予足够的重视。

（一）第四步：挑选有效的教学活动

第四步至关重要，同时又非常具有挑战性。如果前面的步骤已经顺利完成，那么在面临挑战时至少你已经处于有利位置。仔细分析情境因素，确定意义学习的目标和形成教育性反馈和评估体系之后，现在你面临两个问题：学生在课程中将做些什么（学习活动）？为了促成意义学习，你将做些什么（教学活动）？几十年甚至几百年来，教师们一直遵循着一个传统：教学活动的首要元素是，教师简明系统地介绍自己对学科化课程结构的理解（即讲授），或者偶尔领导全班讨论某个专题（有时婉转地称之为"苏格拉底"式对话），主要目的是激发学生的兴趣以及揭示学科的最新动态。这种教学传统带给学生的学习经历主要包括听讲座、记笔记，以及带着自己的想法，或者偶尔带着某个独到的问题参与课堂讨论。

综合课程设计的步骤

初始阶段：设定合理的基础因素

　　1. 确定重要的情境因素

　　2. 确定意义学习目标

　　3. 制定合理的反馈和评估体系

　　4. 挑选有效的教学活动

　　5. 确保这些基础因素相互融合

中期阶段：将基础因素综合为一个统一整体

　　6. 构建课程的主题结构

　　7. 选择或创建教学策略

　　8. 整合课程结构和教学策略，建立总体的学习活动计划

最后阶段：完成其他重要任务

　　9. 建立评分体系

　　10. 调试可能出现的问题

　　11. 制定课程大纲

　　12. 制订课程及教学评估计划

　　近十年左右，这个传统受到了主动学习理念的严峻挑战。一些研究高等教育的文章强烈质疑传统的"讲解——讨论"教学的有效性和充分性，同时还指出，如果更多地采用主动的方式进行教学，学生能够学到更多并且能够将学到的东西保持得更长久（Bonwell & Eison，1991；Bonwell，1992—1993，Bean，1996；Sutherland & Bonwell，1996；Barkley，2010）。

　　这里所指的主动学习，其具体概念是什么呢？在这个概念的研究文献之中，邦威尔和艾森（Bonwell & Eison，1991：2）把主动学习简明地定义为"任何把学生吸引到学习实践中的活动，以及任何促使他们思考学习实践的活动"。尽管这个定义颇为精到，但我还是想略微扩展一下，在概念上重新构建，以促进教

师开展四项重要工作：

- 分析传统和当代教学思想的可取之处；
- 确定关键活动，以便发挥高效能教师的效力；
- 为某一特定科目，制定符合主动学习原则的适当的教与学活动；
- 揭示主动学习三个元素之间相互促进和相互依赖的特点。

什么样的观念可以引导教师摆脱"讲座—讨论"这一传统的束缚？图4.1是主动学习和被动学习的基本模式。这个图解可以说建立在邦威尔和艾森的主动学习定义之上，但同时也在某种程度上发展了他们的定义。邦威尔和艾森所指的"学习实践"在此称为"经历"，同时我充分注意到两种基本学习经历的重要性：实践和观察。邦威尔和艾森所指的让学生"思考学习实践"的概念在此定义为"反思"。

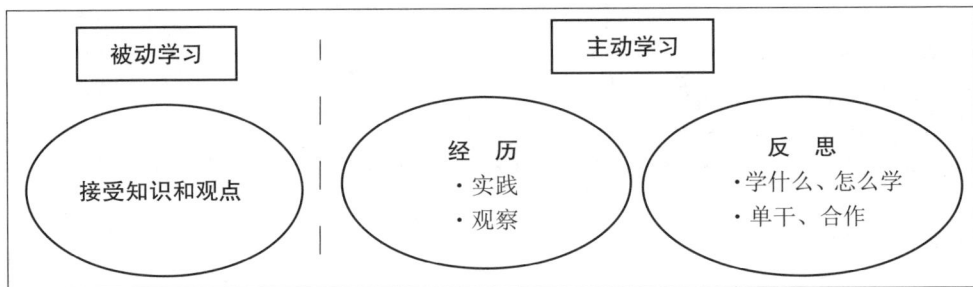

图4.1　主动学习和被动学习

1. 对各要素的阐释

首先我将对图4.1中的三个要素进行简要阐述，接下来将扩展并重新构建主动学习的概念。

（1）**接受知识和观点**。被动学习是指学生在听课或阅读过程中所发生的学习：接受知识和观点。这是学习的一个重要部分，但是就它自身而言，受到了诸多限制，而且也会对学习产生诸多限制。如果教师认为自己的工作主要是讲解教材，那么结果就是课堂上很多时候都是学生听、教师讲。虽然一些学习上比较成熟的学生确实能够，而且也会进行自我反思，并且会将所学的知识相互联系，但这只不过是学生自发的行为，而不是教师为学生设计的学习经历的组成部分。要超越"教师讲"的局限性，并且强化学习经历，在课程经历设计中需要结合更多的主动学习方法。

（2）**实践的经历**。实践指的是学习者开展各种学习活动，这些活动是我们希望他们学会的，如设计水库大坝（工程学）、指挥中学乐队（音乐教学）、设计和做实验（自然和人文科学）、评析观点或者文章（人文学科）、调查当地历史资源（历史）等等。在考虑课程目标时，教师应该思考一下，课程结束之后希望学生利用所学的学科知识处理什么样的问题：设计某样东西、批判性地阅读文章，还是撰写学科论文。无论想让学生学会什么，那都是他们在课程学习阶段需要去实践的。

（3）**观察的经历**。只要看到或者听到别人在做与他们所学知识有关的事情，学生就会进行观察：或许是观察教师的示范（"我是以这种方式来评论一部小说的"），或许是聆听其他专业人士的演奏（音乐家），或许是观察正在研究的现象（自然、社会或文化）。

观察使学习者有机会去感受研究的现象，对教师来说，有时候这是一种挑战，但是有创造力的教师总是不停地寻找有效途径，为学生提供这种机会。

有一位教授在这方面为我们树立了很好的榜样。她给非音乐专业学生上美国本土音乐课，周末会带学生去观看真实的印第安人帕瓦集会（Pow Wow）。她原本可以简单地播放录音或者录像，但她发现学生在亲身感受过这种歌舞庆典之后，普遍有两方面的体会：首先，学生发现自己所学的科目是真实的、有意义的；其次，学生发现课程内容（分析工具、知识等）能够有针对性地解释自己在歌舞庆典中的经历，即认识它的意义。因此，直接、有效的观察经历，能帮助学生认识该学科以及学习该学科的价值。

（4）**反思和意义的创造**。反思是主动学习的第二个要素，它是邦威尔和艾森定义的一部分，但是他们并没有对此进行非常充分的研究。只有当反思活动与人类创造意义的需求相联系时，反思的巨大价值才能得到清晰的体现。

人类是创造意义的生灵。意义的创造，是以我们的经历以及接触过的知识和观点为基础的。然而问题可能就出在这里。每当人们获得新的经历或者碰到新的观点时，这些经历或者观点都会被习惯性地赋予一个初始意义。这种初始意义的赋予可能是无意识的或是下意识的，不易察觉；在这种情况下意义可能会被限定、歪曲甚至破坏。作为人类，我们有能力改变观念和经历所具备的意义——但是只有当我们意识到这种初始意义的存在，并且反思期望赋予自己的观点和经历新意义的时候，我们才有可能创造意义，而不仅仅是接受意义。教学的目标之一就是帮助学生更熟练地创造意义，这意味着他们需要花时间反思所获得的经历和新观点的意义。

当我们对学习经历的意义进行反思时，有一些问题可以指导我们的反思，比如：

- 我学到了什么？
- 我是怎么学到的？
- 什么对我的学习有帮助？什么对我的学习没有帮助？
- 作为一个学习者，这告诉我学习的本质是什么？
- 这些新的经历与我之前对现实和价值观的信念有什么关系？
- 这些新的经历是否挑战我去改变原有的信念和价值观？
- 无论是作为专业人士，作为个人，作为不同社会团体的一员，或是作为不同政治团体的一员，这些新的经历对我未来的生活有什么影响？
- 目前的学习，是否给我带来了额外学习的需要或愿望？
- 如果是的话，我该如何学习呢？读书、与人交谈、做实验、参加课程、参加会议或工作坊，或者其他的事情？

反思：单干还是合作？ 某些创造意义的过程，始终需要由个人通过自我反思单独完成。但是大多数人发现，完全依靠自己创造意义并不是最有效的方法。事实上在跟他人对话的过程中，我们更有可能发现新的、更丰富的意义。另外，人们合作探索各种经历、知识和观点的意义的过程，也是奠定共同体基础的过程。无论是在单独的课程层面还是在整个大学学习的层面，形成共同体意识的设想都能够极大地提高学习经历的质量。

2. 主动学习的整体观

主动学习的这三个要素结合起来，构成了一个更为详细、完整的主动学习观——它包括"获取知识和观点""经历""反思"。我们需要通过一个更加整体的视角，创造各种能够实现意义学习的学习活动。图4.2诠释了这一主动学习的全新概念，它将这三种学习方式融为一体，形成一套更加完善的学习活动体系。

这种全新的观念建议，学习活动的选择应该在两个原则的指导下进行：第一，一套有效的学习活动，应该包括主动学习的三个要素，即知识和观点、经历，以及反思；第二，尽可能直接提供这三种学习方式，当然有时也需要间接或是替代的形式，但如果教师能够找到促成主动学习的直接方式，就能够进一步提高学生的学习质量。

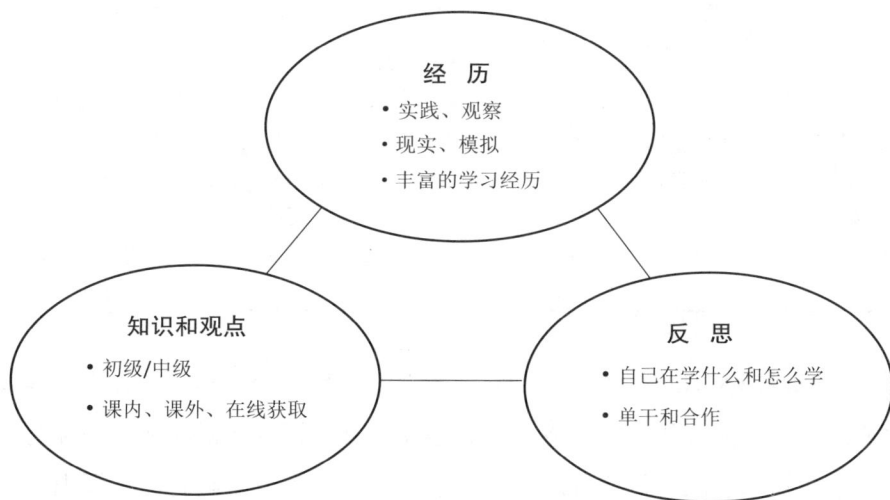

图 4.2　全面的主动学习观

3. 促进主动学习的具体活动

表 4.1 提出了促进主动学习的若干具体活动，并根据这些活动所支持的主动学习要素加以分类。如该表所示，在某些活动中学生直接参与某个特定的学习环节，而在另一些活动中则是间接参与。该表同时也反映了如何通过网络教学实现主动学习。

表4.1　促进主动学习的活动

主动学习要素	获取知识和观点	经　历		反　思（学什么和怎么学）
		实践	观察	
直接	• 原始数据 • 原始资料	• 真实情境下的实践	• 直接观察现象	• 课堂讨论 • 学期论文 • 就学习过程进行深入反思性对话和写作

续 表

主动学习要素	获取知识和观点	经 历		反 思（学什么和怎么学）
		实践	观察	
间接和替代	• 二手数据和资料 • 讲解、课本	• 个案研究 • 模拟 • 角色扮演	• 故事（可以通过电影、文献、口述记录获取）	——
远程学习（网络课程、互动视频、函授课程）	• 课程网址 • 国际互联网 • 视频讲座 • 印刷材料	• 教师可以让学生获得"直接经历"…… • 学生可以远程或者在线参与各种间接经历		• 学生可以记录下他们的反思过程，如果愿意，还可以通过文字、电视或者网络与他人分享自己的反思成果

（1）**获取知识和观点**。我们从大家最熟悉的要素开始。学生在阅读课本或是听教师讲解过程中有什么收获呢？他们是在间接地接受知识和观点。说它间接是因为这些知识和观点是通过媒介——教科书的作者或讲解者——组织和诠释的。而有些教师让学生阅读原始资料和考察原始数据（即没有经过他人全面分析和注释的资料和数据），以这种方式引导他们直接获取知识和观点。

（2）**实践的经历**。上文提及的实践经历和观察经历都是很宝贵的。所谓直接实践的经历是指学生在真实情境下进行实践。例如，假设教师想把音乐专业的学生培养成为公立学校的乐队指挥，他就应该为学生提供指挥真正的学生乐队的机会。即便是短短几分钟，也能让他们获得直接的实践经历。又或者，如果教师希望学生在今后制定公共政策时运用生物学知识，就应该让他们列席并参与所在社区或地区的环境问题讨论。

有时教师无法为学生提供直接实践经历，因而需要发掘或创造间接或替代性实践经历。个案研究、游戏、模拟和角色扮演——这些都是可以代替直接实践的学习形式。医学院和商业学校学生开展个案研究可以锻炼解决问题和决策能力。课堂上学生小组解决化学问题或回答历史问题，可以应用学科知识。教育或人文学科的学生进行角色扮演，把思想转化为人类行为，因此他们参与的是涉及各相关领域的另一种形式的实践。如果学生在课上有过这些间接或替代性实践经历，那么他们在今后的实际工作中参与类似的活动就会更有优势。而且与真实的实践不同的是，替代形式不会因为过失而带来风险和不良后果。例如，在商务课的模拟活动中，如果就某公司应该如何推销新产品做出了一个错误的决策，充其量只会让学生得到一个教训；但要是发生在现实生活中，这种过失将导致惨重的损失。

（3）**观察的经历**。跟实践一样，学生在某些情况下可以直接观察有关现象，但在另一些情况下，却可能不得不采取间接观察的形式。我们所熟悉的直接观察的实例有：

- 研究艺术的学生，走进画家的工作室观察职业画家（或者至少是高水平的画家）如何创作绘画作品。
- 研究社会学的学生，在热闹的公共场所或者在家庭环境中观察人的行为并做笔记。
- 研究天文学的学生，记录下每晚或是每周观察到的月亮和星星的位置。

在这些情况下，学生直接观察研究对象。他们观察的有可能是某种事物（一幅画、一种人类行为、一颗星星），也有可能是对事物产生作用的人（一位画家、某社会团体的一位准领导人、一位天文学家），具体的观察对象应取决于教师确定的学习内容。但是在上述任何一种情况下，学生都在直接观察现象本身。

此外，学生也可以间接地观察现象，一般是通过收集与研究和主题相关的素材进行观察。这个方法的缺点是其间接性导致观察不够充分或者不够可靠。但是它也有一个重要的优点，即能够显著扩大学生所接触到现象的范围。例如，在下一章中即将介绍的一项个案研究中，护理专业学生研究分娩所涉及的文化问题。教师为他们放映有关不同文化中（比如美国、亚洲各国等）妇女分娩的片子。学生显然不可能直接观察、采访来自那么多不同文化背景的妇女。而电影则可以帮助他们——通过摄像师和受访妇女的视角——间接观察分娩在不同文化中的意义，获得丰富、宝贵的经历。同样，与课程相关的研究文献和口述录音也能够为学生提供素材，在某些他们自己永远没有办法直接进行观察的时间和地点，帮助学生间接观察（真实的或是想象的）人物和事件。

（4）**反思**。学生获得了新的知识和观点、新的实践和观察经历之后，需要时间进行反思，以判断应该赋予这些别样的学习活动以怎样的意义。如果缺少了反思，尽管学到了一些知识，学生依然无法使这些学习对自己产生充分的意义。

教师一般鼓励学生通过两种活动对课程主题进行反思：参与课堂讨论、撰写学期论文。在教师引导全班学生讨论阅读过的材料时，学生进行的是反思性对话，反思所学习的主题以及如何充分、确切地理解这个主题。学生模拟活动或是解决问题活动的过程也是反思性对话过程：他们刚刚结束了学习的经历模式，现在需要反思这种学习经历促使他们对学科产生了什么新的理解。

在学生反思学习过程本身的时候会产生一种比较少见但可能更加重要的学习。教师可以让学生写课程日志或是建立个人学习档案。无论采用何种形式，学生都可以记录下他们正在学习什么、如何学习、所学知识或学习本身在他们生活中的作用，以及他们对学习的感受。布鲁克菲尔德（Brookfield，1995）提出，教师应该让学生记下课堂上的关键事件以及他们对这些事件的反馈，这个建议其实是让学生对学习过程进行反思。

4. 实现有效的主动学习的三大策略

要想把主动学习有效地融入课程，学习活动设计中必须包含所有的三个要素，同时还必须尽可能确保有效地实现每个要素。有什么好办法可以做到这两点？

（1）**策略一：创造丰富的学习经历**。或许大多数教师在课程中唯一可以做到的最有效的变化就是拓展学生的学习经历。学生在学习课程过程中做什么或是观察什么才能获得有意义的经历呢？在课程设计过程第二步中所确立的，能够支持多项意义学习目标的经历才是最佳经历。后来我发现"丰富的学习经历"这个概念在这里很实用，因为学生在这些学习经历中可以同时实现多种意义学习。

以下"促进主动学习的活动"列举了一些有可能促使学生同时获得多种意义学习的丰富经历，例如学习或回顾课程内容（基础性知识）、学习应用和运用知识（应用性知识）、探索学科的个人和社会价值（人文维度）、把一种知识与另一种知识相融合（综合）等，所有这些学习经历，学生能够同时获得。

我所在的学校有三门课程，为丰富的学习经历树立了典范，它们分别是工程、商科以及地区和城市规划课程。

促进主动学习的活动

什么是丰富的学习经历?

学生能够同时实现多种意义学习经历。

有哪些实例?

课堂上:

- 辩论
- 角色扮演
- 模拟
- 戏剧表演

课外:

- 服务式学习
- 情境观察
- 真实项目

---

①"早城"(Sooner City)——一个模拟的工程项目。工程学院的课程改革非常振奋人心,它历时多年,致力于提高学生的设计能力(Kolar et al., 2000)。土木工程和环境科学系的教授认为,工程学的学生必须突破"填选式"(plug-and-chug)的学习经历,不能再继续学习如何解答一些预先设计好、有明确答案的题目。为此他们规划了一个题为"早城"(采用了学校球队的昵称)的项目。学生从入学到毕业的许多课程,都贯穿了对这个项目的研究、开发,直至最终创造出一个叫作"早城"的地方。例如,在新生课上,学生可以根据教授提供的标准,设计消防站和交通要道。接着他们建造发电站,添加一些办公楼,在对城市进行总体规划的基础上设计整个街道系统,等等。每一个新的建筑物必须与原先的建筑物融为一体;从而整个项目就会朝着更为综合、多元的方向稳步发展。

这一课程创新显然为学生提供了丰富的学习经历。每一个课程项目都需要学生增强设计能力和计算机应用能力,学会如何在规定期限内完成主要项目,如何在团队中协同工作,如何向公众介绍他们的项目计划,如何综合各种不同的知识,等等。

②开办和经营真正的公司。商学院的一小部分教授也于1995年发起了课程改革,该改革获得了国家级奖项,并取得了一些令人印象深刻的成果(根

据麦克尔森 [Michaelsen] 的个人交流）。这一项目名为"综合商务核心计划（IBC）"，由四门课程组成，在学生进入商学院成为商科专业学生后的第一个学期选修，这个时候学生通常已经处于大二第二学期或是大三第一学期。这个项目包括了三门基础课程（管理、营销和法律）和一门实践课程。在历时一个学期的实践课上，35 名学生每人必须开办，并且实实在在经营一家新公司。在 16 周的时间里，这些学生必须做到：

- 启动：决定公司想要生产的产品或是提供的服务，争取到实际可用的启动资金，建立公司组织等。
- 经营：实实在在地推销和出售产品。
- 停止经营：学期末，必须停止公司销售和账务往来，撰写开支和利润的报告等。

另外，每个公司还必须选择一家当地的社区服务机构，与之建立合作关系。每位员工为指定的社区机构义务服务的平均时间必须达到 10 小时以上，期末所有的公司收益都将捐献给这个机构。

18 年过去了，还没有一家公司破产。最初两年，大多数公司经过 16 周的经营，其净利润达到 1000 ～ 2000 美元。后来的公司显然借鉴了早期的经验，最近几年各个公司的净利润都达到 10000 ～ 20000 美元。在 2001 年秋，有两家公司创造了 35000 ～ 50000 美元利润，刷新了 IBC 计划的记录。2003 年，迈克尔森应邀到密苏里州中部，在那里复制了 IBC 项目经验，也取得了类似的成功。学生评价显示，参与者从这一系列综合性课程中学到了许多东西。他们现在明白了为什么要在课程设置中设计一些后续课程；他们认识到自己作为商业人士的某些优势和不足；了解了商业组织和其他社会机构（银行和服务机构）的关系；他们也从亲身经历中体会到创办企业、坚持提供优质产品和优质服务是非常复杂的。

来自俄克拉荷马州的大学毕业生的数据表明，在参加过 IBC 项目的毕业学生中，超过 50% 的人认为，这是他们在商学院整个学习生涯中最重要的学习经历。学生在学习知识的同时运用这些知识，因此他们清楚地理解了理论和实践的关系。而且他们必须学会与同学相处，更要学会包容不同观点，同时还必须参与一些以前从未参与过的，但是今后将从事的活动。这些事实有力地证明了协调良好、内容丰富的实践经验的影响；即使其中某些学生先前在商业经营方面没有接受过任何正规教育，这种影响仍将年复一年地对学生产生作用。

③ 重新设计洛杉矶的河流。一位有魄力的城市景观建筑设计师为他的班级——由几名本科生和一些研究生组成——提供了一个参与国家重大项目的机会（根据赛普斯 [Sipes] 的个人交流）。

项目组由来自全国各地的专家组成，每个人负责项目的一部分。这些学生必须学会与这一职业团队共同合作，齐心协力提出一个计划并进行完善，最终改善一条横穿洛杉矶城的河流。在项目第一阶段，学生们学习如何使用互联网和其他途径，获得洛杉矶城目前河流的分布和使用（或废置）等方面的大量信息。第二阶段，学生与职业团队合作规划出方案，提出改善河流景观、改进河流利用方式、提高河流价值的市政规划——从根本上来说是要把河流改造成沿河公园。本阶段还需要用计算机设计一个立体模型，用以呈现经过改造以后的河流面貌。第三阶段，这些学生人生中第一次去洛杉矶，向市议会汇报改造方案。会议前夜，所有的电脑程序都崩溃了，他们不得不埋头恢复程序，一直工作到凌晨四点，然后及时赶到市议会做报告。大家的投入程度和敬业精神从这个事件中可见一斑。汇报非常成功，市议会买下了他们的方案。1996 年秋天，洛杉矶市民批准发行 3.19 亿美元的公债，投资由这个班级提出来的改造规划！

这些学生在项目开始之前都不是电脑奇才，但他们显然学到了大量有关市政规划的事实性和概念性的知识。同时他们也学到了许许多多其他东西，而且几乎所有的学习都是同时发生的：如何应用概念性的知识解决具体问题，如何运用电脑查询信息、创作模型，如何认真地与他人合作，如何赶上最后期限，如何提升自信心，如何在主要项目逐渐成形（在该例中是圆满完成）时感受喜悦，以及如何有效地与各种各样的陌生人进行沟通（如洛杉矶市议会议员）。我认为这是丰富的学习经历的一个经典案例。

回顾这三个案例的主要目的在于证明，出色的教师总是有各种办法为学生创造丰富的学习经历。有些利用真实的项目（如 IBC），有些采用模拟项目（如"旱城"）；有些是校内完成的项目，而有些则是与其他地区合作的项目（如洛杉矶河流改造工程）。各个不同的案例有一个共同的主题，那就是要帮助教师认识到，必须为学生提供综合的、有挑战性的、背景丰富的、能够同时实现多种意义学习的实践经历。所有教师都面临的挑战是：怎样引导学生去获取综合的、有挑战性的、背景丰富的学习经历呢？

（2）策略二：寻找向学生介绍知识和观点的新途径。 主动学习的第二个要素是学生为理解学科所需的各种知识和观点。这与教师传统意义上所称的课程内容基本一致。目前的课程内容一般都通过讲授和指定教科书传授。尽管这种方法很简单，但是就学生的学习而言它存在着明显的缺陷，而且也会给学生的学习造成严重阻碍。

它的缺陷在于，讲授和教科书呈现给学生的主要是二手资料和数据。初学者往往需要教师或书本帮助他们创建一个知识背景，以便理解某人的作品或某个主题的重要性。但如果学生接触原著和原始数据的机会越多，他们学习如何在自己的生活中理解并使用这些原始资料的速度也越快。

讲授作为知识传递手段的障碍在于，它过多地消耗了一种稀缺而珍贵的资源——课堂时间。依靠讲授进行教学要求学校提供教室和相关设施，聘请有关专家，所有的学生得连续几周在同一时间到同一地方集合。这样做的成本很高。如果教师能够想到其他成本低廉的办法把重要的知识和观点引入课程，那么课堂时间这一珍贵资源就可用于实现丰富的学习经历——一些在其他地方无法轻易开展的学习活动。那么怎样才能实现呢？

布置阅读任务这种传统做法依然有效，但我们还需要想办法使学生不仅能在课外而且能在课前完成任务。许多教师立即会反对说，现在他们布置的材料学生都不会去看。这点说得没错。但是当我跟学生探讨原因时，很多人都说有许多课程的教科书他们甚至都懒得去买，因为没有这个必要：反正教师在课堂上所讲的内容与教科书上是一样的。

这里我们陷入了一个双重反馈循环问题（double feedback loop）。一方面，教师认为学生不会看书，所以他们只好讲解教科书上的内容。而另一方面，学生注意到教师上课会讲解这些材料，所以他们就认定不需要看。要跳出这个怪圈，教师必须采取三方面的措施。如果你已经布置了阅读作业，课堂上的讲授就不要再涉及相同的材料。相反，你应该采取一些措施——如小测验，让学生明白他们必须对自己的阅读任务负起责任，接下来还要设计课堂活动帮助学生运用材料上学到的知识和观点。这将为他们的阅读带来内部动机。本章将设置

"制定教学策略"这个主题，详细描述如何设计一系列这样的活动。

另一种向学生介绍新知识和新观点的方式是在课外通过电脑实现的。从各大网站搜罗的原始文本材料和各种数据材料都在以级数增长，许多教师认为这是学生获得知识和观点的一个重要来源。一位教生理学课程的动物学教授，在某个网站上发现了巨大的财富，上面有无数的图片，从各个角度拍摄了人类肝脏形态：有健康的，也有病态的。在他看来，学生从这个网站上能够获得有关该主题的高质量视觉信息，远远超过了任何教科书，甚至超过任何实验室环境能够提供的信息。同样，语言教师现在可以上网获得原始的语言资料（如拉丁文、希腊文、法语、中文等），而且有多种译文，可供比较不同的版本和翻译，等等。这些有价值的文本材料和数据资源，学生都可以在课外获得并阅读。

如果你成功地探索到新的途径把丰富的学习经历引入课堂（策略一），并且能够找到新的方法让学生学习重要的知识和观点（策略二），学生需要做的就是整理所有的学习经历并了解它们的意义。这就是策略三的作用。

（3）策略三：鼓励学生针对学习过程进行深度反思性写作。增强教学效果的第三个策略与主动学习的第三个因素——反思有关，它关注的是记录学习过程本身的特殊价值。该建议基于两点认识：第一，如果把写作看成是一个过程而且能够顺利进行，它就具有一个独特的功能，即提升作者的精神生活质量。第二，把学生的注意力集中于学习过程，这一举措将使他们进一步意识到自己作为学习者的身份，进而在生活中开始重视创造意义能力的培养。以下概括了反思性写作的一些基本观点。

促进学习的深度写作

为谁？
　　自己（日志、学习档案）
　　他人（教师、班级同学、班级以外的人）

关于什么？
　　实质性写作：关于课程的主题
　　　•对这个概念或主题的正确、充分的理解是什么？
　　反思性写作：关于学习过程
　　　•我正在学习什么？
　　　•我学到的东西有什么价值？

> • 我怎样学是最好的、最轻松的或是会遇到困难的？
>
> • 我还需要学习别的什么内容？
>
> **反思性写作有哪些形式？**
>
> 　一分钟作文
>
> 　周记
>
> 　学习档案（课程结束，课程项目结束）

我在这里要区分一下实质性写作和反思性写作这两个概念。实质性写作以主题为中心，并试图把作者所了解的与主题有关的知识和观点有条理地呈现出来。让学生进行实质性写作的习惯性做法是布置学期论文和小论文，这种传统已延续了几个世纪。反思性写作则以写作者的学习经历为焦点，主要为作者本人认识某种特定学习经历的意义和价值而服务。因此这种写作自然就会更为专注个人问题，比如：我正在学习什么？我学到的东西有什么价值？我怎样学是最好的、最轻松的，或是会遇到困难的？我还需要学习别的什么内容？

两者均有其价值，但写作目的各不相同。实质性写作促使作者彻底整理自己关于某个主题的想法，所以实质性写作过程常常能深化作者对研究主题的理解。反思性写作的价值有所不同，它帮助作者对学习有一个更为自觉的认识。学生要成为自我指导的学习者和创造意义的学习者，第一步必须对自己作为学习者的身份有更为清晰的认识。

鼓励反思性学习的教师越来越多地采用三种反思性写作形式。

1）反思性写作的简短方式：一分钟作文。一些作者（Angelo & Cross，1993；Bean，1996）提出，一分钟作文可以让学生快捷地反思学习过程，同时也方便学生向教师分享这种反思结果。在一节课结束之前或者每周的最后一节课上，教师可以要求学生准备一张纸，然后简短地回答某个问题。问题可以千变万化，不过往往逃不出下述几种：

• 你对今天课上所讲的哪一点最不清楚？

• 你在本周课上学到的最重要的观点是什么？

• 用你自己的话来描述主题 X 和主题 Y 的关系？

• 你未能解答的重要问题有哪些？

如果学生抓不住学过的要点（或者难点），那么他们就无法完成这个任务。

要回答这些问题，学生必须在头脑中回顾整节课的内容，这是非常有效的学习活动。尽管某一个问题在教师看来非常清楚明了，但是学生一开始的回答却总是千奇百怪的。其原因之一是学生还没有习惯这种反思形式，或者不适应就课程理解的精确性接受反馈。另一方面，大多数教授也发现，如果学生能够坚持接受一分钟作文回答问题训练，他们将慢慢学会提供确切的答案。这一点说明，通过实践和恰当的反馈，学生能够有效反思学习经历的本质和意义。

2）反思性写作的一般形式：周记、日记和学习日志。较为长期的写作常常采用周记、日记和学习日志的形式。这些形式通常都需要学生对整个课程（或者其他更为长久的学习经历）坚持系统评述。平时教师可以定期收上来看一看，写点评语，然后返还给学生。这种写作形式同时也能激励学生反思学习经历的意义。它与一分钟作文的区别在于：贯穿整个课程的周期性写作，为学生提供更多机会把所有的学习经历联系起来，并在此基础上进行反思。

3）反思性写作的扩展形式：学习档案。让学生建立学习档案是反思性写作思想的一个自然延伸。我认为这一想法是最近形成的最有影响力的教学理念之一。它之所以具有非凡的影响力是因为它同时综合并支持了教学设计的三个主要元素：意义学习目标、主动学习活动，以及教育性反馈和评价（见图4.3）。

学习档案的核心思想是让学生有选择地反思学习经历——可以选择单独一门课程，或者选择自己专业的所有课程，也可以是整个大学阶段的学习经历。所有课程完成之后，学生整理一个档案，描述并说明整个学习经历的意义。档案一般包括两个部分：叙述性报告和附录，附录里包括用来说明和支持叙述报告中一系列评论的各种材料。苏比萨列塔（Zubizarreta，2009）给出了关于学习档案的定义以及详细的教师使用指导原则。

其中要强调的一点是，学习档案能够成为一系列课程学习活动的有力助手。它们可以单独使用，但是如果能跟前面提到过的几种反思性写作配合使用，效果会更好。如果课程自始至终都能鼓励学生定期写一分钟作文和周记，那么他们就会慢慢对自己的学习质量有信心，并对这些学习经历加以反思和记录。如果持之以恒，学生就会积累起大量的观点，这些观点在课程结束后可以加以扩展，并整理、归入学习档案。

建立学习档案的做法，可以让学生不断进行反思：从某一学习经历可以而

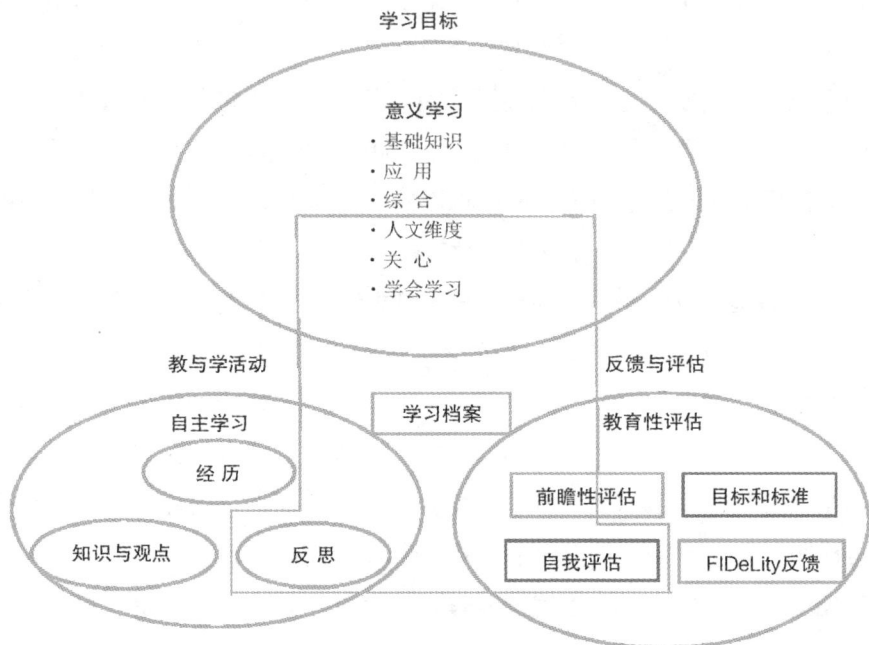

图 4.3 学习档案的教育价值

学习目标

意义学习
· 基础知识
· 应 用
· 综 合
· 人文维度
· 关 心
· 学会学习

教与学活动

反馈与评估

自主学习

学习档案

教育性评估

经 历

前瞻性评估

目标和标准

知识与观点

反 思

自我评估

FIDeLity反馈

且应该学到什么，学校或者自己设定的学习目标实现情况如何，以及还需要学习什么，等等。最终形成的学习档案，还能够用来与别的同学交流学习经验，适当的时候可以用来作为自我评估和机构评估的工具。

有几位学者各自描述过在单一课程背景下使用学习档案的情形。安妮斯和琼斯（Annis & Jones，1995：185）描述了琼斯在交际课上要求学生把下面两类信息放入学习档案：

· 总结自己交际能力的精彩报告……；若隔行打印，大概需要几页篇幅。

· 包含交际实例的附录。报告正文应该介绍这些实例并且标明可供查阅的附录页码。

她收上来的档案大小每一份 10 ～ 50 页不等。她指出，其他课程作业可以借鉴这种方式，因为在建立学习档案的过程中学生会不断思考学习与今后工作的联系，并且不断搜索各种材料充实档案。后来她特别提到："学生与学科知识之间、学生与学生之间、学生与教师之间有了更多的交流……如果学生能够更加清晰地看到课程学习跟职业目标的联系，他们就会更加热衷于档案建设"

（Ibid.：189）。

布鲁克菲尔德（Brookfield，1995：102-106）也写下了自己使用"参与性学习档案"（participant learning portfolios）的经历。他认为参与性学习档案是"在某一门特定课程中，学生对于学习经历的累加性记录"，同时还指出如果"学生每周都有机会对学习进行反思"，这些档案就能发挥最佳效果。他不评价档案中所描述的经历本身的优劣，只对学生在档案文件处理过程中的用心程度进行谨慎评估。他还让学生在小组里分享档案记录，以便让大家看到学习同一门课程彼此会有哪些相似或者独特的经历。布鲁克菲尔德对学生的要求比琼斯他们更多一些，但他主要要求学生关注每周记录下来的"关键事件"。等到学期结束，学生需要总结他们学到了什么，是如何学的。

沃德考斯基（Wlodkowski，1999：260-263）把自己采用过的档案称为"过程档案"（process folio）。他认为这种过程档案不仅是强化动机的有力工具，也是他作为一名教师回应学习者不同兴趣爱好的有效手段。他要求学生反思和记录以下三个基本因素：

- 学习内容：你在这个学科中学到了什么（即学习经历中涉及的内容）？
- 学习背景：你的学习如何融入自己的个人生活、社会生活、组织生活和工作生活的大环境？
- 学习过程：关于如何更有效地学习（或如何学习），你学到了什么？

这些做法帮助学生通过书面形式反思并记录相继出现的挑战和逐渐形成的见解。

① 作为结构框架的意义学习分类法。学生在学习档案里记录课程中学到的东西的时候，意义学习分类法充当的是一种结构机制。这种分类法为学生提供了一系列问题和概念，帮助他们认清学习经历对于自己可能具有的一些意义。

我所在学校商科的一位教授，采用这种分类法指导学生建立期末学习档案。为了引导学生反思，他给出了以下这些问题：

- 你从这门课中学到了哪些关键的知识或观点？
- 你在运用或应用课程内容方面有什么收获？
- 你能够把自己的知识、思想或者行为的哪些部分，与学习经历的范围之内或之外的东西进行综合或者联系？

- 你对这个科目有哪些人文维度的学习？也就是说，你是如何在某个重要方面实现转变的，你与他人交流的能力改变了吗？
- 你的学习经历有没有给你带来兴趣、情感以及价值观方面的转变？
- 你在学习方法上有什么收获？

在这个框架的引导下，学生对自己在学什么以及怎么学方面产生了强烈的意识。

② 学院层面有效使用档案。威斯康星州密尔沃基市的阿尔维诺学院要求所有学生在本科阶段自始至终都要有学习档案（Loacker & Rogers，2005）。根据阿尔维诺学院课程建设最主要的八项能力标准，学生应收集自己的学习信息。这八项能力是：

- 交流沟通；
- 分析研究；
- 解决问题；
- 决策中的价值观；
- 社会互动；
- 全球视野；
- 合格公民；
- 审美反应。

学生想要毕业，必须用事实证明他们的这八项能力都有了相当程度的提高，除此之外，还要达到其他一些要求。阿尔维诺学院的教师、行政人员和评估者一致认为，在创造基于能力的学习经历中，创建档案是一项非常重要的工作；同时在机构监控教学计划是否顺利执行的工作中，它也是一个核心环节。

5. 网络学习和远程学习：它们能否比得上实际课堂？

主动学习的另一个方面与网络和远程教学相关。美国和其他一些国家的高等教育领域都发生了一个非常显著的变化：信息技术的使用迅速增长。传统的远程教育，通过采用互动电视，特别是以计算机为媒介的教学手段，大大拓展了原有的函授课程模式。其中计算机教学手段包括：为课程提供相关信息源的互联网、课程专用网站、收发两用的电子邮件和班级普通电子邮件讨论小组等。

这三种远程教育形式各具特色。函授课程已有很长的历史，与其他两种形式相比较，至少它的费用较低。互动电视为师生互动增加了一个视觉维度。而以计算机为媒介的远程教学——我把它看成是兼有同步互动和异步互动特点的一种特殊的网络教学形式，则最为引人关注，但同时也最受非议。

如果主动学习是塑造学生学习经历的重要原则，那么很多人会提出以下疑问：网络学习能比得上实际课堂的学习吗？如果课程完全或者部分通过网络来传授，学生能否真正学到所需的知识？

好的网络教学肯定比那些拙劣的课堂教学强——这样的答案显然过于草率。而问题的症结在于高质量的网络教学的效果是否与高质量的课堂教学一样好。我认为本章所介绍的主动学习的整体模式为解答这个问题提供了一个概念框架。

我们可以回头看看表4.1中所列的三个要素，思考一下网络学习能否满足其中的每一个因素，这样我们在判断网络学习是否有可能成为高效学习形式的时候，就具备了针对性的依据。

（1）**获得知识和观点的渠道**。就知识和观点的传授而言，在线学习至少与课堂教学等同，甚至可能更优越。任何可以写进教科书甚至讲座的内容都可以放到网站上。如果仅仅考虑知识的来源，网站有许多显著的优势。网上知识的更新比教科书更方便、更快捷，无论何时何地，它们都能够为大家提供高质量的课文和丰富的注释——包括声音以及静态和动态的图像。

① **反思**。网络学习也能够比较轻松地支持学生反思。学生可以把自己的反思结果存入计算机文件，然后在电脑上通过电子邮件、讨论组、电子布告栏和聊天室跟其他同学、跟教师进行交流。用目前的软件进行线上对话的确比当面交谈来得慢一些、麻烦一些，但是随着互联网软件的不断改进，这种交流方式肯定能够得到完善。有些教师已经注意到了这种线上对话的重要优势：在面对面讨论中比较犹豫的学生之所以在网络上能畅所欲言，是因为在网络聊天过程中，所有学生都有更多的时间组织自己的想法。

② **经历**。我认为对网络教学的最大挑战是为学生提供一种有意义的、与课程相关的经历。可是只要稍微地发挥一下想象力，有创意的教师就能想出一两个解决方案。他们甚至可以模仿实际课堂里教师的普遍做法：要求学生在课外参与直接、真实的实践的或者观察的经历；或者帮助学生在网上获得间接的经历，例如通过个案研究、模拟、访谈故事等等。以目前的软硬件水平，这一做

法是可能的，但是也并不容易做到。随着计算机软硬件的不断完善，如果有胆识的教师能够设法实现这一点，经历方面就一定会有显著的突破。

③ **结论**。简而言之，我对网络学习的总体评价是它能有效地提供知识和观点，圆满地进行反思性对话。目前的薄弱环节在于网络学习提供有意义的实践和观察经历方面的能力。只有等到教师在这一方面找到有效的出路，好的网络学习才能真正与好的课堂学习一较高下（这里指能够同时提供主动学习三个要素的课堂）。

这种对在线学习相对优势和局限性的评估，反映在当前许多混合课程的操作中。混合课程，是指教师每周留出较少的时间进行面对面授课，大部分课程任务都在网络上完成。这些课程经常在网络课上传授知识和观点（即内容），并在线进行讨论。实时课堂时间则被用来进行各种经历性学习，如个案研究、仿真模拟等等。

（2）对主动学习的总结。为课程设计有效教学活动的这一系列讨论，主要集中在拓展现行的系列学习活动上。高校采用的传统学习活动有讲授、全班讨论和指定阅读。为了使课程更加以学习为中心、更加有效力，教师必须能够识别、采用那些兼具主动学习的三大元素（如图4.2所示）的学习活动。

大多数教师唯一能够实现的最大改进，是给学生以更多的学科实践和观察经历。直接经历的影响力最为深远，但是如果无法实现，间接的和替代的实践和观察也会很有用。教师可以把丰富学习经历的理念作为指导，探索能够同时支持多种学习的做法。

另一个重要转变，是必须确保学生有充分的机会反思学习过程。除了反思、记录学科知识之外，学生还需要经常从课程活动中抽身出来，反思学习过程本身。将一分钟作文、每周日志和期末学习档案等形式合而为一，形成深入有效的反思性写作。

学生总是通过一定的途径获取学科知识和观点；教师的讲解和二手资料中也总有一些有价值的东西，能够成为学生研究某个主题的基础。但如果教师能从两个方面来改变主动学习的这一元素，就可以优化整个课程设计。第一，如果教师能够设法把学生初次接受课程内容的时机移到课外学习活动中去，那么节省下来的很多课堂时间，将可以用于丰富的学习经历等活动。第二，教师还需要不断探索新途径，让学生直接接触原始著作和数据。这样一来，在课堂上学生可以直接接触某一种知识和观点，即教师希望他们在课程结束之后依然能够掌握该知识和观点。

如果你能够完全做到以上几点，那么就完成了课程设计过程的第四步——挑选有效的教学活动，即一系列有效的、反映主动学习原则的活动。课程设计过程初始阶段的最后一步还需要确保各主要因素能够恰当地融合在一起。因此，必须核实课程设计初始阶段的四个基础因素是否相互支持、相互体现。实质上这是一个"审查——如果有必要则进行调整"的步骤。为此你必须审查这些因素相互之间的每一个重要联系。

6.将情境因素信息整合到课程决策中

整个课程设计过程的第一步是收集重要的情境因素信息，这些信息将会用于在接下来进行的课程决策三个主要方面中。这里的问题是：决策是否与收集到的情境因素信息相一致？

（二）第五步：确保这些基础因素相互融合

在综合阶段，能够检测和调整的典型问题包括以下内容：

• 有没有对学生的知识或学习态度进行无效假设？

• 课程结构与教师对教学理念和价值的认识是否一致？

• 学生的学习目标和教师的教学目标有没有冲突？

如果这里有不一致的地方，则必须做出调整。

综合课程设计的步骤

初始阶段：设定合理的基础因素

　1.确定重要的情境因素

　2.确定意义学习目标

　3.制定合理的反馈和评估体系

　4.挑选有效的教学活动

　5.确保这些基础因素相互融合

中期阶段：将基础因素综合为一个统一整体

　6.构建课程的主题结构

　7.选择或创建教学策略

---

8. 整合课程结构和教学策略，建立总体的学习活动计划

最后阶段：完成其他重要任务
9. 建立评分体系
10. 调试可能出现的问题
11. 制定课程大纲
12. 制订课程及教学评估计划

1. 综合三个因素

综合过程还涉及三个主要方面，即学习目标、教学活动、反馈和评估程序，这三个因素必须做到相互支撑。

采用表 4.2 这样的工作表，可以轻松确保这些因素相互融合。第一，填写课程所有的主要学习目标；这些学习目标应尽可能从每一类意义学习中选取一项。为了说明工作表的范式，我在第一列中概括了六种意义学习；你可以用课程的具体学习目标，替换表中的概括性语句。第二，为每一个目标确定评估步骤，用于判断学生是否实现了该学习目标。有一些学习可以通过常见的"纸笔"测试来评估。而对另一些学习的评估，或许应该寻求更为创新的形式。第三，为了实现每个学习目标，确定学生具体需要做什么（即学习活动）。课外活动可以包括课外阅读、反思性写作或者其他作业。课堂活动可以设计个案研究、角色扮演、全班讨论、小组解决问题等等（见第五章）。

表4.2　综合各因素的工作表

课堂学习目标	学生学习评估步骤	学习活动
理解和记忆关键的概念、术语、关系等	……	……
学会如何运用这些知识	……	……
能够在各学科之间融会贯通	……	……
领悟学习某一学科的个人和社会意义	……	……
关心这个学科（同时学习更多相关知识）	……	……
懂得课程结束之后如何继续学习	……	……

这个工作表的主要优点在于，它能够防止课程设计者只在口头上确定重要的学习目标，但实际教学中却并不真正支持这些目标。

一旦教师为课程设计了强有力的主要组成部分，并检查了这些组成部分以确保它们相互配合和相互支持，就意味着他们做好了准备，以一种建立在相互支持基础上的方式连接这些活动。

2. 初始阶段的评估

综合课程设计的一个主要优点，是它为课程设计的质量评估提供了详细的准则。图 4.4 中加黑文字标志着评估的主要组成部分。这些准则说明，课程设计初始阶段的合格标准需要能够涵盖以下所有要素：

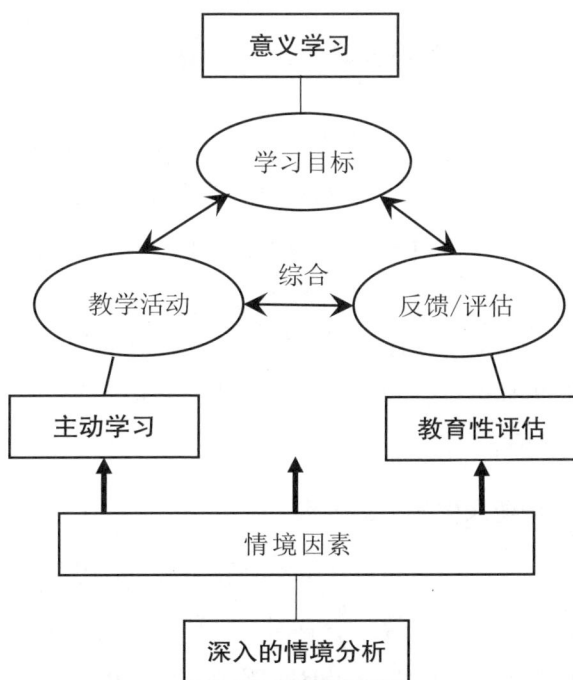

图 4.4 课程设计初始阶段的评估标准

- 情境因素的深入分析：在系统反思基础上，确定课程所有主要情境制约因素和有利因素。
- 意义学习目标：包括多种意义学习的目标，而不仅仅是理解—记忆目标的变体。
- 教育性反馈与评估：包括教育性评估的各个因素——前瞻性评估、学生进行自我评估的机会、明确的准则和标准以及 FIDeLity 反馈。这些因素使得反馈和评估摆脱了审核性评估的束缚。

- 主动的教与学活动：通过强大的实践学习、反思性学习形式，结合获得基本知识和观点的方式，引导学生进行主动学习。
- 综合与一致性：课程所有主要因素的综合，即把情境因素、学习目标、反馈与评估，以及教与学的活动都联系起来，以便相互配合、相互支持（如图 4.4 所示）。

在这五项标准的评估下，如果课程设计的每项内容都能顺利达标，就为优秀设计奠定了基础。

二、中期阶段：将基础因素综合为一个统一整体

这一过程有两个关键步骤：创建课程结构，选择有效的教学策略。

一旦课程具备了有利的基础因素，就需要把它们整合为一个强大的动态整体。整合过程中有两个关键步骤：一是设计课程结构，二是选择有效的教学策略。

两者必须融入学习活动总体计划。你可以先设计课程结构，也可以先选择教学策略，两种方案都可行。我的建议是从课程结构入手，主要是因为大多数人觉得这样做更容易些。

（一）第六步：构建课程的主题结构

要设计课程的主题结构，必须从整个学科出发确定最重要的概念、问题或者构成学科内容的主题——通常至少有四个，至多不超过七个。这些专题应该根据一定的顺序排列起来：可以按照时间顺序、从简单到复杂的顺序、从基本专题到引申专题的顺序，或者其他一些可行的排序方式。排序的目的是使各个专题之间相互关联，从而有助于学生随着课程的发展把新的思想、专题或者主题与原先所学的整合起来。合理的课程结构，可以帮助教师判断学生是否能够应付越来越具有综合性和挑战性的问题和任务（见图 4.5）。

教师应对每一个新专题进行讲解（白色框内），并在任务设计中给予学生应用和运用这些概念和观点的机会（灰色框内）

				专题 5
			专题 4	
		专题 3		
	专题 2	**课程作业** 介绍和学习了新专题之后，作业和项目可以慢慢复杂化，并更多地涉及专题之间的联系		
专题 1				

周时数：1　　　　　5　　　　　　　　　　10　　　　　　　15

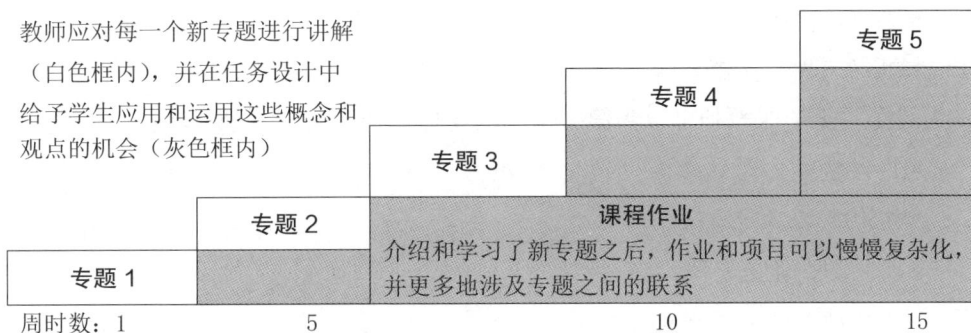

图 4.5　一个设想课程的设计结构

综合课程设计的步骤

初始阶段：设定合理的基础因素

　　1. 确定重要的情境因素

　　2. 确定意义学习目标

　　3. 制定合理的反馈和评估体系

　　4. 挑选有效的教学活动

　　5. 确保这些基础因素相互融合

中期阶段：将基础因素综合为一个统一整体

　　6. 构建课程的主题结构

　　7. 选择或创建教学策略

　　8. 整合课程结构和教学策略，建立总体的学习活动计划

最后阶段：完成其他重要任务

　　9. 建立评分体系

　　10. 调试可能出现的问题

　　11. 制定课程大纲

　　12. 制订课程及教学评估计划

　　例如，组织行为学课程教师可以把下列的专题纳入课程：

- 组织的效力；

- 组织的设计；

- 动机；

- 沟通和决策；

- 小组、团队和领导力；
- 组织文化和发展。

同样，化学课教师可以为第一学期的物理化学课选择下列专题：
- 热力学第一定律；
- 热力学第二定律；
- 能量均分状态；
- 气体动力学分子理论；
- 理想溶液。

在这两个案例中，教师都有一个基本共识：只要学生能够很好地理解每个概念或者专题，他们就能够确切地抓住该学科的精髓，并为今后的学习奠定扎实的基础。每个专题下面可能还有非常重要的子专题，而课程的基本维度是由主专题构成的。

主专题一旦确定，教师就可以决定学习这些专题的顺序和学习每个专题所需占用的课时数。学习时间可以在专题中进行平均分配，也可以有所侧重。图 4.5 介绍了如何在一个共计 15 周的学期里，安排课程的 5 个专题。这种图式法可以理清设计上的问题，按期完成覆盖所有专题的教学任务。随着学习的不断深入，学生应该能够着手解决更为复杂的问题，也能够解决需要综合各专题知识才能很好解决的问题。

（二）第七步：选择或创建一个教学策略

在设计过程的初始阶段，教师已经确定了能够有效实现意义学习目标的具体学习活动。现在需要把单个的学习活动组织成为有效的教学策略。这一步骤至关重要，要求教师能够明确区分"教学方式（teaching technique）"和"教学策略（teaching strategy）"这两个不同概念。教学方式指的是具体的教学活动。讲解、引导课堂讨论、做实验、采用小组教学、布置论文、进行个案研究等都属于教学方式，这些活动彼此独立。而教学策略是按照一定的顺序组织起来的一系列学习活动，其目的是达到学习活动的最佳组合和排序，使各种学习活动之间相互促进，从而激发学生高昂的学习动机。

为了区别方式和策略，为学习设计教学策略提供依据，我想介绍一个由芭芭拉·沃尔伍德（Barbara Walvoord）设计的分析性练习（根据研讨会上的个人交流）。她假定所有的教师都要面临两个共同任务。教师希望也需要学生做到：

- 掌握课程内容；
- 学会应用这些内容。

综合课程设计的步骤

```
初始阶段：设定合理的基础因素
  1. 确定重要的情境因素
  2. 确定意义学习目标
  3. 制定合理的反馈和评估体系
  4. 挑选有效的教学活动
  5. 确保这些基础因素相互融合

中期阶段：将基础因素综合为一个统一整体
  6. 构建课程的主题结构
  7. 选择或创建教学策略
  8. 整合课程结构和教学策略，建立总体的学习活动计划

最后阶段：完成其他重要任务
  9. 建立评分体系
  10. 调试可能出现的问题
  11. 制定课程大纲
  12. 制订课程及教学评估计划
```

总的来说，第一个任务需要向学生介绍课程内容，具有基础价值，是实现更为重要的第二个任务的手段；第二个任务需要学生学会应用知识，并确定其价值和意义，这也是第一个任务的根本价值体现。

教师们需要借助什么样的手段完成这些任务呢？他们手头有多种多样的学习活动（我称之为教学方式），可以分为课内活动和课外活动两类，如图4.6所示。

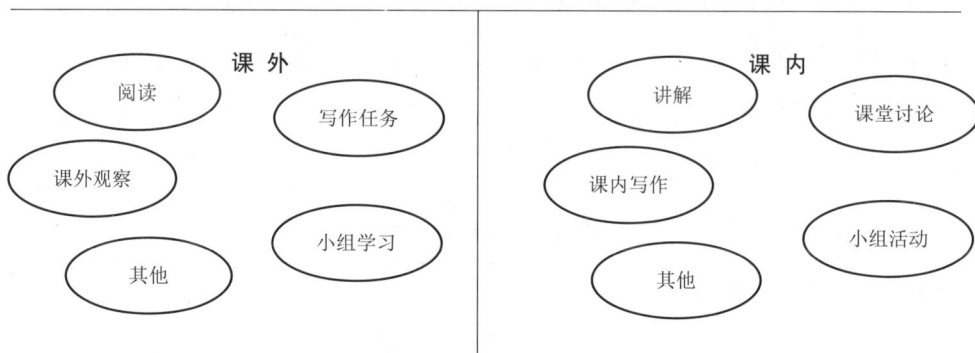

图 4.6　教学活动

资料来源: 沃尔伍德的研讨会讲义。

　　沃尔伍德认为（我也同意），问题在于我们大多数人最终总是来不及完成第二个任务。这是为什么呢？因为我们在试图完成第一个任务（传授内容）的过程中花费了过多的时间，所以留给完成第二个任务（帮助学生学会应用知识）的时间就少得可怜了。有没有解决的办法呢？可以把学习内容这一步转移到课外活动中去，而把课堂时间留出来学习知识的应用。

　　她的分析虽然很有启发性，但还是需要再前进一步。为此我把沃尔伍德的图表逆时针旋转 90 度，设计成如图 4.7 所示的模板。

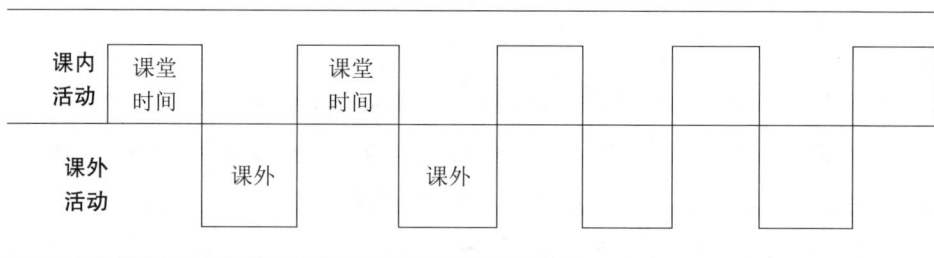

图 4.7　城垛图: 设计教学策略的基本模板

　　在这个新图表中，每一个课堂活动的方框代表一节课，而每一个课外活动的方框代表课与课之间学生进行课外学习的时间。这个模板为确定课内外活动的组织顺序提供了一个框架。同时它还突出了学习活动的安排顺序，因此在教学过程中，你可以判断它能否协同增强学生的学习动力。

1. 三种教学策略的实例

我将从大学教学的文献资料中选取三种教学策略，具体阐述这个模板的作用，接着演示各种策略是如何填充这个基本模板的。

（1）基于团队的学习（team-based learning）。 20世纪90年代初以来，很多教师采用小组形式进行教学。他们发现，小组教学策略有利于把主动学习的各个元素融入课程，而且它所带来的学习经历质量有明显的突破。但是，很多教师把小组学习当成是教学方式而不是教学策略，也就是说小组作为独立的活动穿插于预先设定的、基本不变的课程结构中。

而基于团队的学习是小组学习的更为复杂的版本，在教学策略层面上运作（Michaelsen，Knight & Fink，2004；http://www.teambasedlearning.org/ ）。这种教学策略大量采用小组活动，但还要设计一系列活动来把小组转化为团队。有了团队之后，就可以借助团队的特殊能力成就高质量的内容学习和应用型学习（见图4.8）。

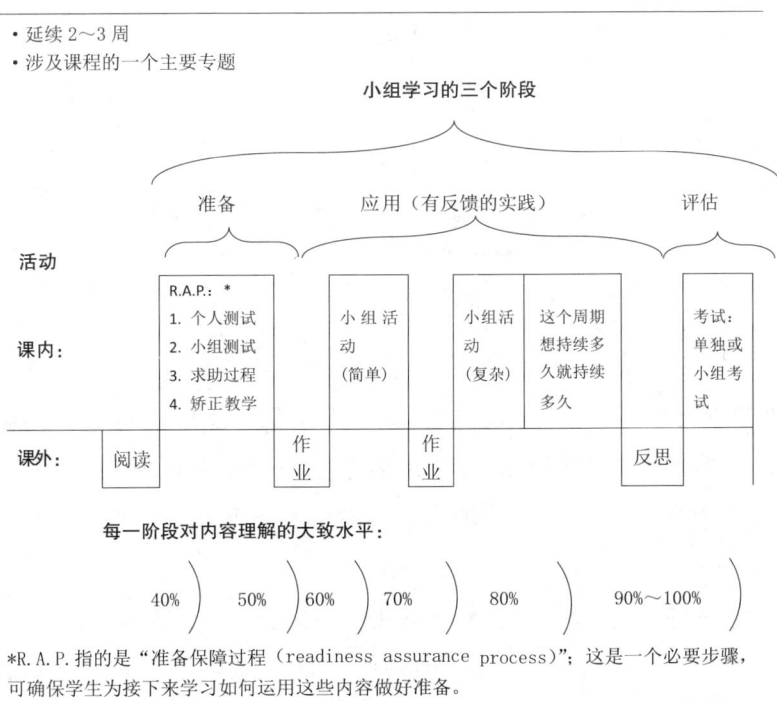

- 延续2~3周
- 涉及课程的一个主要专题

小组学习的三个阶段

	准备	应用（有反馈的实践）			评估
活动					
课内：	R.A.P.：＊ 1. 个人测试 2. 小组测试 3. 求助过程 4. 矫正教学	小组活动 （简单）	小组活动 （复杂）	这个周期想持续多久就持续多久	考试：单独或小组考试
课外：	阅读	作业	作业		反思

每一阶段对内容理解的大致水平：

40%　50%　60%　70%　80%　90%~100%

＊R.A.P.指的是"准备保障过程（readiness assurance process）"；这是一个必要步骤，可确保学生为接下来学习如何运用这些内容做好准备。

图4.8　以团队为基础的学习活动的顺序

资料来源：Michaelsen，Knight & Fink，2004. 经许可使用。

这种教学策略要求学生首先主动阅读相关材料，然后在课堂上以个人和小组形式就所阅读的材料接受测试。这个被称为"准备保障过程"的步骤可以快速有效地保证学生从根本上理解课程内容。这样一来，学生就有大量的课堂时间可以进行小组活动，通过一系列的实践训练学会如何应用知识。最后，测试学生对内容的理解程度和运用知识的能力。这个过程周而复始，学生接着集中精力学习课程的下一个主要专题。

这些小组如果能够按计划走完整个学习过程，并且能够经常、及时地获得教师对学习表现的反馈，就会逐渐发展成为独特的"学习团队"。这些新兴的小组一旦成为有凝聚力的团队之后，小组成员将会高度投入团队工作，而团队也将有能力完成一些有挑战性的任务。

由图 4.9 主动学习的整体模式可见，团队学习周期的起点是学生在准备保障过程中获取知识和观点。随后，这个过程会给学生提供一个强大的机会获得某种实践经验，实践通常使用案例问题或模拟的形式。

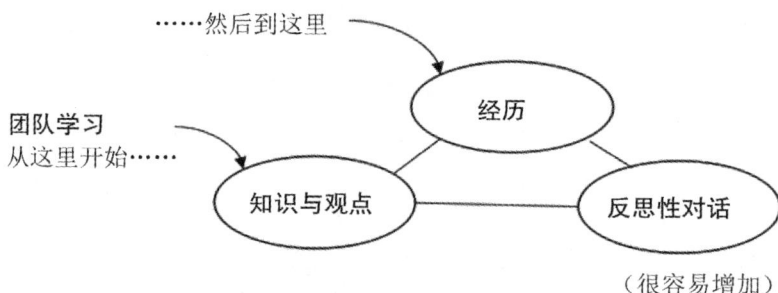

图 4.9　以团队为基础的学习事件顺序

虽然在基于团队的学习模式中原先没有设计反思性对话，但是要增加这一元素并不困难。事实上，这种教学方法的创始人拉里·迈克尔森（Larry Michaelsen）在团队学习课程中加入了周期性日志和学习档案，并取得了很好的效果。

（2）**基于问题的学习**（problem-based learning，PBL）。20 世纪 70 年代以来，基于问题的学习作为一种教学策略，越来越受欢迎（Wilkerson & Gijselaers，1996；Boud & Feletti，1998；Duch，Groh & Allen，2001；http://www.udel.edu/inst/）。20 世纪 70 年代，新墨西哥州医学院和加拿大麦克马斯特

大学（McMaster University）的教授们形成了基于问题学习的基本理念。其成效非常显著，很多其他医学院，包括像哈佛大学、密歇根州立大学、马斯特里赫特大学（荷兰）等声名显赫大学的医学院，在 20 世纪 80 年代纷纷效仿采用这种学习法。某些学者，如麦克马斯特大学的一位化学工程教授唐纳德·伍兹（Donald Woods）对它进行了调整，使之适用于其他学习领域。这样一来它就有可能适用于各种各样的学科，尤其是在那些职业学校。

什么是基于问题的学习呢？最简洁的回答是：先抛出问题。在实践中基于问题的学习意味着学生首先获得的不是大量的学科知识，而是以个案形式出现的实实在在的问题。在理想状态下，学生在今后的个人生活或是职业活动中可能会碰到这些问题。在医学院，这种教学策略彻底改变了长期以来形成的传统——整个课程的前面两年学生只学习内容知识，直到第三年才开始学习处理在临床实践中将遇到的种种问题。

学生遇到问题以后，通常以小组形式开展研究，首先解答一些关键问题，例如：

- 这个问题涉及哪些生理系统或局部生理机能？
- 我们对这些生理系统或者局部生理机能已有哪些了解？
- 哪些是我们还不知道的？（这个问题非常重要，因为它帮助学生确认需要进一步学习的要点。）
- 怎样才能了解某个系统或者其分支系统（如心脏或者肝脏）？
- 在对问题进行分析诊断时，怎样才能运用对整个系统的理解和对该特定案例的认识？
- 哪个解决方案或治疗方案比较合适？

辅导教师经常但不总是帮助学生学习如何处理这些问题。学习怎样以合理的顺序解答合理的问题，是学习过程的一个非常重要的组成部分。因为所有这些问题或者技能都会在专业人员的工作中不断碰到或者用到。学习活动的基本顺序如图 4.10 所示。

虽然这个描述看起来有些简单，但基于问题学习的整个过程就是从给学生提出现实的案例或者问题开始的。接着，每个小组必须分析这个案例，并且判断学习中存在什么问题，所需的知识和观点有哪些。学生随后单独或以更小的

课内活动	向各小组提出一个问题；决定需要学习哪些知识和观点	各小组收集这些新知识和观点，并把它们应用于解决提出的问题	各小组向教师和班上其他同学陈述解决方案
课外活动	学生各自搜索新的知识和观点	学生反思各种解决方案	

图 4.10　基于问题学习活动的顺序

小组为单位，搜索学习问题的相关知识，同时强化理解有关的学习要点。然后检验这些新获取的知识，看它们是否足以解决手头的问题。最后每个小组向教师和班上其他同学陈述解决方案。

从主动学习的整体观来看，学生经过基于问题的学习之后发生了什么变化呢？这个学习过程从一个现实的问题开始，实质上是一个模拟的实践经历，如图 4.11 所示。接着学生就学科知识和学习过程反复进行反思性对话，同时反复搜索与主题相关的新知识和新观点。最后学生回过头来努力分析和解决这个问题。如果这个过程完成后再对学习过程进行充分反思，这种学习模式实际上就完全融入了主动学习的三要素。

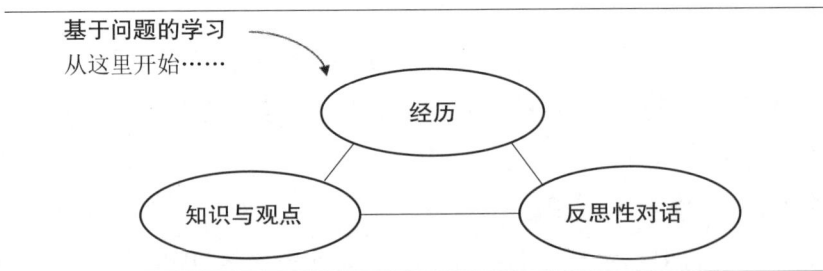

基于问题的学习
从这里开始……

经历

知识与观点　　　反思性对话

图 4.11　基于问题的学习的开始

（3）加速学习（accelerated learning）。这是一种相对较新的教学方法，尽管如此，它已发展成为一种教学策略。罗斯和尼科尔（Rose & Nicholl，1997）借鉴了对大脑多元智能研究的最新成果，创造了加速学习的六步骤"MASTER计划"：

1. 激发智力（Motivate your mind）

- 不要害怕犯错误；建立高度的自信心。

- 找到自己认为的问题关键所在。

2. 获得必要知识（Acquire the necessary information）

- 通过适合自己的方式：视觉的、听觉的、动觉的。

3. 探索意义（Search out the meaning）

- 创造意义，而不是获取和记忆事实性知识。

- 这是使学到的东西能够长期记忆的必要步骤。

- 尽可能经常地锻炼自己的八种智能。

4. 激发记忆功能（Trigger the memory）

- 采用不同的记忆策略：联系、分类、故事——只要对你有用，无论什么都行。

5. 呈现所知（Exhibit what you know）

- 这提供了详细陈述的机会。

- 与他人分享；增加社会维度。

6. 反思学习经历（Reflect on your learning experience）

- 你学了什么？

- 你是怎么学的？

- 你怎样才能学得更好？

- 为什么这个对你很重要？

按照 MASTER 的目录说明，确定详细的课内外活动，这应该能够把它们转换为上文提到的城垛图，但是要真正做到并不容易。把这个教学策略的一系列活动与主动学习模式联系起来倒相对容易一些，如图 4.12 所示。

学生首先需要进行个人反思，以便更快地进入正确的思维状态。然后着手获取必要的知识和观点，选择恰当的学习方式。接着学生参与各项活动，这些活动的完成有赖于适用的多元智能；最终目标是通过各种各样的经历创造意义。这些意义随后与各种各样的记忆策略联系起来，将学习存入大脑的长期记忆。完成之后，学生呈现他们知道的知识，这实质是"与他人进行反思性对话"的一种形式。最后让学生单独反思他们学到的东西，这实质上是"与自己进行反思

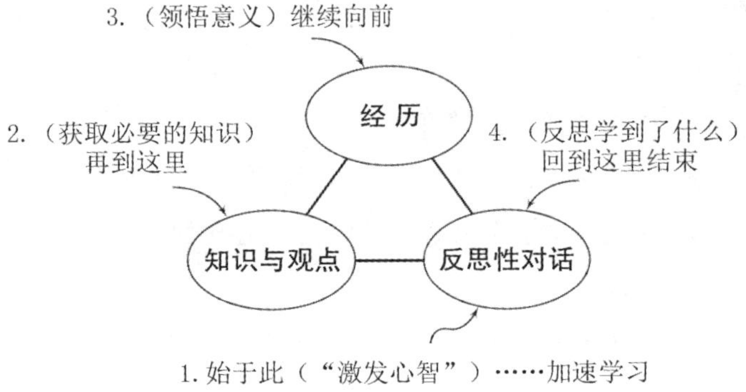

3.（领悟意义）继续向前

2.（获取必要的知识）
再到这里

经 历

4.（反思学到了什么）
回到这里结束

知识与观点

反思性对话

1. 始于此（"激发心智"）……加速学习

图 4.12　加速学习活动顺序

性对话"。

这种教学策略在高等教育中还没有大量的成功实例。但在公立中小学教学和企业培训中已被广泛采纳，而且取得了显著的成功（Rose & Nicholl，1997）。

2. 策略 VS. 方式：简要总结

这三个案例揭示了教学策略和教学方式的区别，以及策略比方式更为重要的原因。尽管如此，教师仍需要精通一些可能采用的方式。但另一方面，课程的各个组成部分能否相互协调、相互促进却取决于教学方式和学习活动的组合方式。换句话说，是策略而不是方式本身创造了意义学习所需的活力。

因此，我建议那些想要建构真正强有力课程的教师：不要只注重方式——想一想策略。

（三）第八步：整合课程结构和教学策略，建立总体的学习活动计划

综合课程设计的步骤

初始阶段：设定合理的基础因素

1. 确定重要的情境因素
2. 确定意义学习目标
3. 制定合理的反馈和评估体系
4. 挑选有效的教学活动
5. 确保这些基础因素相互融合

中期阶段：将基础因素综合为一个统一整体

6. 构建课程的主题结构

7. 选择或创建教学策略
8. 整合课程结构和教学策略，建立总体的学习活动计划

最后阶段：完成其他重要任务
9. 建立评分体系
10. 调试可能出现的问题
11. 制定课程大纲
12. 制订课程及教学评估计划

课程设计中期阶段的最后一步，是把课程结构和教学策略整合到总体的学习活动计划之中。设计一张能够结合课程结构和教学策略的图表，对这一步的顺利进行将很有帮助，如图 4.13 所示。

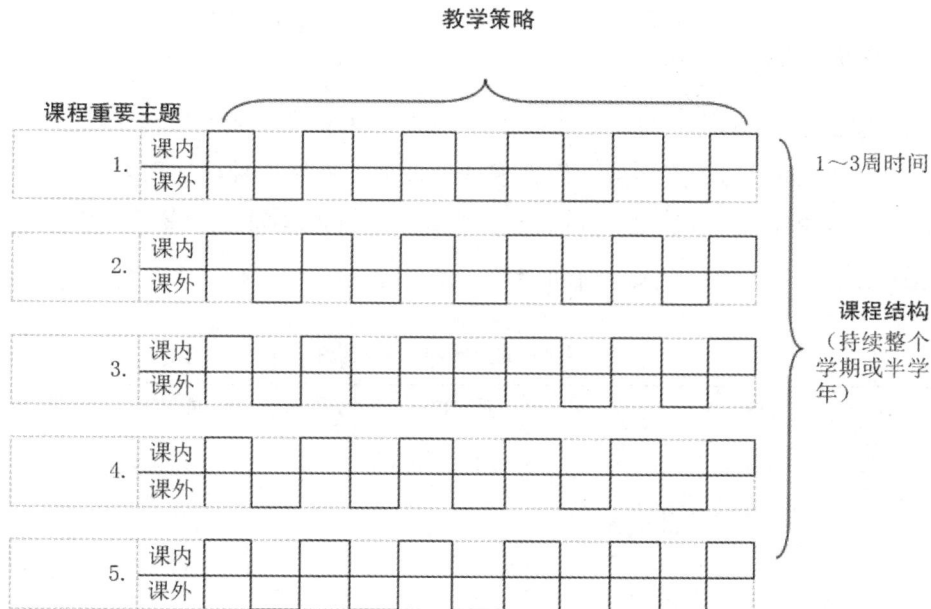

图 4.13 课程学习活动的整体计划

图 4.13 显示，教师首先要为课程确定主要专题，对为期 1 ～ 3 周时间的学习活动进行合理排序（即选择教学策略），然后在各个专题的教学中反复使用该策略。当然，总体学习活动计划必须根据具体的时间安排和环境条件进行适当调整，但是所有的课程都需要一项总体计划，以确定教学策略，并把该策略应用于构成课程结构的每个主要专题。

1. 差异化（differentiation）和综合化（integration）的必要性

图 4.13 同时也揭示了优秀课程设计的另一个重要原则：对学习活动进行差异化和综合化的必要性。差异化的必要性体现在两个方面：

- 第一，在每一个专题的学习过程中，课程学习活动类型需要每天都有所变化，如果所有课都采用相同的活动，课程的区分度太低。
- 第二，第 1～5 单元，课程学习的综合程度和挑战性需要有所提高。随着专题学习的深入，学生必须逐渐学着处理更加复杂的问题，并且慢慢学会综合运用各种学过的专题知识完成学习任务。

同样，在每个专题的学习过程中，以及随着专题学习的不断深化，课程也需要进行综合，即在每个专题单元的收尾阶段需要对一系列单独的活动进行综合，而在整个课程的收尾阶段，需要对各个专题单元进行综合。

2. 制定活动时间表

课程有了总体学习活动计划之后，你可以为整个学期安排具体到每一周的活动时间表。表 4.3 能够帮助你完成这项任务。显然这种格式需要根据课程的时间结构进行调整。如果你的课程每周两次，连续 15 周或连续 4 个周末，那么这张表格就需要调整以反映时间结构，并相应填写。

表4.3　课程学习活动的安排

周　次	课　内	课　外	课　内	课　外	课　内	课　外
1						
2						
3						
4						
5						
6						
7						
8						
9						
10						
11						
12						

周　次	课　内	课　外	课　内	课　外	课　内	课　外
13						
14						
15						
期末考试						

根据我个人的经验和与他人合作的经验，在填写这张表格时，依次思考并回答下列问题会很有帮助：

- 什么活动应该最先开展？也就是课程应该如何开始？它能够帮助你确定第 1 周、第 2 周的学习活动。在决定如何开始课程之后，你可以对课程的其余部分使用逆向设计过程。
- 什么活动可以作为结束？也就是课程应该如何结束？你希望在最后一两周有一个好的结题项目，挑战学生，使他们运用所学的所有知识，来解决一个有挑战性的问题，或回答本课程中一个有挑战性的大问题。

然后开始逆向设计：如果你想让学生在第 15 周处理一个有挑战性的问题，那么他们在第 13 周和第 14 周需要做什么来为第 15 周做准备？如果你想让他们在第 13 周和第 14 周做这些，那么他们在第 11 周和第 12 周需要做什么？如此类推，回到课程的开始。

最后一个建议是：如果可能的话，在课程中多留出一些可以自由支配的时间。如果某些活动或专题持续的时间比预期的要长，或者是某些活动或专题出于某种原因而被取消，又或者是你在上课过程中想到了一个创意，认为有必要将其补充到课程中，这时候这些可供自由支配的时间就能方便你进行调整。

现在，一个完美的基本课程计划或课程设计出炉了。你为课程建构了有力的基础因素（初期阶段），接着把这些因素按顺序组织成意义学习活动（中期阶段）。在设计过程的下一阶段，还需要完成另外一些重要的任务，但是课程的基本设计已经就绪。

三、最后阶段：设计过程最后四项任务

设计过程的中期阶段已经完成，接下来你需要把注意力放到剩下的四项任务上来，以完成和改善课程设计。

（一）第九步：建立评分体系

综合课程设计的步骤

初始阶段：设定合理的基础因素
1. 确定重要的情境因素
2. 确定意义学习目标
3. 制定合理的反馈和评估体系
4. 挑选有效的教学活动
5. 确保这些基础因素相互融合

中期阶段：将基础因素综合为一个统一整体
6. 构建课程的主题结构
7. 选择或创建教学策略
8. 整合课程结构和教学策略，建立总体的学习活动计划

最后阶段：完成其他重要任务
9. 建立评分体系
10. 调试可能出现的问题
11. 制定课程大纲
12. 制订课程及教学评估计划

虽然我早就竭力主张，新的反馈和评估体系不仅仅要能够公正评价学习，更重要的是能够对学习过程起到推动作用，但是几乎所有高等院校的教师还是只注重分数。正是出于这个原因，他们需要一个既公平又有教育效能的评分体系。对于建立这样一个评分体系，下列几条规则应该很有用：首先，评分项目应该多元化。学生的学习方式不同，他们展示才华的方式也不同。如果课程评分体系仅仅基于一两次考试，不管是多项选择题也好，学期论文也罢，都是在惩罚那些通过其他方式才能更好地展示才华的学生，这显然是不合理的。其次，评分项目应该尽可能充分全面地反映学习目标和学习活动。如果你想让学生学会应用知识，并且学会综合运用不同领域的知识，就应该为他们在这方面的学

习评分。不是所有的学习活动都需要进行评分，但是如果你确实希望学生参与某项学习活动，例如写周记，那么它在课程评分体系里应该得到体现。

最后，课程评分体系中的每一项所占的比重应该反映它在整个活动设计中的相对重要性。应该说，所有进行评分的项目都是重要的，但是它们的重要性还是有所差别的。例如，覆盖课程学习所有主要方面的综合性项目显然比每周小测试重要得多。这种情况就应该体现在课程评价体系各个项目的相对权重上。

表4.4是我在世界地理课上使用的评价体系，展示了包含以上建议的评分体系样式。这里有几种不同的评分活动，包括一些与每个主要学习目标相关的活动，同时不同项目所占的比重也反映了每种活动的相对重要性。

表4.4　地理课评分体系

项目名称	子　项	分　数
基本个人活动	测试：世界主要地名	10
	测试：地图的使用	10
	写课程日志	10
	阅读练习（2）	5
主要个人活动	阅读测试（个人，每2周1次）	20
	个人小论文（共5篇，每篇1~2页）	20
	期末考试	10
小组活动	阅读测试（小组，每2周1次）	35
	地区简述（2）	10
	完成研究和汇报项目	20
总计		150

注：评分等级（分数）如下：

A=139～150

B=128～138

C=116～127

D=105～115

E=104及以下

（二）第十步：调试可能出现的问题

任何课程设计在实施之前最好都最终审查一遍。对在实施过程中可能会出现的问题，你能否提前判断出并预先加以纠正呢？提前发现实施过程中可能会遇到的问题并不那么简单，但如果你能够察觉出问题，就能避免接下来的麻烦。我碰到过或者在别人的课上观察到有些类似的问题，例如布置了一个很有意思的作业，但没有给学生充分的时间去完成，或者图书馆储备的阅读资料太少，学生不可能同时借阅等。只要尽量提前预测并解决这些类似的问题，课程的开展就会更加顺利。

（三）第十一步：制定课程大纲

在课程设计完毕，准备实施之际，你需要让学生了解有关的课程信息。也就是说你需要撰写课程大纲，大纲中应该包含课程的基本信息，让学生了解这门课程到底是做什么的，课程的目标是什么，以及课程将如何开展。

不同的人对大纲的内容有不同的看法。我认为大纲中应该包括足够的信息，使得学生理解课程实施的基本规则，并按照你的计划进行学习。遵照这些指导方针，我建议大纲包括下列内容：

- 管理人员的一般信息：教师的姓名、工作时间、电话号码、电子邮箱等
- 课程目标
- 课堂活动的结构和顺序：主要作业、测试和项目的截止日期
- 课文和其他必读材料
- 评分细则
- 课程规则：到课率的检查、迟交作业的后果、补考信息、对学术不端行为的惩罚等

或许您的学校可能还要求在大纲中加入更多内容。例如我所在学校要求所有的教师专门为身体残疾或者是有学习障碍的学生制定条款，并写入大纲。

（四）第十二步：制订课程及教学评估计划

每一个教学过程都是一次学习和认识自我的机会。若要利用好这个机会进行学习和发展，就必须给课程和自身的教学制订周密的评估计划。你所要做的

可不只是在学期结束之后注意学生给教学打的评价分。尽管我在别的地方已经详细深入地探讨过教师教学的自我评估（Fink，1995）和教学的总体评估（Fink，2001，2008）这两个问题，但是在此仍有必要简要做一介绍。

1. 期中评估

首先你应该考虑不仅要在期末，而且还应该在期中从学生那里了解教学情况。学生从这一势在必行的教学改革中获益需要一个过程，在这个过程中学生会有各种各样的忧虑，而这种形成性评估将帮助你解决他们的一些主要问题。你可以制定一套简单的开放式问题，或者使用一些已经发布的调查问卷，这些问卷是专门为期中考试准备的，比如学生的教学分析（Weimer，Parrott & Keens，1988）。

2. 信息来源的多样化

评估教学质量时，你还必须考虑到信息来源的多样性。最省事、最普遍的信息来自学生问卷。但也可以通过教师或其他人，与全班同学或一批有代表性的学生进行访谈获得信息。小组教学诊断（small group instructional diagnosis，SGID）就是专门为这一目的设计的（Diamond，2002）。

除了学生这个信息源之外，也可以对一节课进行录音或者录像，通过这些有趣的资料，你可以了解自己的课堂——你做了什么，你是怎样控制一节课的。另外，通过仔细分析测试中的正确和错误的答案，有时也可以发现对学生成功尤为关键的特殊学习（或非学习）领域。最后还可以请同事或教学顾问观察自己的教学，让他们提出一些反馈意见，这些建议也能给你带来很多启发。这些人不必担心承受教师的教学压力或者学生的学习压力，凭借渊博的学科知识和通用的教学知识，他们完全有能力鉴别教学中的优缺点。

最后，在给学生或其他观察者设计问题时，应该设法把他们的注意力集中于教师行为的四个重要方面：

- 课程目标的实现情况如何？
- 具体教学活动和整体教学策略的效果如何？
- 反馈和评估过程是否合理、公正？
- 与学生交流的效果如何？

至此，你完整经历了课程设计过程的三个阶段。如果一切顺利，你应该计划好了既可行又有效的教学活动。这些教学活动是你和学生有能力实施的，并能够帮助学生实现意义学习。

四、三个一般技巧

当教师们面对挑战，设计更有意义的学习经历时，我发现有三种方法能够极大促进教师的设计进程：预见学生对新教学方法的抵制，让学生参与课程设计决策，采用常见设计课程核心主题的简图。

（一）预见学生对新教学方法的抵制

可以预料，如果向学生介绍一种不同于以往习惯的教学方法，必然会遭到他们的抵制，因而教师应该计划好如何应对学生的抵制。显然这个计划的一部分，首先应该尽可能详细地向他们解释新方法是什么，解释为什么你认为新方法比以往课程中使用的方法更好。

但除了教师讲授之外，还需要其他的材料。对于那些尝试新事物的教师们，我的建议是在第一天上课时给学生一些体验，让他们在课程中首次尝试新方法。比如，成立小组，让学生在小组中做一些事情，或者让他们做一些反思写作，等等。

新墨西哥大学的史密斯（Smith，2008）描述了一个很有创造性的、成功应对学生抵制的方法。他在一门地质学课程中采用了基于团队的学习，相信这种改变在提高学生参与度和学生学习方面能够发挥作用，但学生们给他的期末课程评价还是很低。在考虑了如何解决这个问题后，他终于想好了应该如何上第一节课。他要求学生仔细思考两个问题：第一个问题是关于不同类型学习的相对价值；第二个问题是在课外学生自己能学到什么，在课内活动中需要其他同学和教师帮助他们学习什么。通过这次活动，学生们得出这样的结论：① 他们可以通过阅读教师布置的家庭作业获得知识；② 如果能把上课的时间用来学习如何应用这些知识，课堂效果会更好。在这项活动开始以后，史密斯所用的教学策略提升了学生的参与度和学习水平，而且他的期末课程学生评价，得到了历史最高分。

（二）让学生参与课程设计决策

教师的课程设计应该最大化地促进意义学习，本书的这个大前提对课程教学提出了新要求：必须让学生参与课程的设计和实施过程。如果课程的唯一目标是学生获取基础知识或者最多是实现应用型学习，可以继续把学生看成是教师教学的对象。但是一旦把实现人文维度、关心和自我指导的学习等作为教学目标，就必须把学生看成是学习主体和设计过程的主要合作者。

正如玛丽埃伦·韦默（Maryellen Weimer）在她的《以学习者为中心的教学：五项实践重点变化》（*Learner-Centered Teaching: Five Key Changes to Practice*）（2002）一书中所建议的，让学生更有效地参与学习的一个主要方式是，教师与学生分享教学的权力。你应该想办法，让学生把自己的学习目标加到教师期望的学习类型列表中，帮助教师选择反馈和评估的类型和形式。参与分析和反思是最有效的教学和学习策略。

在这里，教师和学生在课程中的关系可以非常形象地类比为教练和运动队之间的关系。在任何运动中，每一分都是由运动员而不是由教练取得的。教练负责制订比赛计划，而计划的实施首先必须依靠整个团队对计划的理解。即使是非常完善的计划，都需要通过教练与队员的交流在比赛过程中不断调整。

课程设计的各个方面，都需要教师与学生的商量。教师应确保学生理解课程计划和之所以这样设计课程的原因。但是接下来教师必须时刻提醒自己与学生进行交流，探讨有关课程的各项事宜。学生们会不时提出好办法，以改变课程开展的方式。如果教师能够听取学生的建议，学生则会备受鼓舞，而该课程也将成为一种共享的、合作的经历。

（三）采用常见设计课程核心主题的简图

教师建立了课程总体结构之后，仍需设法帮助学生看清和理解整个课程的焦点问题。最简单的办法就是找到能反映整个课程的主要专题、问题或是图表。下面举几个案例说明。

1. 采用综合性问题

两位工程学教授共同开设了有关领导才能的研究生课程（Sabatini & Knox，1999）。课程一开始两位教授就提出了一个关键问题："什么是领导才能？"并要求学生写下对这个问题的个人看法（与自己进行的反思性对话），接着进行全班讨论（与他人进行的反思性对话）。在讨论中学生各抒己见，最终在高效领导者所应具备的特征这个问题上形成统一认识。第二个活动是首先阅读重要领导者的传记，比如亚伯拉罕·林肯（获取新知识和观点），然后各个小组再回到所列出的领导者重要特征，看看是否有必要增加、删除或者调整原先所列的要点。最后学生确实做了许多修改。学生在这个研究期间反复阅读新材料，不断修正对领导才能的认识。在这个案例中，一个小小的问题（"什么是领导才能？"）就能够集学习目标、学习活动和评估于一体。

2.使用图表

我在世界地理课上设计了一个图表，反映了我对"地区"的理解（见图 4.14）。此图说明任何地区本质上都由自然因素、人文因素和与其他地区的相互作用构成。这是一个动态的模型，因为自然地理的每一个构成因素之间是相互影响的，人文地理的每一个构成因素之间也是相互影响（圈内垂直箭头）的。人文因素和自然因素之间还有很强的相互作用（圈内水平箭头）。最后，地区与

一个区域
（无论什么地区，无论规模大小）

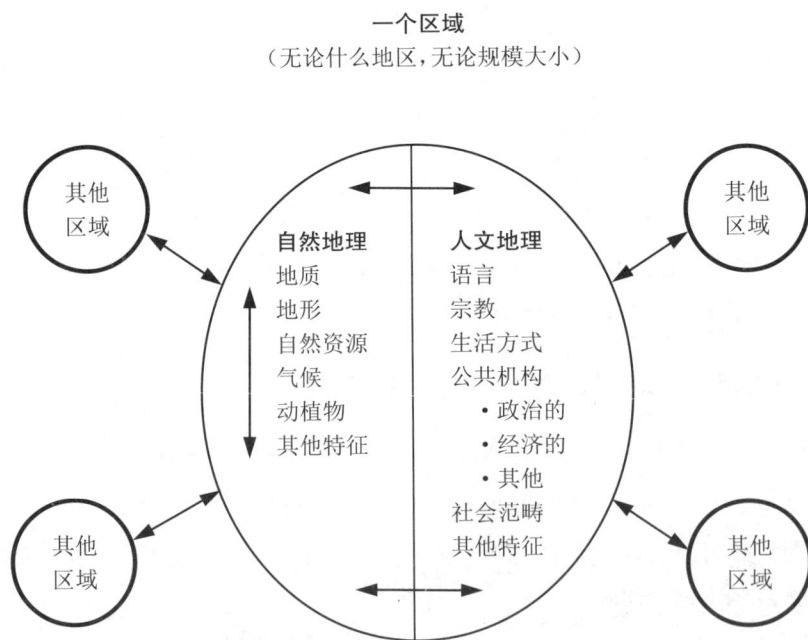

图 4.14　课程核心概念图："一个地区"

地区之间也是相互制约的（圈外双向箭头）。

在学生研究各不同地区、讨论报纸上有关各地区的报道，以及开展具体地区研究的过程中，这个模型引导他们确定了解某一地区所需的信息和问题。在这个案例中，图表就是一个一体化手段。

玛丽·博德里（Beaudry，2000）阐述了形象直观的图像在课程组织结构介绍中的作用。她主张教师应该将注意力从"需要多少教学内容"转移到"应该怎么组织课程内容"上来，她认为设计精良的课程图对于呈现内容构成非常有益。

不管是问题、专题，还是图表，只要找到诀窍，就可以很好地帮助学生把目标、教学活动、反馈和评估这些因素联系起来。

五、综合课程设计模式的优势

对许多教师来说，学习综合课程设计是一种变革。在多次全国会议上，很多人对我说，"你的书改变了我作为一名教师的生活，我现在知道自己该做什么，也知道该怎么做了"。对于一个作者来说，这种普遍的反应当然非常好，现在我要记录一些更具体的优势。

（一）对学生的影响

2009年，我有幸合作编辑了一部十篇论文的合集，这些论文都是教师们运用综合课程设计理念撰写的（Fink & Fink，2009）。论文中，教师们描述了新的课程设计和使用情况。在所有案例中，教师们都意识到学生的参与度和学习质量有了明显提高。

（二）对教师的影响

在该论文集中，有作者指出，综合课程设计模式对他们作为教师的影响主要有两个方面。首先，他们觉得综合课程设计模式使教学更有目的性；意义学习分类提出了更广泛的学习目标；三列表（见图4.15）提供了一个工具，便于选择所需的特定类型的学习和评估活动；城垛图有助于更有创造性地思考适合学生的教学策略；等等。

其次，这种全新的以学习为中心的教学方法让他们感到，作为教师的生活重新充满了教学乐趣。以前，看着自己的教室半空着，看着学生上课做什么的都有，注意力不能集中，看着学生在考试上表现平平，教学并没有什么乐趣可言。但是，当教师们学会了如何设定新的学习目标，学会了如何将主动学习与教育性评估结合起来，学会了如何选择有效的教学策略之后，学生们的反应发生了"巨大的变化"（直接引用一位教师的话）。看到更多的学生积极参与，看到他们在努力学习中取得成功，对教师来说，就是一种快乐。

（三）找到教学问题的根源

我在专题讨论或个人交流中向教师介绍综合课程设计模式时，经常会有"奇妙一刻"（aha moment）。我们一起回顾教师先前的教学过程时，常常能够找出是什么原因令学生没有做出更好的反应。很多情况下，他们的课程只有低水平的学习目标（仅仅只有"学习内容"），采用审核性评估程序，或者只为学生提供被动学习。结果学生觉得课堂枯燥乏味，也不会对课程感兴趣，所以在课堂上教师也就失去了激情和活力。

这个模式帮助教师认识到，学生缺乏学习动机只是问题的症状，而不是问题的根源。问题的根源在于糟糕的课程设计。掌握得当的课程设计方法将避免，或者至少是减少，许多常见的教学问题。

（四）该模式的相对优势

许多教师都说他们喜欢这种教学设计模式，因为它……

- 简单：综合课程设计的基本模式相对来说简单易记。它由四个基本要素组成，这四个要素之间相互联系。
- 全面：基本模式虽然简单，但它能融合高质量的教学，并很好地应对其复杂性。
- 综合：该模式显示了课程要素之间的关系，揭示了它们如何相互影响、相互作用。
- 实用：无论是在设计阶段还是在最终的教学实施阶段，它始终都会提醒教师在为学生创造意义学习经历过程中应该做些什么。
- 规范：它为判断设计的优劣提供了具体标准。

六、综合课程设计：总结

对综合课程设计模式的讨论到此结束。由于讨论的篇幅很长，我将对整个过程做一个简短的回顾和综述，希望能对读者有所帮助。

（一）课程设计的全过程

或许图 4.15 能帮助读者回顾课程设计过程，使读者对课程设计的结构了然于心。

（1）**第一步**：第一项任务是为课程设置重要的激动人心的学习目标，或期望的学习结果。

（2）**第二步**：把这些学习目标填入三列表的第一列。

（3）**第三步**：横排填写每个学习目标，为特定类型的学习确定适当的学习活动和评估活动。

（4）**第四步**：把三列表的第二列和第三列中的所有活动，都填入课程的日程安排表。所有的活动都需要包括在课程的某部分中；如果活动不在课程计划

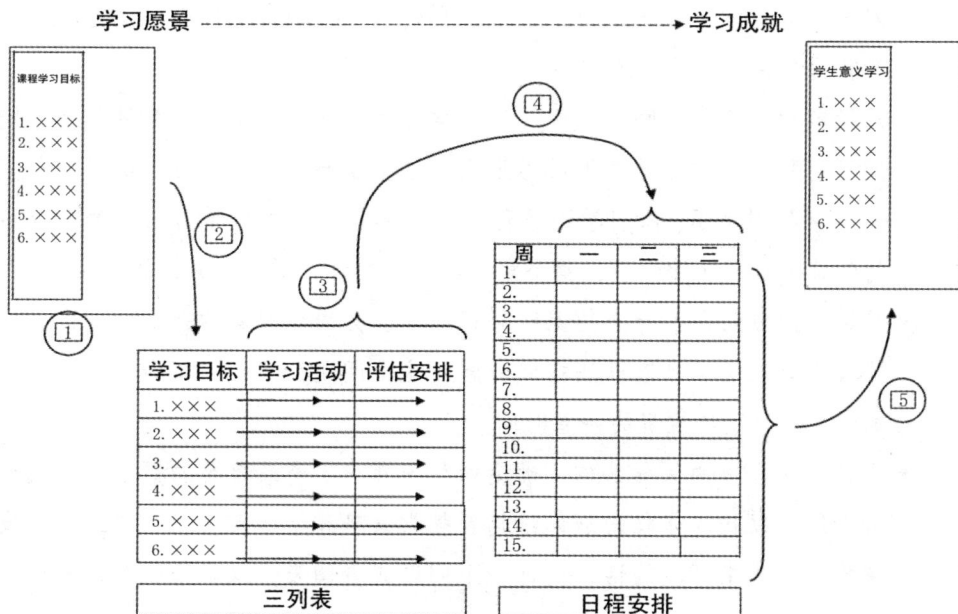

图 4.15 综合课程设计的步骤顺序

中，你就无法运用所需要的活动实现一种或多种所期望的学习。但把活动放在哪里是有区别的，也就是说，哪些活动排在第一位，哪些排在第二位、第三位，等等。

（5）**第五步：**如果确定了合适的学习和评估活动，并在课程中按照正确的顺序组织了这些活动，所有这些工作应该就能让学生实现教师在课程开始时所有设想和梦想的学习！

（二）应该进行哪些改变？

本书所描述的课程设计和教学方式，要求大多数教师对传统教学方法进行重大改变。下一章将详细介绍应该如何进行改变，但在此我先概括一下教师应该进行的七个方面的关键性改变。

- 设定更远大的学习目标。采用意义学习分类法，设定学习目标，学习目标应包括掌握课程内容，但同时也必须彻底超越这种单一的目标。

- 扩充学习活动的种类。可以采用表4.1中所列的活动，不仅仅是通过开展被动学习活动，提供间接来源的知识和观点，同时还应该设计一些活动，为学生提供反思的经历和机会。

- 创造丰富的学习经历。为学生创造有效的实践和观察经历，促进学生同时获得多种意义学习经历。

- 提供各种机会，鼓励学生深入反思学习过程。推荐采用一分钟作文、定期日志写作和学习档案等反思形式。学生需要不断进行自我反思或与其他同学共同反思：他们学到了什么，是如何达到最佳学习状态的，今后将怎样更加有效地学习，整个学习经历具有什么样的意义，等等。

- 采用不同方法向学生介绍课程知识。学生必须获取新的知识和观点，即课程内容。但是可以设法在课外解决这个问题，从而为实践性和反思性的学习活动腾出宝贵的课堂时间。

- 设计统一合理的课程结构。确定课程中4～7个最重要的概念、问题或者专题，以构成课程的总体结构。教学策略和学习活动应在该结构中发挥作用。如果可能的话，设计一个问题或者图表，以确保整个课程的一致性和连贯性。

- 选择或设计动态的教学策略。探索或创造策略——具体学习活动的合理组合，使之能够随着课程的进展日益显示活力。

这里奉行的基本原则是：尽可能地把意义学习、主动学习和教育性评估结合起来，然后把它们都融入有效教学策略，在有意义的、连贯的课程结构中实施。

七、合理的课程设计和心流体验

20世纪90年代，希斯赞特米哈伊（Csikszentmihalyi，1990，1996，1997）提出了"心流"（flow）的概念，在学术界引起了广泛关注。这个概念可以帮助我们认识到，设计合理的学习经历是如何与学习者提高自己生活品质努力产生联系的。无论学习经历是自发的还是教师引导的，这种联系都将存在。

希斯赞特米哈伊认为，生活质量取决于我们所做的事情以及对所做事情的体验，虽然人们有时做的只是一些日常生活琐事（工作、个人事务、比赛或者休闲娱乐），但是却可以用特殊的方式去体验这些琐事。当我们所感知的（情感）、所希望的（目标或者意图）和所思考的（认知、心理活动）达到和谐状态时，就产生了某些特殊的时刻。所有这些因素达到和谐状态的特殊时刻就被称为"心流体验（flow experiences）"（Csikszentmihalyi，1997）。当人们处于心流体验时，就会全身心投入于所做的事情，所有的精神能量都流往同一个正确方向，就会完全忘记了自我、忘记了时间。不同行业的人在不同情况下都可能产生心流体验，但是他们对这种经历的描述却十分相似。

然而心流体验并不能被随心所欲地创造。它是个人的自身经历。不过有些活动可以促使这种经历产生，这些活动就称为"心流活动（flow activities）"。那么，心流活动有哪些具体特征呢？

第一，心流活动让人专注于清晰和谐的目标。第二，心流活动能够提供及时的反馈，让你明白自己的进展。第三，人们在用高水平的技能应付高难度的挑战时，就会产生心流体验（见图4.16）。

具备了这三个特征，人们的注意力就会特别集中、有序，能够投入地进行手头的工作，自我意识和时间都不再被觉察。他们体验到了心流和"当内心、意志和思想一致时，宁静就会到来"（Csikszentmihalyi，1997：28）。

当挑战和技能都在高水平上时，就会产生心流体验

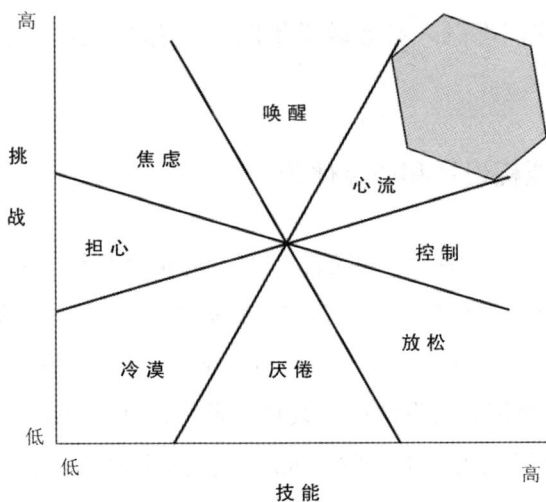

图 4.16 心流体验与挑战和技能的关系

资料来源：Csikszentmihalyi，1997：31.

那么所有这些是如何与成功的教学设计相联系的呢？很有意思的是，虽然希斯赞特米哈伊写的是心理学而不是教育学方面的著作，但他还是觉得有必要探讨心流体验和学习之间的关系。他认为心流体验必然促进个人成长，而且还将引起人们的学习兴趣（Csikszentmihalyi，1997）。为什么呢？这就是挑战和技能之间的平衡问题。

当人们面对严峻的挑战（这是实现心流体验的必要因素）时，就需要学习更为先进的新技能。一旦有了更强的能力，人们又会去接受新的挑战，而新的挑战又要求人们学习更多更好的技能。如此周而复始，不断循环。

理解了心流体验和学习的关系，我们就能够理解合理课程设计的重要性。如果教师在教学设计中能够为学生创造更多心流体验的机会，就会出现激动人心的状态。教师如何才能创造这种机会呢？回顾希斯赞特米哈伊归纳的心流活动的重要特征不难发现，本章前面有关课程设计的讨论，在这个问题上至少为我们提出了一些建议。

首先，只有充分了解学生，准确把握其他各种情境因素，才能为学生设计难度适中的任务，并在适当的时候给予必要的辅导。准确判断学生的实际能力在教学过程的开始阶段非常关键，因为只有了解了学生的实际水平，教师才能够设计出一些对学生来讲既有一定难度，同时又不至于太过复杂的任务。同样，教师也需要了解学生的学习方式，以便有针对性地为学生设计合适的学习活动，帮助他们发展各项技能。

其次，要确定合理的目标。我们可以借鉴意义学习分类法，来确定这些目标。教师如果能够把学会学习、发展新的价值观、培养新的兴趣爱好、提高交际能力等目标结合起来，就有可能设定清晰和谐的目标，帮助学生进步。

再次，有效的反馈和评估能够让学生及时了解自己的学习表现。有了明确的准则和标准，如果学生还能够亲自参与制定和实施，心流活动的第三个重要因素也就齐备了。

最后，理想的教学活动将适度挑战学生的各项能力，同时也为他们迎接挑战提供必要的支持。教师需要设计一些有一定难度的教学活动，还应该准备一些辅助活动，以培养学生完成这些任务所需的各种能力。

总而言之，教师如果能够合理地设计教学，就可以为学生的心流活动创造条件。学生在学习中一旦体验到了心流体验，这种满足、愉悦的新体验将会促使他们挑战更高的目标、进行更多的学习。优秀的教学设计将把教师们不敢想象的这种学习的协同与良性循环变为现实。

让我们认真设想一下这激动人心的美好前景吧！

第五章

改变我们的教学方式

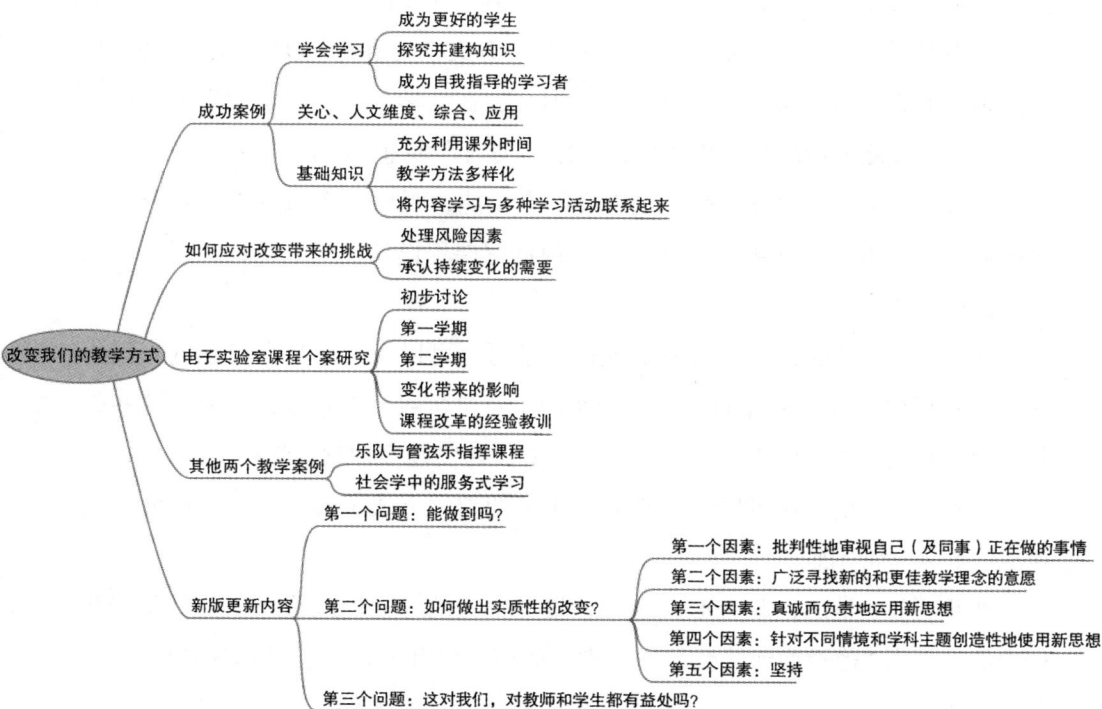

改变我们的教学方式
- 成功案例
  - 学会学习
    - 成为更好的学生
    - 探究并建构知识
    - 成为自我指导的学习者
  - 关心、人文维度、综合、应用
  - 基础知识
    - 充分利用课外时间
    - 教学方法多样化
    - 将内容学习与多种学习活动联系起来
- 如何应对改变带来的挑战
  - 处理风险因素
  - 承认持续变化的需要
- 电子实验室课程个案研究
  - 初步讨论
  - 第一学期
  - 第二学期
  - 变化带来的影响
  - 课程改革的经验教训
- 其他两个教学案例
  - 乐队与管弦乐指挥课程
  - 社会学中的服务式学习
- 新版更新内容
  - 第一个问题：能做到吗？
  - 第二个问题：如何做出实质性的改变？
    - 第一个因素：批判性地审视自己（及同事）正在做的事情
    - 第二个因素：广泛寻找新的和更佳教学理念的意愿
    - 第三个因素：真诚而负责地运用新思想
    - 第四个因素：针对不同情境和学科主题创造性地使用新思想
    - 第五个因素：坚持
  - 第三个问题：这对我们，对教师和学生都有益处吗？

在本书的第一章中，我向读者发出了邀请，呼吁他们用一种新的方式思考教学。在其后的三章中，我提出了一些关于意义学习和综合课程设计的思想，为这种新的思维方式提供内容和方向。但是，在教学方式进行重大变革的过程中，准备响应此邀请的教师仍将面临与之相关的许多重要问题。

问题一：改变教学方式后，是否真的有可能，既可以实现意义学习分类法中描述的学习方式，又可以构建能够体现良好课程设计原则的课程？感觉好像是在做白日梦。

初步回答：是的，学生可以实现这种学习。可以肯定这是有可能的，因为具有创新精神和人文关怀的教师已经实现了意义学习。本章将详细介绍这些教师是如何开展这方面的工作，如何通过课程设计实现多种意义学习。

问题二：但是，我可以吗？改变多年来的教学方式（改变自己）所面临的挑战听起来非常困难。

初步回答：是的，改变形成多年、根深蒂固的行为模式很难，尤其是当我们中的许多人"曾经如何接受教学，现在照旧如何开展教学"。但记住以下几点非常有用。首先，改变教学方式不是更改教学的所有方面，而只是更改其中的某些方面。其次，尽管这很困难，但是每个人在一生中都会经历各种各样的变化，其中一些变化是有意而为之的。这说明改变是可能的，即使那种看起来足够可取的传统教学方式，也可以改变。为了开始改变教学的任务，首先有必要检查人们经常遇到的一些自我改变的障碍。本章将描述两种关于自我改变的特殊挑战，并提出了应对这些挑战的建议。

问题三：当人们改变教学方式后怎样开展教学？能给个案例吗？

初步回答：可以。本章将详细描述一位教授如何慎重并有意识地改变运用多年的教学方式，还将介绍这位教授和我进行的一些关键对话，我们共同获得的见解、遇到的死胡同，他所做的改变以及这些改变对学生的影响。对此案例我们还进行了探讨，讨论从中所学到的经验总结，这些经验能够帮助教师使变革的过程更轻松、更有效。

问题四：如果我根据这些建议进行改变，真的会对课程教学产生重大影响吗？在所有变革的迷雾消散后，最终会不会只是"无事生非"？

初步回答：变化十分重要，这一问题的答案最终只能在你自己心中寻找。但是，现在已经有许多教师重新设计了他们的课程，芬克等人（Fink & Fink, 2009）的书中描述了几个案例，它们都产生了实质性的效果，令人振奋。在本章的最后部分，我有充分理由相信，这将产生实质性的不同。

一、这真的可能吗？

我要解决的第一个问题是，是否真的有可能实现第二章中所描述的令人振奋的学习。对大多数读者来说，定期进行这样的学习听起来简直就像是一场梦，也许美好到难以实现。为了回答这个问题，我找到了一些已经完成意义学习改革的公开案例，共 22 门课程，我将对这些案例中教师的做法进行分析，并分享这些教师改革成功的原因。以下对这些课程进行简要说明。（注意：每门课程的完整说明包括，促进意义学习种类的分析，使用的主动学习的组成部分，已发表文字的引文。这些内容均已在线发布，网址为 http://www.designlearning.org/resource-downloads/courses-analyzed-in-fink%E2%80%99s-2003-book//，有兴趣的读者可以更深入地研究此材料。）

意义学习的精选课程

自然科学

•培养科学素养的生物学：学生分组进行长期调查，使用科学概念、推理和自身价值观分析重要社会科学问题。

•跨学科地质学：在这门团队授课课程中，学生实地收集考察材料和数据，然后学习如何构建地质学、物理学和化学知识。

- 高年级化学研讨会：研讨会持续至少三个学期，学生越来越独立地进行研究，并根据该领域主要文献进行正式报告。
- 技术创新荣誉课程：学生模拟被困荒岛。他们必须想办法生存，组织社会关系，并建造一架飞机飞离岛屿。
- 护理学——生育中的文化问题：学生使用影像和书籍，探讨妇女、家庭以及护士自身在生育中的道德和文化问题。
- 医学——基于问题的学习课程：学生在小组中研究现实的病人问题，学习如何解决新的医学问题。
- 地质学——应用水文学：学生使用现场调查和其他数据调查一个真正的流域，并最终在全州水文学会议上发表论文。

社会科学

- 对环境的不同看法：学生一边记录他们在自然环境中的个人经历，一边阅读各种的关于人与环境关系的不同观点。
- 商业——综合商业核心课：在一门实践课程（四门核心课程之一）中，刚开始学习商科专业的学生在一个学期内就可以创办并经营一家真正的企业。
- 商业——人文学科所揭示的文化：学生利用电影、文学、历史和心理学，对常见商业问题的人类意义形成新的观点。
- 教育学——教学导论：即将成为教师的师范生需要从事多种活动，探讨三个基本问题：教学意味着什么？学校有什么用？教师需要知道什么？
- 通过有氧运动培养个性和精神：学生为自己设定锻炼目标并帮助他人，由此锻炼身体和精神健康。
- 税法：学生学习国内税收法规和条例，将其内化成自己的语言，应用于特定的情况，并制作一个图表说明其工作方式。
- 法学院和妇女问题：高年级学生分析以前的课程经验，并反问自己，如果认真对待女权主义观点会发生什么。

人文学科

- 英语——寻求莎士比亚的意义：学生使用心理剧和多元智能，追求对莎士比亚戏剧的情感和认知理解。
- 英语——将世界问题与文学相联系：学生了解一个外国地区（如南斯拉夫），然后编纂和推销当代作家选集为该地区的救济工作筹集资金。
- 英语——小说和一个虚构的小镇：学生根据自己的社区经历，描写一个虚构的小镇。
- 英语——偏见和服务式学习：学生研究偏见的来源，参与社区服务，并在社区公立学校举办一个宽容展览会。
- 文化多样性和哲学：学生学习来自不同文化的第一手资料，包括自我观、人与人之间的关系，以及人类与非人类世界的关系。
- 德国文化和歌曲：学生通过报纸、杂志文章和流行音乐探索流行文化，研究当代德国真实的文化问题。

> • 西班牙语——文学作品角色扮演：在本课程的一个关键时期，学生用西班牙语进行角色扮演，在一场模拟审判中扮演中心人物角色，如一个辱骂他人的评论员。
> • 艺术史——神话、宗教和艺术：学生每周都会研究一些问题，探讨精神信仰和艺术作品之间的关系，从不同的世界文化、不同的历史时期的材料中汲取素材。
> 注：这些课程的有效策略通常可以应用于其他学科。

我整理这套课程的主要标准是：教师能够成功地促进学习，不仅是学习基础知识，还包括主动学习的重要方面。不幸的是，很少有已发表文章对课程反馈和评估进行深入评论，因此我没有尝试针对这些因素分析课程。但是，从后面的评论中可以看出，他们的目标、活动和结果与本书介绍的意义学习语言以及综合课程设计模式相当一致。

基于此原因，对于那些希望开展学习活动、为学生创造更多意义学习机会的教师们，这些案例能够提供宝贵的经验教训。为了得出这些经验教训，针对每一种意义学习，我都研究了教师在课程中促进意义学习的做法。

（一）学会学习

如第二章所述，学会如何学习具有三重不同的含义：如何成为更好的学生，学会如何在人类特定领域内进行知识的探究和建构，以及如何成为自我指导的学习者。上述 22 门课程中的教师们，为每一种学会学习的方式都创建了应用方法。

1. 如何成为更好的学生（商业——综合商业核心课，法学院和妇女问题）

案例中的几位教师有意识地创新方法，帮助学生成为更好的学习者。教师特别关注课程体系中初始课程的学习过程。因而，学生在后续课程中表现更好。针对初学者的综合商业核心课程（IBC）是这方面的好案例。参加该团队教学计划的教师没有花费大量的课堂时间教授"如何成为一名好学生"，尽管如此，他们确实要求学生必须自己学习大量材料，学生的表现也极为出色。最终，教授后续课程的教师们注意到，与未曾参加过 IBC 的学生相比，参加过 IBC 的学生能够更快地组织起来进行有效的学习。

同样，从女权主义者的角度审视以前的课程，法学院学生可能会问："我在学什么？我还能学到什么？我应该学习什么？"在已发表的文章中，尽管教师没有指出学生是否确实在学习如何成为更好的学生，但让学生在课程中寻找这些问题的答案，并思考这些答案的含义，似乎可以增强他们随后的学习经历。

2.如何探究并建构知识（培养科学素养的生物学，跨学科地质学，高年级化学研讨会，地质学——应用水文学，艺术史——神话、宗教和艺术）

学会如何学习的第二重含义是让学生学习如何在人类特定领域内进行知识的探究和建构。有几门课程在有意识地支持这种学习。例如，生物学、地质学和化学课程都要求学生提出问题，然后努力回答这些问题。这些任务的后半部分要求学生学习如何搜索有用信息，并识别不相关的信息，分析信息以回答问题或解决问题。在艺术史课程中，学生会遇到多个问题，需要研究宗教、艺术和建筑之间的关系。

在这些案例中，教师都要求学生进行探究性实践（主动学习模式中的一种实践形式），并就学生在探究过程中的表现提供建设性的反馈意见。

其中一些课程特别关注特定学科的知识建构方式。例如，跨学科地质学课程要求学生通过实地考察收集样品材料。学生与不同的教师一起，根据他们掌握的地质学、物理和化学知识分析这些材料。每种活动中，学生都能学到各学科所特有的分析方法。在每个单元的最后，学生讨论所学到的东西以及如何学习。

3.如何成为自我指导的学习者（教育学——教学导论，技术创新荣誉课程，法学院和妇女问题，跨学科地质学）

案例中的所有课程都没有明确地侧重于帮助学生成为自我指导的学习者，尽管如此，其中确实有一些课程直接关注了学习过程。例如，教育课程的主题显然是"教学与学习"，但该课程也要求学生反思自己的学习，并促使学生探索自己的学习过程将如何影响到将来的教学活动。

另外一些课程，例如技术创新荣誉课程，法学院和妇女问题课程以及跨学科地质课程，都要求学生保持记录学习日志，反思自己正在学习什么，可以或应该学习什么，以及自己是如何学习的。该程序可以显著提高学生作为学习者的自我意识。

帮助学生成为自我指导的学习者的下一步是让他们思考未来，并确定自己还需要或想要学习什么，即制定学习议程。学生还必须确定具体的行动以学习议程上的那些项目（即制订行动计划）。例如，特定的行动可以是阅读有关该主题的书籍，在网上查找信息，与专家或有经验的人士交谈，观察某事或尝试自己做某事。

几年前我曾经使用过一种策略，帮助学生成为自我指导的学习者。当时我正在教授一门大学教学课程，参与课程的是学校里的十几名应届毕业生，他们都有志于成为一名大学教师。在课程中，我让他们浏览了几本有关大学教学的书，要注意的是，学生们只能研究与此学科相关的主题。然后，我要求他们选择最重要的三个专题，并撰写一篇简短的文章，说明为什么学习这三个主题很重要。之后，每个学生各自创建了一个教学档案，作为该课程的总结性项目。在教学档案的最后部分，他们要写出为了今后成为一名更好的大学教师，自己需要准备做的事情。为此，学生必须确定自己想要或需要学习的东西（即学习议程），以及可以做什么来开展学习（即学习策略或行动计划）。

后来几乎所有的学生都认为，创建这个档案的整体工作，特别是完成最后一部分内容是整个课程中最有价值的作业之一。它使学生们在成为自我指导的学习者的道路上顺利成长。后来我得知，课程结束后的一两年内，他们中的许多人实施了自己的学习议程。

（二）关心（英语——偏见和服务式学习，英语——将世界问题与文学相联系，技术创新荣誉课程，护理学——生育中的文化问题）

案例中的教师经常以学生感兴趣的方式进行教学。教师们找到了方法，不断提高学生对所学内容的关心程度。他们是如何做到的？

尽管所使用的特定技术存在明显差异，但也存在两步法的一般模式。在每个案例中，学习经历都具有很强的激励作用，教师首先要做一些事情，将学生与其对当前专题的感受联系起来，然后让学生采取进一步的学习行动。

就主动学习的模式而言，第一步通常以给学生讲故事的方式，让学生间接地观察一些现象，采用较多的是电影、小说或角色扮演的形式。在某个案例中（英语——偏见和服务式学习），学生是在开展社区服务时，直接（而非间接地）观察社区中不同社会群体之间的互动。这个一般步骤的第二步构成了一个工作经历，在该过程中，学生可以就课程主题进行创作、提出建议或重塑想法。

以下一些案例，以更具体的方式展示了这种一般模式如何帮助学生对各种课程内容产生关心。

- 在英语课程"将世界问题与文学相联系"中，学生们从近期回国的一位访问者那里听到有关南斯拉夫动乱的悲剧故事（这些故事可将学生与对这个主题的感觉联系在一起）。然后，全班参与各种项目，以提高美国对该地区的关注并帮助该访问者。他们编写了一本文集，将其出售给商店，并为在南斯拉夫工作的救济组织提供资金支持。

- 在技术创新荣誉课程中，学生必须想象被困荒岛的感觉，并提出一种逃脱方法（与其他模拟类似，这个设计部分是为了把学生和他们的情感联系起来）。他们的挑战在于，要想出如何生存，如何组织自己的社会以及如何设计脱离困境的飞机，并且只能使用有限的材料（实践的经验）。（注意：模拟放宽了该项目的时间限制，给予学生足够的时间，他们必须在学习制造燃料和制造引擎金属等事情上有所作为。最终考试不涉及飞机如何离开地面。）

- 某护理学课程以不同文化背景下的生育为重点，要求学生观看不同文化背景下的女性电影并阅读故事。然后，必须确定妇女分娩的多重含义，并阐述这些含义将如何影响她们将来作为护士的专业工作。

- 在高级英语口语课程"偏见与服务式学习"中，学生通过参加各种社区服务活动，看到了偏见对人们造成的影响。作为最终项目，学生创建一个宽容展览会，以多种方式展示以宽容为主题的信息。展览会最终在该地区的公立学校举行。

（三）人文维度（对环境的不同看法，文化多样性和哲学，通过有氧运动培养个性和精神，德国文化和歌曲，小说和一个虚构的小镇）

如果教师希望增强学生的人际交往能力，就必须找到方法帮助学生，使其对所研究的科目增强自我意识和他者意识。有时候，教师使用的活动在帮助学生了解自己或了解他人方面特别有效，但更多的时候，学生会发现学习任何一种都可以同时帮助他们了解自己与他人。

为了增强自我意识，教师将学生置于虚构的情境或模拟的角色（间接的实践或观察经历）中，然后通常使用学习日志的方式，让学生反思这些情景或角色给他们带来哪些感受。这也就是让学生与自我进行对话。通常，这些新情境有助于形成新的观点，因此教师需要提示学生将这些新观点与他们以前的想法、感受或信念进行比较。

同样地，为了提高学生的他者意识，教师可以通过间接观察经验（例如电影或文学）引入他人的故事，然后让学生与同学交谈（与他人对话），试图找出某些事件对他人的意义。将旨在了解自我的活动和了解他人的活动结合在一起，其影响尤其巨大。

以下案例展示了这些思想如何在实践中发挥作用：

- 在环境研究课程中，针对自然和社会应该对环境采取什么样的政策这一主题，学生需要阅读大量的文学作品，而这些作品通常持有不同的，甚至是相互矛盾的观点。学生们还进行了有组织的辩论，辨别那些与自己不同的观点（他人认同，增加他者意识）。同时，学生还要反思自己在自然环境中的经历，记录并检查学习日志，以反思自身经历的意义。通过将自己的想法与在课堂上遇到的新想法进行比较，探索对所有不同观点的反应，他们逐渐开始独自反省自己。

- 在文化多样性和哲学课程中，学生阅读了一些传统的欧洲哲学家（例如笛卡尔、洛克、加缪）的著作，还阅读了代表其他文化观点的哲学家著作，主要有：黑麋鹿（Black Elk，美国原住民），马尔科姆·艾克斯（Malcolm X，非裔美国人），格洛丽亚·伊万杰琳·安扎图（Gloria Evangelina Anzaldúa，拉美裔），莉萨·苏黑尔·玛加吉（Lisa Suhair Majaj，阿拉伯裔）。一个有趣的转折是，这些读物是有意识选择的，其内容涵盖了我们与非人类以及人类他者之间关系。这一案例中，阅读材料介绍了关于自我认同、与他人的关系以及与非人类他者关系的新观点。学习日志和课堂讨论都被用来帮助学生更充分地理解他人的观点，以增强自我意识，反思自己希望如何成长、改变和成为什么样的人。

- 在有氧运动课程中，教师将了解自我和了解他人作为课程的直接内容。她让学生们设定一些短期和长期目标，这些目标与他们的自我身体相关，也与生活中的其他方面相关，如自我精神。通过这一做法，教师从本质上促使学生关注想要成为的自我。课程中，学生与教师会面，讨论各自实现目标的进展情况（与他人对话）。在第二次作业中，每个学生必须与另一个学生合作，并为整个班级创建新的有氧运动程序。与他人合作创造新的运动（实践）并对班上的其他同学有所帮助，这就要求学生注意学习如何以积极的、建设性的方式与他人互动。

- 在中级德语课程中，教师将对语言能力的关注嵌入一个更大的流行文化背景，特别是通过音乐来学习。每个单元都有一个人文主题或专题（例如，德国人对外国人的看法），并且将经历三个阶段。第一阶段学生要向内看（自我探索），确定自己的经历和对主题的了解。后两个阶段使用一首特色歌曲，配以相关的德国报纸杂志文章，以探索德语在该主题上的表达方式。将增强自我意识的活动与增强他者意识的活动相结合，学生在德国文化中对人际交往有了更深入的了解和领悟，并提高了听、说、读、写技能。

- 在英语小说写作课程中，教师希望学生在创作小说的同时，对社区和公民的意义有新的认识，所以他让学生写故事，在故事中共同创造一个想象中的城镇。由于学生们在创造的城镇和家庭里都有自己的角色，他们发现需要仔细观察自己的家庭和社区以寻求灵感，而不是向哪位知名作家求助。学生还要依靠同学对他们故事中诸多事件的统一性和真实性提供反馈。因此，学生必须与自己（在他们内心对自己生活的反思中）、与他人（社区以及同学）进行互动，以创造一个形象，一个关于社区是什么样子的故事，以及个人可以在其中扮演什么角色。

（四）综合（跨学科地质学，培养科学素养的生物学，艺术史——神话、宗教和艺术）

案例中描述的几门课程产生了综合学习，但是这些学习内容之间的联系有所不同。通常，综合过程由两步依次组成。第一步，学生必须了解相互联系的每个科目；第二步，学生必须集中精力在科目间产生联系。在某些情况下，这意味着只需找出两个或多个科目的相同点和不同点。在其他情况下，学生的注意力则需要集中在两个或多个科目之间的交互作用上。

学习不同的科目时，即此序列的第一步，学生需要从事阅读或听课等常规活动（接受知识和思想），有时还会以一种特殊的实践形式进行活动：基于现场的活动、实验室工作、复杂项目等。在第二步中，学生必须参与思考、写作、反思（与自我对话）和小组或全班讨论（与他人对话），有时还会开展特殊的项目。在第二步中，学生将第一步的内容进行综合。

以下是研究案例中综合学习的一些示例：

- 在跨学科地质学课程中，非本专业学生依次学习地质学、物理学和化学。课程的重点是当地地质，由三名教师组成的团队共同开展教学。每门学科的主要教学活动均包括一系列的现场活动、课堂讲解、实验室工作和课堂讨论。由于课程涉及不同的学科，很多讨论都集中在比较这三门学科如何建构或创造知识上。基于此，本案例中综合主要是指三种不同学科认知方式的比较。

- 在"培养科学素养的生物学"课程中，学生通过一系列概念活动、调查活动和基于问题的活动开展学习。通过这些活动，教师帮助学生学习如何针对科学问题，做出与自己的价值观相一致的非正式和深思熟虑的决定。在这一案例中，学生需要探索科学知识、政策问题和学生个人价值观之间的联系或互动。

- 在"艺术史——神话、宗教和艺术"的课程中，学生研究了宗教信仰影响艺术品创作的方式。除了参与传统的讲授和幻灯片演示外，学生还需要针对艺术与宗教信仰之间的关系，每周讨论不同的问题。在这一案例中，学生将不同的宗教信仰，与世界各地不同文化下形态各异的神话、宗教、艺术联系起来，将历史与现在联系起来，形成了广泛综合的理解。

（五）应用（高年级化学研讨会，德国文化和歌曲，商业——人文学科所揭示的文化，跨学科地质学，医学——基于问题的学习课程，商业——综合商业核心课，英语——将世界问题与文学相联系，技术创新荣誉课程）

这里选择了许多已出版的大学教学文献所描述的课程，部分是因为它们设计了促进某种应用的特殊方法。在所选的课程中，有80%涉及应用学习，第二章中我们把应用描述为学习如何进行一种或多种思考（批判性、创新性和实践性），发展一项重要的技能，或者管理一个复杂的项目。

这些课程实现应用学习的模式非常一致且十分清晰。学生从事某种活动，能够以任何一种应用学习为目标进行重复练习；然后学生会接收反馈，最好的反馈是及时的、基于标准的反馈。

1. 思维能力

案例中的几门课程都创建了一些活动，能够帮助学生发展第二章中描述的三种思维能力。

- 批判性思维：高年级化学研讨会的学生能够反复获得机会，对各种主题的文章进行批判性评估。

- 创造性思维：在将商业与人文学科联系起来的课程中，商科学生必须从多角度审视商业运营，并随后创建虚拟但现实的业务。小说写作课上的学生有一个主要项目，在这个项目中，学生需要围绕一个虚构的城镇独立撰写一个故事。

- 实践性思维：在医学院基于问题学习的课程中，学生会遇到精心设计的患者问题。他们必须检查所获得的信息，判断出还有哪些信息是有用的，查阅医学教科书并提出诊断和治疗方案，所有这些都是为了解决患者的病痛。

2. 技能

其他课程则为学生提供了发展多种技能的机会，这些技能通常与沟通有关。

- 数据收集：跨学科地质学课程的学生要进行多次实地考察和实验室练习。这些活动为学生提供了训练，以提高其制作和记录实地观测资料、阅读地形图以及操作实验设备的能力。

- 外语：在一门有关德国文化的课程中，学生需要广泛学习以建立一整套沟通能力，包括阅读、写作、听力和口语。

- 管理复杂项目：以下几门课程给学生带来挑战，促进他们学习如何管理大型、开放式复杂项目。

在与南斯拉夫有关的创意写作课程中，全班同学决定汇编和推广当代美国作家选集，选集主题涉及全球救济工作和战乱地区生活。这个项目要求学生征集文稿，准备选集的设计和布局，制定促销策略并选择慈善机构接管收益等。

参加 IBC 项目的初级商科专业学生，需要完成一个为期一个学期的项目：组建一家真正的公司，销售真正的产品或服务。如第四章所述，每名学生必须决定销售什么，组织公司，从当地银行获得实际运营资金，生产和销售产品或服务以及关闭业务。所有这些活动需要在 16 周内完成。（他们还选择了一个慈善机构，并为该慈善机构做志愿者工作，这增加了项目的复杂性。）

参加技术创新荣誉课程的学生主要进行模拟学习。该课程假设学生是政府项目的成员，他们乘坐的飞机坠毁在荒岛上，他们必须弄清楚如何生存，如何组织自己所在的社会，并利用所有可用资源建造一架飞机，以逃离荒岛。在学期末，每个小组必须提交一份最终档案，其中包括建造飞机的完整计划、学期中完成的研究、飞机的模型以及学习日志。

（六）基础知识

我认为，所有课程，无论好坏，都会规定课程涵盖的主要学科问题。然而，学习基础知识还有一个重要的问题。有些课程将学生的所有时间和精力都花在了一种学习（基础知识）上，因而，我们需要知道以上课程案例如何在保障学生获得基础知识这一目标基础上，为其他类型的意义学习腾出时间。想必教师必须为学生创造一种替代方法，让学生不用把所有的时间都花在学习基础知识上，而是进行更有意义的学习。因此，我带着这个问题回顾了这些案例，并发现了一些有趣的经验。

1. 充分利用课外时间

在第四章中，我讨论了沃尔伍德对高等教育中一个常见问题的分析：教师似乎从来没有把太多时间花在教学生如何使用该内容上，因为他们在课堂上的所有时间都专门用于传授该内容。为了帮助解决这个问题，研究案例中的许多教师将最初了解内容的时间转移到了课外时间。他们在说服学生提前完成课外学习方面非常成功。例如，"培养科学素养的生物学工作坊"没有授课环节可让学生接触这些内容，学生应在课外时间阅读指定材料。上课时间被专门用于教师提问或提出一些需要解决的难题，学生则进行一系列练习。

在税法课程上，学生事先学习法律条文，在课堂上则花费大部分时间将其应用到案例问题上，并将若干程序整合到流程图中。莎士比亚课程的学生在上课前先阅读剧本，然后在课堂上对所选文字部分进行多层次的戏剧化处理。

让学生在课前做必要的作业和阅读，其关键在于设计正确的课堂活动。学生需要知道，事先完成阅读对于完成课堂作业是绝对必要的，并且课堂作业是一项重要且有价值的工作。如果教师可以开展课堂练习等此类活动，那么大多数学生将在课外进行所需的工作，作为课前的准备工作或课后的后续工作。

2. 教学方法多样化

案例中的许多教师都使用传统的方法传授教学内容，即阅读和讲课，帮助学生获得课程研究的现象、主题的重要信息和思想。但有些教师在寻找其他传授方式方面很有创造力。

比如，德语课程利用最新杂志、期刊和报纸，以真实的、当代的德语写作为例，介绍德国流行文化中的重要问题。其中几节课还使用了纪录片或戏剧影像。电影可以直接提供有关现象的信息，如记录对育龄妇女的采访；电影也可以通过对相关现象半虚构半真实的描述间接地提供信息。如"商业——人文学科所揭示的文化"通过电影《了不起的盖茨比》（The Great Gatsby），阐述了影响个体和组织经济行为的复杂的相互作用。其他课程使用常见的活动，如现场经历和实验室工作，使学生处于动手的状态。在这一情境中，学生可以收集与该主题相关的数据和信息。

3. 将内容学习与多种学习活动联系起来

在绝大多数课程中，学生获得基础知识的活动，以一种有组织的、有顺序的方式，与旨在促进其他意义学习的活动联系在一起。这种联系增加了从事多种学习所必需的教育能量。

- IBC 项目中的学生，需要学习管理、市场营销和法律研究三门核心课程的重要基本概念。随后学生需要在实践课程中启动并经营真正的企业，而基本概念将立即得到应用。此外，在这三门核心课程中，教师使用基于团队的学习方法，在学生开展早期阅读任务后快速进行一些应用练习。该方法基本没有讲授环节，只有针对学生难以理解的概念，教师偶尔会进行 10～15 分钟的解释。
- 西班牙文学课程中，学生首先阅读指定的西班牙语剧本。接下来是其他关键活动：观看剧本的电影版本，阅读戏剧的评论文章，撰写一篇文章，从一个角色的角度解读剧本中的事件，然后参与 90 分钟的角色扮演。在练习中，一个主要人物会受到审判，学生扮演其他不同的人物角色，从不同的角度提出赞成和反对的观点，最后讨论该人物有罪或无罪的判决——所有这些活动都是用西班牙语完成的。

- 在教师教育导论课程中，为了促进对学生专业活动和专业发展形成更批判性的反思态度，内容和领域经验的作用发生了巨大的变化。该课程最初是让学生通过个人反思、课堂讨论、案例研究和课堂教学录像，仔细观察自己对教与学的信念和设想。只有学生创建了个人和小组的关键问题和专题列表之后，教师才能从教育文献中介绍相关材料，并指派学生成为课堂参与观察员。在这种情况下，获得基础知识的努力推迟了，直到学生形成了一种强烈的内在意识——知道他们需要知道什么，为什么需要知道。

- 艺术史课程的学生每周开会 1 次，每次 3 小时。每周的这一大块时间都遵循一个特定的活动顺序。第 1 小时，各学生小组讨论对前一周问题的回答；第 2 小时将引入新的基础知识，教师会通过幻灯片介绍新专题的有关信息；然后，在最后的第 3 小时，小组开始研究与新主题相关的新问题，探索宗教观念与宗教建筑之间的关系。在这个案例中，教师会引入新的基础知识，紧接着，学生通过小组形式，学习如何在应用型问题中使用这些知识。

- 高年级化学研讨会课程的学生，在 3 个为期 10 周的学期中，每周安排 1 小时开展学习。他们遵循的学习活动顺序是，每个学生从科目相关专题列表中选择一个讨论专题。教师提供有关该专题的一篇关键文章，而选择该专题的学生领导其他学生对该文章和专题开展讨论。课堂讨论后，所有学生就同一主题写一篇简短的研究论文（4～6 页）。在 3 个周期中的每个周期都重复此顺序，使学生承担越来越多的责任选择自己的学习专题。在本课程中，学生可以通过自己的研究以及参加其他同学主持的课堂讨论获得基础知识。他们的个人研究还与领导课堂讨论和撰写总结论文的活动紧密相连。

以下简要概述这些教师为促进特定的意义学习所做的工作。这样的分析给了所有教师以希望，使他们看到实现如此宏伟目标的可能性，也为他们提供了清晰的思路，以便他们在自己的课程中实现这些目标。这些教师按照自己的直觉和想法进行了良好的课程设计（尤其是主动学习经历和反思对话组成部分），这些方法具有创造性，切合主题并且有效促进了意义学习。如果其他人可以做到，那么你也可以做到这一点，并且你还可以利用本书中的思想。

促进特定类型意义学习的程序

1. 学会学习
  - 成为更好的学生。相关课程并没有经常以直接的方式促进这一点。一些教师是在课程计划开始时单独创建一门课程，专门解决学习问题，从而间接地做到了这一点。这大概有助于学生在之后课程中的学习。
  - 探究和建构知识。让学生练习探究和反馈，并分析知识是如何在这个学科中创造或建构的。
  - 成为自我指导的学习者。同样，相关课程并没有经常做出具体的举措促进这种学习。那些比较接近的课程为学生提供了机会，让学生反思自己的学习过程——也就是说，作为学习者，他们变得更有自觉性——课程还要求学生练习制定学习议程和策略，并对这个过程进行反馈。

2. 关心
  - 把学生与他们对某个专题的感受联系起来。
  - 让学生根据第一步的信息采取某种行动。

3. 人文维度
  - 让学生建立与自己或他人的新联系，让他们置身于想象或模拟的情境中，或给他们机会听别人的故事（即通过间接的实践或观察）。
  - 让学生反思这些情境或故事：这些情境或故事如何影响学生自己？它们会产生新的想法、感觉、行动或信念吗？

4. 综合
  - 学习各相关的学科。
  - 反思并思考学科之间的联系：有哪些相似和不同之处？学科之间有什么交互作用？

5. 应用
  - 要求学生反复练习。
  - 针对学生练习情况提供反馈。

---

6. 基础知识
- 充分利用课外时间。
- 运用各种形式提供内容。
- 将内容学习与多种学习活动联系起来。

前面的讨论确定了意义学习的教学方式，引发了如何评估这种学习的问题。上文挑选的所有课程案例中，都没有公开说明有关此问题的详细信息。因此，我征询了 25 名教师发展人员的看法，提出了这一焦点问题："教师怎样才能确定某一种意义学习是否正在发生？"为新类型学习制定反馈和评估程序的努力取得了初步结果。

意义学习的评估程序

---

1. 学会学习
- 个人反思：通常在学习活动或整个课程之后收集，可以通过写作、课堂讨论、在线交流、学习档案，甚至通过小组教学诊断生成。
- 学习档案。
- 基于问题学习的表现。
- 学习的案例问题：学习新东西；记录使用的程序和结果。

2. 关心
- 个人反思。
- 标准化问卷，例如关于兴趣、态度或价值观的问卷。
- 学习档案。

3. 人文维度
- 包含两个方面：个人层面（自我）和社会层面（他人）。
- 个人层面变化的信息可以通过两种基本方式获取：个人反思，以及关于自信等因素的标准化问卷可以在活动前后完成，以衡量学生的变化。
- 学生在社会维度上的学习信息可以从学生自身或他人处收集，例如，从团队项目的其他成员处收集。
- 学习档案可以同时解决人文维度学习的两个方面。

4. 综合
- 让学生确定x和y之间的互动或关系，然后评估他们所综合内容的清晰性和广度。可以通过以下活动来完成：
  反思性写作

> 不完全但渐进的案例
> 概念图
> 基于问题学习的某些部分在这里适用
> 跨学科案例（尽可能使用真实的问题）
> 顶点项目
> 研究现实生活中的例子
>
> ### 5. 应用
> - 让学生练习你想让他们学会做的事。
> - 然后用明确的准则和标准评估他们的练习。可以通过以下方式完成：
> 模拟
> 演示
> 团队项目
> 案例研究
> 阐释活动（如文学作品）
> 开发一些课堂评估技术（classroom assessment techniques，CATs）
>
> ### 6. 基础知识
> - 传统的纸笔测验。
> - 练习和口头提问。
> - 课堂评估技术（CATs）。

我们的讨论提出了两个要点：其一，随着学生越过了基础知识和应用学习阶段，现有的评估程序也许依然有效，但不像我们希望的那样始终可靠。例如，多项选择考试可以作为基础知识的可靠方法，而要评估学生学习后是否更关心该主题，写学习日志是一个有效的方法，但同样也无法全面反映实情。其二，这些程序中的某些部分而不是全部适用于该课程的评分系统。在大多数情况下，希望学生对学科变得更加兴奋（关心）或发现学科对个人和社会的影响（人文维度）是非常可取的学习目标；但是，你可能不希望依据这些目标为学生的课程成绩评分。

二、如何应对改变带来的挑战

对许多人来说，这种新的教学方法可能与他们目前的教学方法有很大的不同，这意味着要做出很大的改变。在此，我看到两个主要挑战：接受新事物带来的风险和在整个变革过程中能否保持正面的自我形象的风险。事先仔细考虑这两项风险是非常有用的。

（一）处理风险因素

遵循本书提出的建议，教师有时会产生很大的焦虑和不确定感：我真的知道该怎么做吗？如果我尝试的话会奏效吗？如果失败了怎么办？这种不确定感可能会令人不安。所有创新都必然带有风险，冒险是可怕的。但是，避免任何创新会使人们陷入停滞状态，教师会无法提高专业水平，因而停止成长。改进需要尝试新的教学方法，即改进具有创新性。而创新不可避免地会带来一定程度的风险，这可能是一个令人不安的过程。

解决这一难题的方法在于，对创新类型和愿意接受的风险水平进行审慎的研究。首先评估你的行政状况（你是否担任职务？）和心理能力（你能轻松应对多少风险？），确定可以承受的风险。然后，根据这些信息，在不超出可接受风险水平的情况下，确定创新的数量和种类，以显著改善学生的学习数量和质量。

图 5.1 概述了上述内容。在任何给定时刻，每个人始终位于该图的最左侧。但是，我们也始终面临着一个问题，即为了成长和改善，我们愿意接受多少变化和愿意承担多少风险？

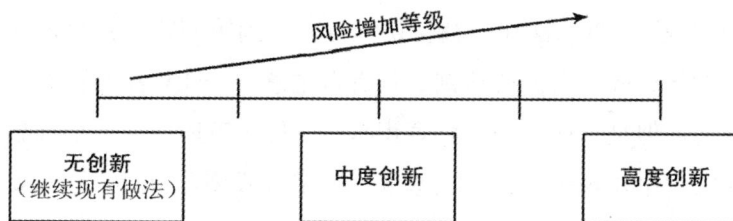

图 5.1　风险和创新

邦威尔和艾森（Bonwell & Eison）于 1991 年发表了一篇关于主动学习的文章，他们认为，希望运用主动学习的教师所面临的最大障碍可能就是风险。他们指出，障碍主要涉及两种风险：学生对新的学习方式会有什么反应，教师对新的教学方式有何感受。来自学生的风险是指他们可能不会自愿参加，抑或是学习不足（即覆盖的内容不够多）或学习得不好。另外，教师的风险是无法掌控控制权，缺少必要的技能，或会有人认为其没有履行教师应有的职责。

这些都是可以成功应对和克服的风险。邦威尔在后来出版的论著（1992—1993）中提出，有三种策略可以降低尝试新教学方式的风险。

- 选择低风险的学习活动。例如，在讲授过程中定期停下来让学生结对做某事，这比让学生开展角色扮演的风险要小。
- 选择一个课时少的活动。短时间活动比长时间活动风险小。
- 认真组织活动。如果提前考虑并预测教学活动可能的发展方向，就可以更仔细地设定活动的参数或边界，这样活动就会按照预想的发展，从而降低风险。

（二）承认持续变化的需要

对于那些试图改进教学的人来说，第二个要求是要认识到，他们真正需要的不仅是做出改变，而且是不断地改变。做到这一点需要对教学和自己作为教师的看法进行重大调整。

基根（Kegan，1994）对多阶自我意识（multiple orders of consciousness）提出了一些令人振奋的想法，这与本章内容密切相关。他假设人有五个自我意识阶段，不同地区的成年人以不同的比例达到其中的第三个阶段。在第三阶段中，人们根据他们应该做什么来解释和创造生活经验，而应该做什么的内容则来自不同的权威：父母、法律、社会认同等。达到第四阶段意识的人（根据基根的理论，大部分成年人没有达到）具有自主意识，能根据自己的自我意识创造生活的意义。但是，还有另一种意识水平，即第五阶段，人们在自己（和他人）的自我意识中发现多样性。这些人不仅掌握或创造自己，还改变自己。也就是说，他们有意识地、审慎地进行着持续的自我转变。

将这些想法应用到决定如何教学的挑战中是很有趣的。例如，经其他学者验证（Boice，1992）以及我自己的研究（Fink，1984）表明，大多数大学新教师在开始教学生涯时，都使用学生时代所遇到教师的教学方法。教学上，他们效仿自己敬佩的教师，而与他们不喜欢的教师相左。我将这种行为解释为达到了第三阶段自我意识。这些教师通过遵循自己以前教师的权威使教学富有意义。

根据自我经验和想成为什么样教师的清楚认识，这些教师通常会在入职几年后找到自己的教学风格。这似乎更接近于基根的第四阶段意识，即创造自己的教学风格和作为教师的自我意识。

但是准备好达到第五阶段的人会意识到，他们需要不断学习新的教学方法，这意味着要不断地进行小变革，并定期进行大变革。这可行吗？教师真的需要这样做吗？

答案是，真正好的教师就是这样做的。一本关于基于团队学习的书（Michaelsen，Knight & Fink，2004）提供了一些生动的案例。在该文献中，教师们描述了自己改革教学方式的原因，而在改革以前，他们已经拥有既出色又成熟的个人教学风格，通常因卓越的授课表现而获得过教学奖。他们拥有一种舒适的教学方式，学生显然是很钦佩他们的，因为学生给这些教授的评价很高。但是最终，这些教师对学生学习质量低下的状况感到不安。尽管他们的教学一致公认是好的，但学生学习却不是很好。于是，教师们开始寻找可以改变的地方。

之后，这部分教师遇到了一种强有力的教学观念（在本案例中，是基于团队的学习策略），他们认为非常有价值决定尝试一下。他们深知放弃一种熟悉的教学方式（在某种意义上仍然行之有效）所带来的高风险。一开始，他们不确定学生对新策略会做何反应，也不知道自己该如何找到新策略。即便如此，他们还是勇于冒险，希望获得更大的益处：学生更高质量的意义学习。在这些案例中，教学创新奏效了，并迅速成为教授们新的首选教学方法。新的教学策略之所以最终能够成为他们喜欢的教学方式，是因为它提高了现行的教学标准：不是以教师自身的舒适程度为准，而是以学生的学习质量为准。

对于那些努力追求卓越的教师来说，这意味着他们必须接受一个事实，教学改革永无止境。用一句老话来说，良好的教学不是目的地，只是旅程。即使在此过程中收获良好的经历，但教师依然必须时常自省，真正懂得——"我虽然已经做得很好，但还不足够好。我需要不断努力，以求更加卓越！"

三、我应该如何变化？——一项个案研究

一旦下定决心尝试新的教学方式后，就需要阐明该如何进行的问题。我曾与一位经历过这种变革的教授开展过认真的探讨，在此与大家分享。我将回顾该教授尝试改革的过程、课程改革举措的性质，以及这些改革对学生学习的影响。

春季学期，物理学教授约翰·芬诺将要开设一门两学期的课程，开课之前他与我联系。他知道我正在写一本关于课程设计的书，希望我提供给他的课程使用，同时检验我的思想。因此，我们共同合作开展教学改革，从春季学期开始一直持续到秋季学期结束。

（一）初步讨论

我们首先关注课程设计的每个主要组成部分以及它们是如何结合在一起的。讨论中，约翰提出了他想最终改变的教学领域，不过他也愿意接受其他建议。

1. 情境因素

他想重新设计的课程为"电子实验室（Electronics Lab）"，这是一门针对物理专业大二学生开设的课程，为期两个学期，通常一次招收 20～30 名学生。从一般课程体系来说，该课程对物理专业而言十分关键。在本课程中，学生应该学习如何理解并实际制造一些电子测量设备，用于他们的高年级物理课程研究。

约翰以前曾教过该课程，所以他对学生有相当细致的了解：学生将什么知识带入课程，以后有机会在哪里使用这些知识。

2. 学习目标

约翰曾听说，明尼苏达大学的物理学家提出了"丰富情境下问题解决"的教学思想，他对此特别感兴趣（见 http://groups.physics.umn.edu/physed/index.html）。他说他希望学生学习如何解决真实的、有意义的问题，而不是典型的每章末尾的练习问题。当我介绍了本书提出的概念时，他也被意义学习分类法所触动、吸引。

约翰明白，他的主要目标与应用学习有关，他希望学生学会如何开展实践。这首先意味着学生需要知道如何使用计算机为真实的、有意义的物理项目建造

电子设备。令我惊讶的是，他甚至发现人文维度的学习目标也适用于诸如物理学之类的科学核心课程。约翰希望学生理解，科学是人类的事业，因此同样具有人情味。换句话说，科学家在人格上既高贵又具有小个性。他希望学生发展自己的自我形象，成为可以从事严肃科学工作的人。他还认为，学生需要学习如何在智力项目上与他人互动，因为团队合作是当今大多数重大科学研究的产生方式。

在我们探索让学生学会如何学习的目标时，约翰将其解释为让学生学习如何使用电子设备创造知识的方法。但是，在继续之前，我们发现必须花时间问自己："物理学家所说的知识是什么意思？"这是一个非常重要的问题，因为帮助学生学习如何生产知识是约翰这门课的第二个基本目标。

3. 教学活动

在我们最初讨论希望使用的各种教与学活动时，约翰带来了两个想法。显然，他对以前使用的课本练习不满意，并希望用更具挑战性、真实性和有意义的项目代替它们。

由于现在可以使用计算机程序设计电子设备，约翰希望学生学习如何使用这些程序收集和处理数据，以设计测量设备。他想在聚焦的、真实的项目背景下做到这一点。这是物理学家在实验室中进行的活动，同样也是学生稍后在本科课程中将进行的活动。因此，他希望本课程可以尽可能地模仿随后的物理实验室工作。约翰比较熟悉如何在教学中使用小组教学，但他还想扩展并完善对这种学习形式的理解，以便在课堂上更有效地使用它。

（1）反馈和评估步骤。约翰并未提出许多关于反馈和评估方面的改革构想。但是，他对教育评估概念中包含的一些思想非常感兴趣，如：为学生提供自我评估的机会，具有明确的准则和标准，频繁且及时的反馈，等等。

（2）创建课程设计草案。在一个月后的第二次会面时，我们努力创建了一组扩展的意义学习目标，并使用我的工作表（请参阅本书附录 A 中的表 A.1）确定目标，明确每个目标的相关反馈和评估活动，以及适当的教与学活动。最终的大纲（见表 5.1）创造了一个让他感到兴奋的课程视角。在学生学习方面设定的目标肯定比约翰以前提出的更有野心。但是它也有内在凝聚力，也就是说，第二列和第三列确定了开展这次冒险所需的特定活动或工具，并且这些活动似乎都是可行的。

表 5.1　电子实验课程的初步设计

目　　标	反馈和评估	教与学活动
1.熟悉电子技术 A.了解术语 B.操作该技术 C.了解并描述该技术的工作原理	A.纸笔测验 B.实验室：操作 C.纸和铅笔：描述	A.阅读、讲授 B.实验室练习 C.向他人口头或书面解释技术
2.利用该技术生成知识 A.使用技术来回答问题 B.实际项目的设计技术 C.评估数据技术、知识和答案的有效性 D.确定并评估自己的假设	A.教师提出问题；学生们运用技术回答问题 B.教师提出问题；学生设计技术 C.教师给出一个程序或结果的案例；学生评估数据、知识、技术和答案 D.教师给出一个程序或结果的案例；学生识别并评估自己的假设	对于所有这些活动： •练习并反馈 •观察他人 •评估自己和他人的行为表现 •评估数据、知识、技术、答案和假设
3.理解什么是知识 A.学生们创造一个知识模型 B.测试复杂问题	在讨论中，学生能： A.创建一个知识模型 B.使用他们的模型来回答关于知识的问题	对于所有这些活动： •反思 •创建知识模型 •使用他们的模型回答问题
4.科学的个人和社会性质 A.理解科学的个性化本质 B.了解社会动力如何在科学工作中发挥作用	A.写一篇题为"科学工作的人文维度"的文章 B.在课外以小组形式进行非正式讨论	对于所有这些活动： •日记写作 •反思小组的个人和社会性质 •阅读科学家的工作报告 •小组讨论自己的活动，阅读材料
5.学会学习 A.你想学什么？ B.在特殊情况下：你会学到什么？你是怎么学习的？	A.期刊、论文 B.教师给出一个假设的情景；学生回答：在这种情景下需要学习什么？应该怎样学习呢？	对于所有这些活动： •使用背景丰富的问题 •使用科学的方法程序

注：本课程的技术是指计算机技术和电子测量技术

（3）开放的课程结构和教学策略。约翰曾经教过本课程，他知道这个科目的全部重要专题。但是，在课程结构的启发下，他确定了重要的专题以及包含的子专题，并为这个两学期的课程制定了一个主题结构。

从本质上讲，约翰是在让学生通过多层探究创造物理知识。学生必须首先学习掌握基本的测量设备，因为这是本课程的明确要求。然后，学生还要学习如何运用这些知识进行测量，收集有关物理现象属性的数据。学生还要使用这些属性数据对物理过程的原理和模式进行更大的推断。完成这项工作后，约翰完成了课程的基本设计并开始准备实施。

（二）第一学期

进入第一学期后，约翰发现自己还在继续思考他想引入的其他学习活动，以及将几种活动捆绑在一起的新方法。此外，他还发现了原始设计中的一些问题。例如，关于对使用计算机设计电子设备的想法（这是主要课程目标之一），他发现自己高估了学生的已有知识水平。他告诉我："刚开始上这门课程时，我要求学生展示如何使用电子设备和计算机测量该房间中的空气温度。那时，学生的回答是跑到墙上的恒温器附近，读取温度，然后将其输入计算机，并通过电子邮件发送给我。"

我问约翰，他希望学生们对这个问题的回答是什么，即他希望学生在课程结束时能够具备什么样的实践能力。约翰说，他希望学生们使用计算机，使用程序设计测量温度的电子设备，使用该设计构建实际的设备，使用该设备测量空气温度，最后评估仪器在多大程度上达到了他们的预期效果。阐明最终的学习目标对之后的课程完善非常有帮助。

约翰最初的几个想法行之有效。与主动学习和创造丰富学习经历的思想相一致，约翰让每个学生进行团体设计并制造一系列测量设备。就学生应该做的事情而言，这项作业既具有挑战性，又具有开放性，完全不同于他们以前做过的课本练习。但是，为了同时增加娱乐性和现实性，约翰还创建了一个模拟雇主，即"尼尔森兄弟控股公司"，供学生小组开展工作（尼尔森是物理系大楼的名称）。该公司会定期向学生发送设备需求项目，这些设备将来可以用于某些测量任务。学生小组需要弄清楚如何回应这些要求，也就是说，他们必须设计、建造和评估可以测量特定物理属性的仪器。

另一个非常出色的项目是约翰为大二学生安排的作业，即为"下一届师弟师妹"设计一个学习单元，也就是设计大一物理课。这项任务后来成了一个核心项目，具有强大的教育意义。在这门课程中，约翰试图提高学生对多层次学习水平的认识。但是，他不仅希望学生了解电子测量设备，还希望他们了解这些设备与物理学知识生成过程之间的关系。此外，他希望学生更上一层，以了解自己的知识生成能力（即他们的学习能力）与课程学习经历结构之间的关系。

为了实现这一目标，约翰要求学生为大一物理课设计一个教学单元。在创建该学习单元的过程中，这些大二学生被迫思考以下问题：新生应该学习什么内容（目标），他们应该如何学习（教学和学习活动），应该给予他们什么类型的反馈（反馈和评估）。在为大一学生考虑这些问题的过程中，电子实验室课程的学生变得更为成熟，并在自己的学习过程中也意识到这些相同的问题和过程。

约翰与大二学生分享了我的有关良好课程设计的想法，帮助他们完成这项活动。在我们的指导下，学生以小组形式工作，提出了一些非常有创意的学习单元。该项目促使学生回顾并进一步加深了解入门课程中所介绍的物理概念。与此同时，它帮助学生巩固了自己的电子知识，增加了对学习过程的理解，同时创造了一些对其他学生真正有帮助的东西。

1. 反思对话

与该课程的早期版本相比，另一个重要的变化是经常使用反思对话。例如，要求学生以简短的书面作业形式定期反思该课程及其特定活动。在写完这些作业之后，学生与班上其他同学分享自己的个人看法。课程结束的最后一项任务，是对课程整体进行反思，并以学习档案的形式撰写拓展论文。

2. 反馈和评估过程

约翰对学生的反馈和评估过程进行了一些大的改动。最显著的变化是将其纳入教育性评估程序。他为学生提供了高水平的反馈机制，并为他们提供了很多机会进行自我评估。

第一次自我评估是学生完成第一个测量仪器（接口盒）的时候进行的。仪器完成后，所有小组将制作的盒子放在房间中央的桌子上。然后，全班进行讨论，生成一系列准则和评估程序，来评估这些盒子。然后，所有小组根据班级制定的准则和程序评估每个盒子。练习的成绩综合了基于小组的评估和教师对仪器的评估。

当学生们努力评估每个盒子时，他们需要制定自己的评估准则，以评判电子设备的质量，这是反馈和评估过程的重要特征，之后还将进一步加强。整个项目的另一个重要方面是，学生们制作的盒子是接下来的所有练习中都会用到的工具。由于学生知道自己需要一个能正常工作的接口盒，这使得练习中的制造和评估工作都是与学生息息相关的，因此，对学生来说此任务很重要。

3. 课程期中评估

为了保持自己与学生之间的高水平对话，约翰对课程进行了中期评估。他特别要求学生诚实回答。学生们坦率地告诉约翰，他们认为哪些是有效的方法，哪些是无效的方法，非常配合评估工作。

约翰询问学生对这门课的想法和感受，然后认真地倾听和回应。这使学生们意识到约翰多么关心他们的学习情况，意识到自己是实验课程重要的一分子。因此，他们非常支持约翰，共同努力解决发现的课程问题。

（三）第二学期

约翰从第一学期获得的经验以及从学生那里获得的反馈中学到了很多东西。带着这些收获，我们一起为第二学期的课程做准备。

在此过程中，我们重新探讨了学习目标的问题。约翰讲述了他真正希望学生能够做什么，我意识到他的课程主要目标集中在应用学习上，这一点变得愈发清楚。我们共同制定了以下主要学习目标：

本课程结束时，学生应该能够设计、制造和评估用于测量物理属性的电子设备。

制定此学习目标令约翰感到"真的打中了靶心"。对主要目标进行了更清晰的表述后，我们才能够开始为该目标的关键部分——设计、制造和评估——创建评估准则和标准。

1. 改进准则和标准

我们针对应用目标提出的准则和标准越清晰，约翰衡量学生成绩的工作就做得越好。为了构建新的准则和标准，我们遵循了沃尔伍德和安德森（Walvoord

& Anderson，2010）提出的建议。首先，我请约翰描述一个不知道如何做好设计、制造和评估工作的典型学生行为，例如，一个刚开始上课的学生或者一个在课堂上打瞌睡的学生。然后描述一个知道如何做好这些任务的学生的行为。他对这两个问题的描述性回答为我们提供了构建评估准则的材料，用于评估学生的应用学习，即设计、制造和评估的能力。然后，约翰为每一个目标制定一套标准——使用简短的陈述（0～3条），描述了在每个标准上不同质量的表现水平。以下是应用学习目标中的基本评估准则。

I．设计

1．将问题概念化

2．使用计算机_____设计一个解决方案

    A.有效地

    B.高效地

3．确定测量所需的，以及可以从实验中获得的精确度和精密度

II．制造：学生制造的设备应为_____

1．有效果的

    A.正确而准确地测量

    B.仅测量所需的属性

2．效率高的

    A.使用较少的电线

    B.花费少量时间

3．坚固耐用的

4．可靠的

5．将来也可使用的

III．分析评估

1.确定仪器的工作状况

2.确定如何对其进行改进

约翰为每个准则制定了特定的标准。这些标准描述了每个准则不同层次的表现水平。以下是三个准则的高标准（++）和低标准（—）评估结果：

I.

1.概念化设计问题

++ 首先考虑误差、精确度和精密度。关注直接结果，同时也考虑到问题的改进。

—— 即使有一些提示也不能开始或继续。需要教师把一切都安排好。

II.

3.制造耐用的仪器

++ 视可靠性和耐用性为规划过程的一部分，并纳入每个步骤。

—— 可靠性和耐用性完全超出了考虑和理解范围。

III.

1.检测仪器的工作效果

++ 考虑给定测量的必要条件，如果可能的话，确保获得的数据能够明确回答手头的问题。

—— 不理解或不考虑这个问题。

重新设定的应用学习目标，以及开发的相关准则和标准，对约翰产生了巨大影响。它为约翰提供了清晰的思路和完成各种评估任务所需的工具。有了这些工具，学生可以更加专注和清晰地进行自我评估。作为课程教师，约翰能够更加自信、更加专注地评估学生的表现。更进一步地，约翰召集了该校其他学院对教学研究感兴趣的同事。他请这些同事协助对课程进行更全面、更深入的评估。该评估的结果将在以下部分中描述。

（四）变化带来的影响

第二学期末，约翰对课程和所做的变革进行了全面的评估。在具有教育性评估和数据分析专业知识的同事帮助下，他收集了学生表现的相关数据、学生对自己表现的看法以及学生对课程的评价数据。这些数据非常有力地支撑了以下结论：该课程确实成功地产生了意义学习；学生清楚地意识到该课程与其他课程有所不同；改革结果对于第一次尝试来说是极好的。根据教学评价的质量反馈，该课程在未来能够变得更好。

1. 获得意义学习

约翰还对学生完成各种意义学习的成绩做了评估。根据学生的实践成果和课堂上的观察，他感到十分满意，因为学生们实现了他为课程设定的各个目标，特别是在学习如何设计、制造和评估电子测量设备方面。

他还给学生发放了一张问卷，询问他们是否认为自己已经实现了六大类的意义学习。学生们对九种意义学习[①]（见图 5.2）进行 1～6 分（6 = 高）的评分。多数学生给该课程很高的评分，一般为 4～5 分。

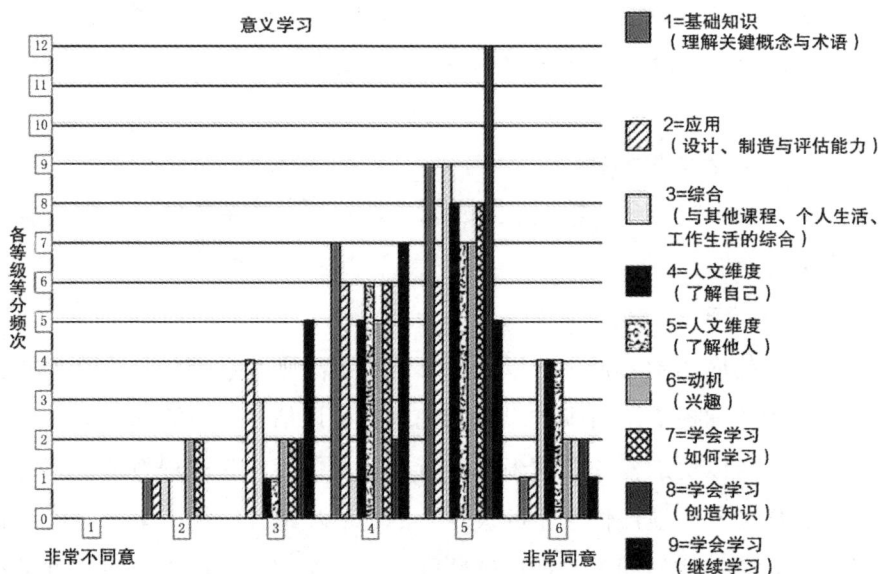

图 5.2　学生对意义学习的评价

以下评论可反映出为什么学生对每种学习都给予很高的评价。

（1）基础知识

"我不再为日常的电子产品所迷惑……我可以区分遥控器、烤面包机以及老别克车陈旧线路的内部工作原理和基本功能。"

（2）应用

"学习这门课程之前，我对电子学知之甚少。现在，我可以使用干净简单的

[①]　译者注：人文维度分为两种，学会学习分为三种，因而总数增加了三种。

运算放大器、发光二极管（LEDs）和光电二极管设计和搭建工作电路。"

（3）综合

"现在我已经从这门课程中汲取了知识，并开始将其应用到自己感兴趣的领域，例如，制造收音机。"

"这学期的课程，理论与现实的联系真的非常紧密。分析真实世界系统的能力促使我们理解电子系统是如何工作的。"

（4）关心

"我从来没有学过电子学，我现在越来越欣赏它了。"

"更新后的实验室课程让我对电子学很感兴趣。"

（5）人文维度（了解自己）

"我对自己的计算机编程技能有了更大的把握。我现在也很喜欢教别人编程。"

"我学会了如何在团队中开展行动，学会了在压力下能做什么和不能做什么（或愿意做什么和不愿意做什么）。"

（6）人文维度（了解他人）

"我必须想出如何激励其他组员的方法，我们必须更加努力地工作以弥补不足。"

"我学到了，缺乏知识的时候，向别人请教是有益的。"

（7）学会学习（如何学习）

"我明白了，仅读一本书并不能根据你的设想创造出运行稳定的电路。"

"在这门课程中，我通常采用阅读文档、系统消除变量和有根据的推测等策略，这些策略帮我成功通过了课程。"

（8）学会学习（创造知识）

"时间机制与实验室视图的连接，升级了新生实验室，使得查看电子设备数据如何应用于创建知识变得更加方便。"

"使用传感器启发了（我理解）物理学家获取数据的方法。"

（9）学会学习（继续学习／成为自我指导的学习者）

"我试着独立建立一个电流放大器。这一过程让我明白，继续学习电子技术，需要使用参考书，并向经验丰富的教授征求意见。"

"我原以为我需要继续学习数字技术，但我现在认为我需要学习更多的模拟技术。"

根据图 5.2 所示的数据和学生的意见，我得出的结论是，该课程确实成功地将意义学习提升到了一个重要地位。

2. 这门课程与众不同

到了期末，学生很清楚地意识到，此课程与他们所学的其他课程有很大的不同。一位学生很好地表达了这一观点："让学生们知道（将来）这门课程绝不会像普通的课程一样……所有的学生都会对课程的形式抱有期待。我认为处理保守观念的最佳办法是尽快消除它们。应该让学生们知道，这门课的结构与他们原先对学习过程的设想毫无相似之处。"

这门课程有多重的且更有意义的目标，广泛开展的团队工作、高水平的实践项目，以及学生经常参与生成和回应的持续的评估。总之，这些变化向学生们表明，这门课程确实不同于传统课程，特别是不同于传统的实验课程。

当下与将来。 约翰在这门课上做出的很多重大变革都是第一次，令人印象深刻。他从所在部门的教学研讨会中学习到了一些优秀的教学改革思想，也从一位指导教师（作者本人）那里理解了综合课程设计的明确含义，但约翰还必须将这些知识转化为特定课程中的特定活动。

例如，约翰能够设定意义学习目标，创建相关的、有意义的主动学习项目，并找到让学生参与教育性评估的方法。结果很接近我们的希望：高水平的意义学习结果。

此外，约翰也在学习。甚至在课程结束之前，他就已经很清楚自己想要在未来课程中实现的变革：修改特定的项目，对团队工作的监管略做变动，等等。我认为，有了这些进一步的改进，等他再次授课时，结果应该会更加令人瞩目。

约翰现在清楚地知道自己想去哪里，需要什么样的工具，以及如何获得需要的信息以继续改进课程。总之，他正处在一个强大的、基础扎实的学习曲线上。

四、课程改革的经验教训

以上的案例研究（就像所有的优秀创新案例一样，永远处于进行时），重要的是它告诉我们如何在教学中做出实质性的改变。那么，它给其他人提供了什么样的经验教训呢？

1. 对话的价值

首先，在进行重大变革项目时与其他人交流是非常有意义的。在本例中，我们有一位内容专家（约翰）和一位课程设计专家（我）。这样一个项目的对话价值，部分在于不同的人带来不同的专业知识，部分在于与课程以外的人进行对话的机会，即与学生或合作教师之外的人进行对话。正如我所做的那样，作为局外人可以问一些关于术语含义的探索性问题（例如，"你所说的知识是什么意思？"），询问教学活动的思路、计划、可能出现的问题等。在我们的案例中，找到一位有多年学校教学咨询经验的专家是非常有价值的。如果学校中没有这样的专家，学校可以聘请一位对创造性和创新性教学方法感兴趣的年轻教员。

2. 注重课程设计中主要组成部分的价值

在开始这一变革过程时，最好在适合相关教师的水平上慎重思考，综合课程设计的主要组成部分有：情境因素、学习目标、教学活动、反馈和评估。像约翰这样有着相当丰富教学经验，并对教学有着广泛思考的教师，可以从更高级的层次开始思考，比如想要实现的目标和想要尝试的创新。那些还不具备这些条件的教师应该进一步弄清楚自己的目标到底是什么，即使他们的目标就是传统的教学目标。他们应该仔细考虑教学所有组成部分之间的关系，如教学情境、教学目标、所需的反馈等，确定自己的教学过程执行效果，以及可以在教学方式上做出怎样的改变。

3. 课程重新设计尚未完善时要有着手教学改革的意愿

在课程还没有完全详细地设计出来之前，我们不得不使用最初的课程设计。然而，对课程设计的三个组成部分，即目标、反馈和评估、教和学的活动，我们确实有更好的想法。起初我们知道这仅仅是一个初步的想法，但觉得这些想法足够好，就开始着手变革了。于是我们（主要是约翰）不得不面对课程开始时的不确定性，因为那时我们的想法还比较模糊。

4. 不断努力和探索的需求

教师（依然是指约翰）还必须不断地监视这门课。有了这些信息，我们两个开始寻找方法以充实和提高自己对目标的理解。我们也在寻找方法，以创造更强大的主动学习和教育性评估的形式。在本案例中，我们最大的突破在于我们对课程的基本应用目的有了更清晰的认识，并制定了明确、具体的评估准则和标准。由此，一个好的课程设计的基本组成部分已经到位，这一组成部分的显著改进使得其他组成部分可以进行协同改进。

我描述约翰的经历，主要目的是帮助读者认识到，一个人的教学方式有可能发生实质性变化。对变革过程的工作原理有一个很好的理解也是很重要的。在本案例中，意义学习和综合课程设计的思想，成功地帮助教师找到了新的、不同的教学方法。综合课程设计与意义学习，不仅使学生的学习效果更好，使学生对课程的差异性和优越性有了清晰的认识，还创造了一个学生高度参与的学习环境。

五、会带来什么变化？

实施所有必要的改变以促进意义学习是一项巨大的挑战，对此读者可能会问：这真的会有什么显著的不同吗？我的课堂真的会有本质上的不同，会变得更好吗？学生们真的会更投入，学得更好吗？或者说，结果会和通常的情况相像吗，也就是说，会一切照旧吗？

这些都是合理的问题，也是需要解决的问题。我认为，这些程序将会带来不同，如果教师在课程设计过程中认真、系统地完成每一个步骤，教师的教学梦想就会实现。这种信念和希望的基础是什么？

22个研究案例中教师的经历和刚才描述的物理教师的经历都表明，以不同的方式开展教学确实可以对学生产生重要的教育影响。为了进一步阐明这个问题，我将分享两个教学案例，以佐证这一信念。一个来自音乐学，另一个来自社会学。

1. 乐队与管弦乐指挥课程

俄克拉荷马大学有一个专业的学生，打算在公立中小学担任乐队和管弦乐指挥，学校针对他们制定了音乐教育项目，包括为期两年（四个学期）的课程。学生通常在大二和大三时参加这门课程，第一年是 2 学分，第二年是 2～3 学分。

（1）**目标**。本课程的主要重点是应用目标。学生需要培养"在公立学校器乐课堂（乐队或管弦乐队）取得成功所必需的指挥技能、器乐教学和组织技能"。要实现这些应用目标，学生显然需要所有其他形式的意义学习。

- 基础知识：了解各种乐器、指挥技术等知识。
- 综合：能够将乐器和演奏者个体融入整个乐队或管弦乐队，并将音乐融入整个学校课程体系。
- 人文维度：清楚地了解自己集演奏者、教师和指挥于一身，还需要有与他人——包括学生、家长、管理者等互动的能力。
- 关心：对音乐和年轻人感兴趣、有斗志，对自己的责任持有专业态度。
- 学会学习：知道如何继续学习，如何提高本专业所需的各种能力。

（2）**教与学的活动**。该课程有丰富的实践经历。这一期课程的设计者认为，这个项目的学生比以前的学生需要更多的指挥经验。因此，学生们花了很多时间和其他学生一对一合作，或组成小组、大组进行合作。这种实践随着时间逐渐增加复杂性，随着教学过程的进展，学生将承担越来越多的挑战，最终全面负责指挥。

尽管本课程不太依赖教科书上的信息传递知识和思想，学生在课堂上仍然获得了很多关于如何使用各种乐器、如何在各种情况下进行指挥等方面的知识。他们需要记笔记，把笔记打印出来，并装订成一个笔记本。笔记本上需要贴有多个标签，标记出他们正在学习的专题。

学生们还需要就所学内容进行广泛的反思性对话。他们在每堂课结束后都要写一篇回顾性的教学日志。学生需要"在每学期开始时，对所有教学理念进行反思：希望、恐惧、自我评价、所目睹的有趣的教学方式、与学生或教师一起时的有趣经历，以及他们自己的成就和胜利。在他们的本科教学生涯中，该日志会继续作为一种反思工具，与专业发展的记录"（根据 M. 雷伯尔 [M. Raiber] 的个人交流）。之后，教师要求每位学生都整理一个学习资料夹，既要用到期刊上的材料，也要用到其他合适的材料。

（3）反馈和评估。这个项目充满了真实性评价。学生们经常与中小学生一起进行各种真实音乐的指挥活动。他们还定期举行正式的演出。

学生们也得到了全面的反馈。他们的指挥表演被录音或录像，他们经常收到教师的口头和书面反馈以及同龄人的口头反馈。学生们还会定期进行自我评估，在收听和观看自己的表演录音录像后，以书面形式分析和评估自己的表演。课程也为这些不同形式的评估制定或规定了具体明确的准则和标准。

（4）结果如何？这种设计良好的学习活动序列产生了几种积极的结果。首先，学生以高度的自信完成课程。他们知道自己能做得很好，因为他们已经指挥乐队演奏过很多次。

对于这一特定的课程，已经有学者研究了该教学改革的长期影响（Paul et al., 2001）。来自四个全国知名音乐教育项目的学生参与了一项研究，该研究主要探讨四种特殊学习活动（两种实践经历和两种反思性反馈）对学生毕业后第一年作为公立中小学音乐教师实际表现的影响。为了获得他们的表现数据，该研究录制了教师教学录像，然后用"教学效果调查"进行评分——这是一种由美国音乐教育协会（National Association for Music Education）成员开发测试的工具。

数据分两个层次进行分析：首先，这四个学习活动都对毕业生第一年的高质量表现发挥了积极作用。其次，研究发现只有将四种学习活动结合起来，教学项目才会对学生的学习产生重大影响。根据参加四种学习活动的次数，所有参与者分为三组（高、中、低）。在 10 分（低）～ 50 分（高）的范围内，低组和中组的平均得分为 25 ～ 28 分，高组的平均得分是 40 分。本节所述课程的毕业生主要属于后一类。显然，综合运用意义学习目标、主动学习方法、广泛开展的教育性反馈和评估后，这些学生做好了准备，可以在公立学校的音乐教育中扮演重要角色，并且其所做准备的充分程度与其他学生有显著的不同。

2. 社会学中的服务式学习

加州克莱蒙特匹泽学院（Pitzer College）社会与墨西哥研究副教授乔斯·考

尔德伦（Jose Calderon），是服务式学习中最引人注目的实践者之一。他有着自己独特的生活经历，曾与西泽·查维斯（Cesar Chavez）共事过，也曾在农场工人联合会（United Farm Workers）工作，这些经历改变了他的生活，也改变了他作为一名教师的理想（Calderon，1999；另请参见 Enos，1999）。

考尔德伦的每一个学生拥有各自不同的社会背景，但并没有接触过与自己不同的人。考尔德伦的总教学目标之一是拓宽学生的社会经验。通过将服务式学习纳入他的一门主要课程——"农村和城市种族运动"，结合其他工作，他达成了这一目标。

（1）**目标**。在意义学习目标方面，考尔德伦明确地把重点设置为帮助学生了解多元文化下现代社会的人性。他希望学生们更好地了解自己，以及自身经历的价值和局限性，理解这些经历都是由特定社会过程造成的，并且更深地了解那些生活在与自己截然不同的社会环境中的人。不过他再次意识到，要实现这一目标，还需要支持其他类型的意义学习目标。学生需要掌握社会差异和多元文化的基础知识。他们需要培养批判性和创造性思维，需要管理复杂项目（应用程序）的能力。另一个非常重要的学习目标是综合，学生需要学习如何整合工会活动、社区发展和高校资源。学生经常意识到，需要改变自己的价值观体系（关心）。通过更加自觉地意识到新社会经验的作用，批判性地分析自己的思想等，让学生在自我知识和未来教育中学会如何学习。

（2）**教与学活动**。本课程包括主动学习的所有要素。服务式学习要求学生与农场工人一起工作生活几个星期，由此获得丰富、强大的实践和观察经验。学生通过大量阅读社会学理论和农工社会学，获取新的知识和思想。最后，学生还要与自己、与他人进行广泛的反思性对话，通过撰写学习日志、反思性文章，以及经常进行的讨论，学生对这个科目和自己的学习过程进行反思。学生提出的一些问题如下："为什么一群人以某种方式对待另一群人？我上过'优秀'的公立学校，为什么从来没有听说过粗暴虐待农场工人的问题？"

为了回报热情好客和分享知识的工会，学生们通过戏剧展现自己所学到的东西，于是另一个丰富的学习经历产生了。在这项活动中，学生必须学会如何合作，如何批判性地思考自己所学的知识，以及如何创造性地以戏剧形式来表达自己的情感和想法。

（3）**反馈和评估。** 学生在真实的环境中工作，而环境本身能够以自然、频繁的方式为他们的表现提供富含意义的反馈。他们还能从同伴和教师那里得到反馈，了解自己在农场工人社区的学习质量和工作表现。基于此，学生能够利用自己的反思性日志进行自我评估。

（4）**结果如何？** 考尔德伦描述了学生在这门课程中经历的一些重大变化。首先，如前所述，一些学生（特别是那些来自更友好社区的学生），开始对以前的学校和社会生活提出严肃的反思，发现之前的生活似乎蒙蔽了自己的教育。其他具有与农场工人相似背景的学生则认为，大学可以帮助自己找到办法，以解决长期存在的社会问题。其次，学生们开始意识到自己的政治潜力。如果他们组织起来，真的可以在各个社区产生政治影响。最后，很多学生们发展出了一套新的、坚定有力的人生价值观。为了证明这一点，考尔德伦分享了一个学生的故事。该学生最初非常保守，甚至质疑工会的合法性。在课程学习期间，他利用春假参加了服务式学习项目。后来，他给考尔德伦写了一封信，描述了这门课程及相关经历如何改变了他的一生。这名学生提出，他决定改变自己的职业计划，从事社会福利类的工作，以增强人们的职业能力。而在这之前，他的目标是进入一家美国企业，赚大钱（Calderon，1999）。

3. 对两个研究案例的评论

希望这两个案例能让读者相信，如果教学设计得当，会收到意想不到的效果。在这两个案例中，教师都采用了雄心勃勃的意义学习目标、强有力的主动学习和富含意义的教育性评估。特别值得一提的是，两者都运用了丰富的学习经历和广泛的反思性对话，正是第四章所建议的两种总体策略。结果是，在每一个案例中，学生都获得了明显的、独特的、强有力的意义学习经历。

六、本章的更新内容

2003 年首次出版时，本书分享了一个关于课程设计的新思想，但是除了本章提及的这位物理教授之外，很少有人使用过这些思想。当然，这种情况现在已经改变了；数千名教授阅读过本书或参加过关于这些思想的研讨会。因此，2009 年，我和阿莉塔·芬克（Arletta Fink）在《教与学新方向》（*New Directions for Teaching and Learning*）杂志上，编辑发表了 10 篇论文的合集。作者们在文中描述了自己如何运用这些思想，以及运用这些思想时发生了什么。在文集的最后一篇文章中，我们总结了其他人可以从这些作者身上学到的经验，并提出了三个问题。这三个问题与本章提出的问题非常相似。这些经验很重要，值得在这里以总结的形式与大家分享。

（一）第一个问题：能做到吗？

这期《教与学新方向》的所有作者，都提供了定量或定性数据支持自己的观点。他们确实取得了成功：既提高了学生的参与度，又实现了芬克意义学习分类法中的六种学习。

1. 提高学生参与度
一个艺术史和哲学教学小组报告说："当教师少讲课，多安排小组活动与讨论时，教室里的能量明显增加……（事实上）新的活力显而易见。"

2. 实现六种意义学习
中央康涅狄格州立大学（Central Connecticut State University）的几位教授对六门不同课程的数据进行了元分析。他们得出的结论是：使用综合课程设计方法重新设计课程，学生可以在芬克分类法的所有六个学习类别中都取得显著的进步。

（二）第二个问题：如何做出实质性的改变？

这十篇论文的作者之所以被选中，部分是因为他们在提高学生参与度和改善学生学习方面取得了优异的成绩。他们做了什么？他们成功的秘诀是什么？有很多重要的因素。

1. 第一个因素：批判性地审视自己（及同事）正在做的事情
和大多数教师一样，这些作者原本也是按照自己的方式进行教学，因为他们在研究生学习期间很少或根本没有接受过正式的教学培训。但与大多数教师不同的是，他们不愿意接受"还可以"的教学现状。尽管其中的许多人已经是学生口中的"好"教师（这些教师的学生考试成绩和其他课程的学生差不多，但他们在学生评价中获得了很高的分数），但他们不愿意接受目前的学生参与度和学生学习水平。

2. 第二个因素：广泛寻找新的和更佳教学理念的意愿

同样，这些作者与众不同的地方在于，虽然他们也不满于他们学生的表现，但他们对此有不同的反应：他们没有责怪学生。相反，他们反问自己："我能做些什么改进呢？"所以他们把时间花在教师教学能力发展上，他们参加研讨会、阅读书籍，并与了解并尝试新教学思想的同事交谈。正如两位经济学教授所说："如果我们想让学生改变，自己就必须首先做好改变的准备。"

3. 第三个因素：真诚而负责任地运用新思想

不幸的是，人们往往在发现一个令人兴奋的新思想的同时，却忽略或歪曲了其中的重要部分，从而削弱了它的有效性。但这十篇报告的作者都恰当而有效地运用了综合课程设计的思想。在改革过程中，一些人评论说，意义学习分类法让他们有了更广大的梦想，并提供了一种语言，让他们能够含蓄地表达自己的渴望。作者们还指出，综合课程设计程序为他们提供了所需的工具和结构。中央康涅狄格州立大学的教授们说："我们所有人都想改变自己的课程，但（以前）并没有帮助我们实现这些目标的结构。"

4. 第四个因素：针对不同情境和学科主题创造性地使用新思想

虽然这看起来与前面的经验相反，但实际上是一个必要的补充。坚持新思想的重要原则是很重要的，但要创造性地运用到新情境、新学科主题的具体问题上。以下是两个创造性运用新思想的案例。

- 一位音乐作曲教授要求学生不仅仅理解歌曲的作曲结构，还要改变这种结构，以反映与歌词之间更直接的关系。
- 一位会计学教授报告了自己的灵感，她反问自己："我为什么要自己创建案例？为什么不让学生去创建税务案例？"

5. 第五个因素：坚持

我们中很少有人能够尝试大的改变，并在第一次尝试中完全成功。根据我的经验，以及我和很多人交谈过的情况，教师经常需要多次尝试才能把事情做好。这些作者必须完成所有成功的创新者都在做的事：坚持最初的想法，并贯彻到底。在这些案例中，他们经常不得不学习如何以更好的方式制定学习目标，找到更好的方法实施主动学习，或者想出更好的方法评估新的学习类型。但他们确实坚持进行必要的改革，并因此取得了显著的成功。

（三）第三个问题：这对我们，对教师和学生都有益处吗？

为了促进我们在教学上做出重大改变，教师和学生都需要得到一些益处。有这样的益处吗？作者们对这个问题的回答很明确——"有"。

几乎所有的作者都提出，他们再次对教学产生了新的乐趣。看到教室一半是空的，注意到有一半的学生课堂上发短信或查看脸书（Facebook），或者看到学生在考试中表现平平，让教师失去了教学乐趣。但是，如果我们能够改变课程，从而产生更高的出勤率、更大的参与度和更好的学习效果，你会在教师身上看到教学的乐趣。这些作者发出了诸如"改变了我的职业生涯"和"改变了我的生活"的感叹。

对许多教授来说另一个好处是，在课程设计上做出的实质性改革，使他们处于更加有利的地位，为教与学的研究做出贡献。这些作者中的许多人受邀在大学活动中发表演讲，还有一些在区域或国家会议上发表演讲，还有一些人根据跨文化经验在国家级期刊上发表文章。

七、结　论

我希望读者能从这一章的案例和分析中得到三个主要的经验教训。

第一，设计课程以支持意义学习确实是可能的。本章描述的几个研究案例中，教师成功地产生了多种意义学习。如果他们能做到这一点，在不同的教学环境和不同的学科领域，其他人也能做到。

第二，教师如何推动这一更具雄心的学习议程至关重要。这些教师首先需要使用主动学习，特别是更多和更有创造性地利用丰富的学习经历和反思性对话。此外，许多教师发现，重要的是要在评估学生学习的方式上做出实质性改变，使用教育性评估原则。这表明，综合课程设计模式确实有效地推动了教师行动，促进了更高质量的学习。它可以提供一个改进课程的路线图。

第三，如果一位教师确实制定了意义学习目标，并且确实使用了主动学习和教育性评估的要素，那么它能够而且必将产生影响。这将对学生的学习体验质量产生很大的影响。这些课程中的学生知道并理解，自己拥有不同的学习经历，他们会看到此类学习的特殊价值。

在此，想和大家分享一些我与其他教师合作的经验，这也是本书撰写的主要目的。我看到教师们成功地在教学方式上做出了实质性的改变，这是一件令人崇敬的事。我也看到了他们的奉献精神和对科学新思想的需求。但更重要的是，我看到了这种改变对教师和学生的影响。学生们对课程越来越投入，学习得也越来越多。当教师看到学生参与度和学习结果时，他们会重新获得教学的乐趣。取得这些成绩的教师中，既有想要解决问题的教师，也有想要变得更好的教师，尽管他们已经做得很好了。

希望本书的内容能说服读者勇敢地接受邀请，改变他们的教学方式。这些想法和案例将帮助他们找到方法让学生们获得学生想要的、值得的学习。

第六章

为教师提供更好的组织支持

```
                              教师当前面临的问题
                              教师需要什么    意识、鼓励、时间、资源、学生合作、认可和奖励
                                              针对个人和社会学习需求建立一套教育目标
                                              制定能够实现教育目标的教学项目
                              学院与大学的支持   创建一个完全支持教学项目的组织结构
                                              制定政策和程序，服务教师有效开展工作
                                              进行与学校教育目标相关的院校评估
                                              改革教学评价和教师评价相关程序
                              四项具体建议       改进教学评价程序
                                              建立教学中心
                                              协调学生发展与教师发展
  为教师提供更好的组织支持        帮助高校界定什么是好的教学活动  基于优质教学的全国声誉
                                              认证机构
                              其他全国性组织的支持  资助机构
                                              学科协会
                                              高校教学期刊
                                                   意识
                                                   鼓励
                                                   时间
                              综合所有因素，更好地支持教师   智力和情感支持
                                                   学生合作
                                                   认可和奖励
```

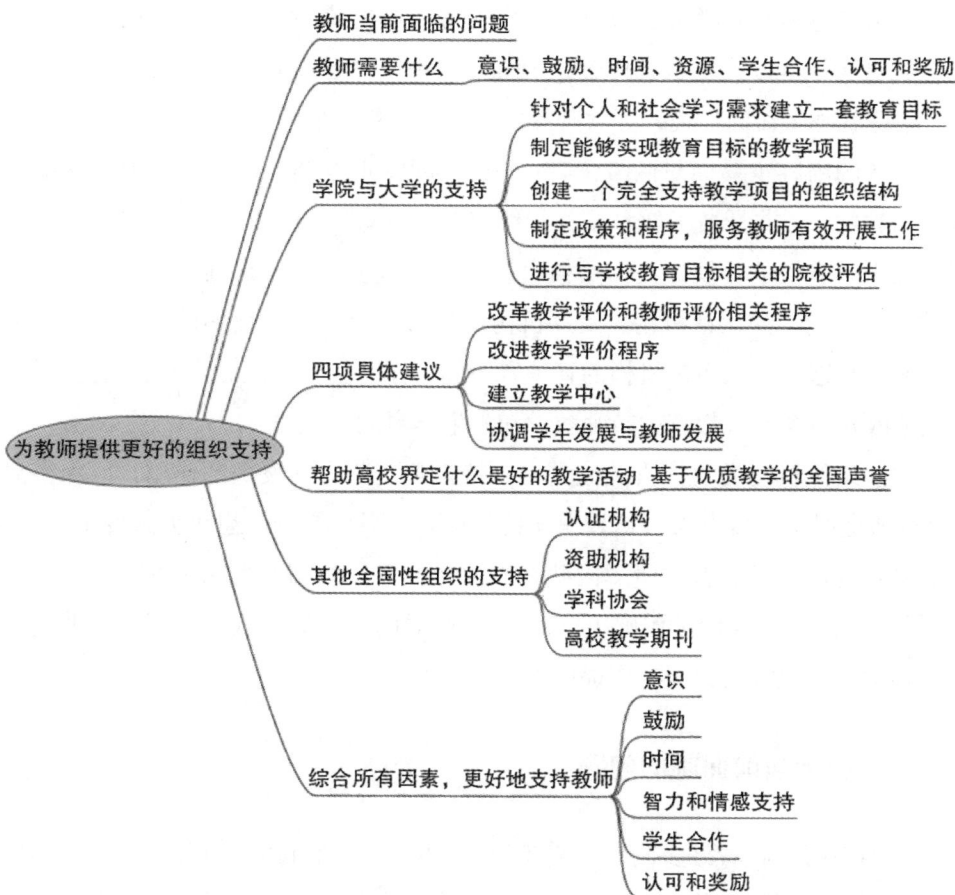

本书描述的新教学方法对学生的学习和教师的满意度都有很大的影响。然而，实施这些新方法使之有机会成为普遍的现实，还需要高等教育各类组织机构，塑造教师工作新环境，为教师提供更好的支持。

　　本章的内容主要面对两类读者：一类是即将走上领导岗位并努力实现组织变革的教师；一类是高等教育各类组织机构的现任决策者。学院和大学为教师工作提供了直接的环境，是需要做出改变的关键组织。但是其他的组织机构也有重要的影响，如认证机构、资助机构、学科协会、大学教学研究期刊。如果教师能够与这些不同组织机构的管理者一起工作，就有可能做出有意义的变革，极大地改善整个高等教育中教师教学和学生学习的环境。

　　这些组织机构需要认真关注其在支持教师变革方面发挥的作用，原因很清楚：教师是课程的负责人，是教学项目的核心。只有教师的思维方式发生改变，才能真正提高大学教育质量。因此在当前情况下，教师本身和组织机构领导者需要更清楚地了解到教师面临的问题以及所需的支持。深入的分析将帮助我们探讨各主要组织机构共同合作提供支持的方式。

一、教师当前面临的问题

　　教师当前面临着许多问题，需要每个人对其有所理解。首先，教师和其他人一样都是习惯的产物。正如学生们上课有时只是走过场，没有好好考虑自己在做什么，教师也会走过场，教得毫无意义。他们可以遵循自己的常规模式，而不需要花时间（或无法花时间）仔细检查教学各方面工作的质量，也不去学习相关理论，以提供更好的教学。

而那些认真反思教学的教师则常常面临着第二个障碍，即很少或根本得不到他人的鼓励。同事们除了抱怨学生之外，很少花时间互相交流教学事宜。他们不会就自己正在尝试的新思想交换意见，也不会庆祝彼此在尝试新事物时取得的成功。

但是，在那些关心教学质量的院系中，教师还会经常遇到另一个问题：没有足够的时间学习并准备不同的教学方法。在大多数组织机构中，主流观点是教师工作只包括教学、研究和服务。这种观点并没有为教师提供任何"负荷"时间，让他们在教学或其他任何事情上致力于专业发展。

即使专业发展意味着要超负荷地工作，那些积极主动的教师无论如何都会挤出时间，但同时也很容易被大学教学中大量的优秀著作、文章和思想所淹没。应该从哪里开始？谁可以帮助他们决定从哪里开始？从哪里可以得到一个关于教与学的框架性概念，在不断增长的关于大学教学的大量文献中，帮助他们确定哪些是主要思想，哪些提供了支撑性细节？

在教师最终尝试一个创新的思想时，有时还会遇到不合作的学生。如果学生还没有考虑过自己的学习，不知道什么样的教学最有利于好的学习，也可能反对教师改变规则，反对教师创造新教学情境，反对新情境下的新规则和新期望。

即使是那些尝试了新教学方法并取得成功的教师，仍然面临着一个真正严峻的问题。有时，他们面对的是这样一些同事与一种教师文化：他们要么漠不关心，要么妒贤嫉能，要么把努力和成功归因于教师的不纯动机，比如迎合学生，要么责备教师把时间花在教学上，而没有专心研究。

当然，并非所有的学院和大学都存在这些问题，但我走访了许多不同的校园，我确信每个组织机构的教师或多或少都面临着其中的一些问题，有时甚至是全部问题。

二、教师需要什么

想要改变目前的情况，教师必须具备六个关键条件。

- **意识：**首要的要求是教师意识到自己需要学习和改变，然后，需要支持组织机构开展变革——这将影响他们所处的环境。

- **鼓励：**教师需要知道，有其他人重视他们作为教师的专业发展和有效教学的能力。

- **时间：**教师需要帮助，挤出必要的时间，学习有关教学理论，修改课程设计和院系的教学项目。

- **资源：**教师需要获得咨询服务、支持小组、阅读材料，参加研讨会和会议，获取改变所必需的智力和情感资源。

- **学生合作：**教师需要学生的理解，需要学生知道是什么构成了好的学习和好的教学。

- **认可和奖励：**教师做出了提高教学质量的努力，在成为更有效率的教师方面取得了成功，这些都需要得到正式的认可和奖励。

这六个条件是相辅相成的。这意味着，如果想对教师的教学改革创新能力产生重大影响，就必须改善所有六项条件。要实现这一目标，需要所有参与高等教育的主要组织机构协同努力。

怎样的组织变革才能更好地支持教师努力改进教学？本章的其余部分将针对这个问题提出一些想法，而且本章主要注意力将会集中在学院和大学所需要的改变上，原因有二：一是这些机构对大学教师有最为直接的影响；二是教师如果共同努力，就有相当大的机会在这一层面上做出改变。但是，其他组织机构也发挥着关键作用，能够提供高校自身无法提供的各种重要支持。因此，关于这些组织机构可以做什么，我也将分享一些自己的想法。

在本章的最后，我将展示这些组织机构应该如何联合起来，共同帮助教师做好准备，为学生创造新的更佳的学习经历。

三、学院与大学的支持

学院与大学的组织和运作方式是影响教师创新和改进教学方式的最重要因素。这些机构构成了教师工作的直接环境。这句话的含义很明显：为了让教师学会如何创造并提供更好的课程和教学项目，这些机构必须研究支持教师的方式，或者打破障碍的方式，然后适当地修改当前的做法。这种观点只是承认了一个事实，即有效的教学发展与有效的组织发展相联系，并依赖于有效的组织发展。

这些机构中的决策者和领导者——管理者、教师领导者、教学顾问、学生发展人员等，必须不断地问自己："我们个人和集体能做些什么，如何帮助教师和学生创造更多意义学习经历？"机构的领导者在思考这些问题时，需要考虑机构的整体、多维的反应和具体的行动，这些行动直接影响到教师创造更好的教学项目的积极性和能力。

多维度的机构反应

鉴于当前高等教育的变化，未来几年乃至几十年，所有高等教育机构的领导者都必须不断反思各自机构应该如何运作。一切照旧是不够的。应对未来挑战的最佳办法是，各机构领导者要学会如何通过制度做出多维度的反应。做出全面的制度反应，其价值和重要性怎么强调也不过分。如果业务的一个方面发生变化，而其他方面保持不变，那么最初的变化也不会持续，不久机构业务将恢复最初状态。

在回顾了一些关于组织有效性的观点（Heifetz，1994；Kotter，1996；Fullan，2001；Fullan & Scott，2009；Christensen & Eyring，2011），并对如何将这些观点应用于高等教育机构进行思考的基础上，我开发了如图6.1所示的制度有效性的多维模型。该模型提供了一个概念框架，用于确定机构运作中需要注意的关键方面。

这个模型基本上表明，如果一所学院或大学想要成为高等教育的有效提供者，必须首先对作为一种特殊机构的卓越教育目标具有清晰和可衡量的愿景。然后，需要创建教学项目，以满足这些教育目标；需要组织结构、政策和程序，以支持这些项目；最后开展严格的评估，评估其教育目标实现的情况。

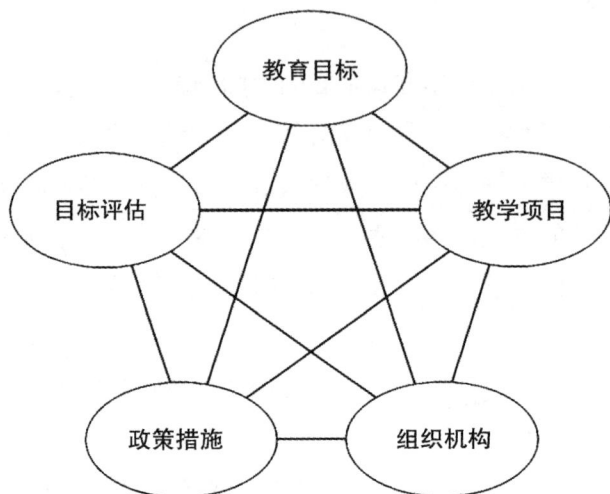

图 6.1　制度有效性的多维模型

如果领导和机构管理者看到了应对高等教育环境变化做出多维度反应的价值，那么这种反应将意味着什么？这里有几个理念，可以供实施者参考，这些理念也得到了来自不同机构的案例支持。这些机构，包括我自己所在高校，对他们的教育目标和创新需求做出了多维度的反应。

1. 针对个人和社会学习需求建立一套教育目标

想要在竞争更激烈的环境中运作，教育机构需要学会如何更多地考虑个人和社会的教育需求，以此作为发端并努力满足这些需求，而不能从现有结构和资源中产生的想法开始。目前，很少有学校拥有明确的教育目标。当你问教师或学生所在学校的教育目标是什么，大多数人会说不知道。一些来自小型学院的人可能会说目标是"提供良好的通识教育"；来自大型大学的学生可能会回应说，目标是"提供全方位的高质量教育机会"（实际引用自某大学网站）。有时个别院系或课程有明确的目标，但通常整个学校并没有。

这就给学生留下了一个问题。虽然学校创建了通识教育课程，但学生要跨院系学习多个课程。如果学校层面上没有一致的教育目的，学生们常常会觉得他们获得的教育碎片是分散的、孤立的、彼此无关的。这是美国院校协会

（AAC，1985[①]）的一个委员会几年前对美国高等教育提出的主要批评——我觉得今天依然适用。

当前，在多元变化的社会发展趋势下，高等教育机构正面对转变为专业的"职业"学校的周期性批评，亟待针对什么才是良好的教育目标达成共识。在明确共识的过程中，必须牢记学生和社会对教育服务的四个基本目标。

- **个人生活：**想办法让自己的生活更充实、更有意义。
- **公民身份：**在未来参与的多个政治机构中，成为更有见地、更有思想的公民。
- **社会关系：**学习如何在正式和非正式的关系中以更积极的方式与他人交往。
- **为进入职场做准备：**培养一系列在当今和未来的职场中都很重要的能力。

AAC & U 是一个在高等教育的高质量学习方面为国家输送重要领导人才的组织。2009 年，他们出版了一本主要专著，确定了"新世纪大学教育"的重要类型。书中，他们确定了四种主要的学习方式，每一种都有若干子类别。

了解人类文化和自然世界

- 目的是让学生参与重大问题的讨论，包括当代问题与长期性问题

知识和实践技能

- 探究与分析
- 批判性思维和创造性思维
- 书面及口头沟通
- 数字素养
- 信息素养
- 团队合作和解决问题

个人及社会责任

- 公民知识和参与——区域性和全球性
- 跨文化知识和能力
- 道德推理与行动

---

① AAC是美国学院和大学协会（AAC & U）这一机构的前期名称。

- 终身学习的基础和技能

综合学习

- 一般研究和专门研究交叉的综合素养与高阶素养

自该书出版以来，许多机构已经基于 AAC & U 列表，设定了全校范围的学习目标。

与 AAC 和 AAC & U 的报告一致，我的基本建议是，学院和大学机构的教育目标需要满足以下三个一般标准：以学习为中心，涵盖广泛的教育需求，足够具体且可以衡量。一个高等教育机构如果不知道"良好教育"的含义，是不可能设计出能产生良好教育的课程的。这样的教育目标会是什么样的呢？为了回答这个问题，我将提供三个高校的目标表，说明整个学校目标可能是什么样子。我还将描述这些高校为支持设定的目标所做出的组织调整。

第一个例子是威斯康星州密尔沃基市的阿尔维诺学院。这所大学以一种全新的、不同的、有效的形式进行自我再造，成为美国高校改革的最著名案例之一（Mentkowski，1999）。该校领导人在 20 世纪 70 年代就开始了改革过程，他们设定了自己的教育目标，希望所有毕业生都具备八项能力。这八项能力随着时间的推移会发生轻微的改变，但是也具有高度的稳定性。目前该校教育目标为：交流沟通、分析研究、解决问题、决策中的价值观、社会互动、全球视野、合格公民和审美反应。阿尔维诺学院的毕业条件是，学生必须在这八项能力中至少表现出中等以上水平的熟练程度，并在其中四项能力中表现出较高的能力水平。

第二个例子是俄亥俄州的博林格林州立大学（Bowling Green State University，BGSU）。BGSU 是一所中等规模的大学，有 21000 名在校学生。从 2000 年左右开始，他们就致力于课程改革。该校目标使用了 AAC & U 列表中的一般类别，但在每个主要域内创建了自己的子类别。例如，在"知识和实践技能"领域，BGSU 列出了以下这些大学学习结果（批准于 2009 年）：

到毕业的时候，BGSU 的学生将在一个主要的学习领域表现出对学习结果的掌握，并证明他们可以……

成为批判性和建设性的思考者

1.探究

2. 创造性地解决问题

3. 审视价值观

有效沟通

4. 写作

5. 展示（包括使用非语言形式的沟通和各种媒体，以及基本的口头沟通技巧）

让他人参与行动

6. 参与力

7. 领导力

为了进一步支持这些学习目标，BGSU 的学术领导人鼓励学生使用电子文件夹展示他们实现这些学习目标的成果，并为这七个学习结果分别制定了四个发展阶段。关于学习结果和 BGSU 如何使用电子档案和量规的更多信息，请参见 http://www.bgsu.edu/offices/assessment/。

第三个例子是哥伦比亚波哥大的埃尔博斯克大学（La Universidad El Bosque）。这所大学的高级管理人员在过去的几年里与我合作，将这所大学发展成为一个以学习为中心的高等教育机构。在这一改革的初期，他们利用意义学习分类法，制定了一份全校范围内的学习目标清单（Universidad El Bosque，2011：41-42）。以下是他们期望所有学生具有的学习结果，不分专业：

基础知识

• 培养具备良好学术素养和扎实知识的专业能力，能够在研究领域做出贡献。

• 培养专业能力，能够了解和理解各种文化知识和实践。

应用

• 从生物心理学、生物伦理学和人文主义的角度，培养识别、制定和解决问题并提出项目的能力。

• 培养批判性、调查性和探究性的态度，以获得自由的思想。

• 培养将知识应用于实践的能力。

综合

• 通过了解环境、社会、文化、经济等方面的现实，培养促进社会转型和创业的技能。了解哥伦比亚人口的政治状况，能够跨学科参与解决主要问题和冲突，以建立一个更加公平、多元化、参与性、和平化的社会。

- 培养参与全球化进程的技能。

人文维度

- 培养作为一个完整的人的技能，能够照顾自己，具有深刻的道德承诺，欣赏和尊重多样性和多元文化，促进生命文化和环境保护。
- 培养团队合作能力。

关心

- 在个人和机构领域做出高质量的承诺。
- 培养提高公民政治和公民承诺的能力。

学会学习

- 培养学习和更新自己的能力，使自己成为一个自主的个体，并对自己的培训负责。
- 培养口头和书面交流能力、阅读理解能力、抽象能力和分析能力。
- 根据选择、职业和生活计划，培养掌握第二语言的技能，促进与同龄人的交流和对学科文献的理解。

这个机构令人印象深刻的特点之一是，他们另外逐步制定了一些重要的支持政策和程序，使这种学生学习愿景成为现实。首先，他们要求大学内的每一个学院或每一个教学项目都开发出适合其主题的学习结果。其次，他们使用了多种资源——全体教员研讨会和在线课程——旨在帮助全体教师学习如何将全校范围和专业范围的学习目标纳入自己的课程。再次，为了加强开设以学习为中心的课程的期望，他们为学校所有课程制定了一个模板。这个模板要求说明课程的学习目标（使用意义学习分类）以及相关的学习和评估活动。最后，他们创建了一份文件，要求所有教授在课程结束时反思课程设计应如何帮助学生实现课程的学习目标。这支持了持续改进的制度性目标。

如果学院和大学的教职员工和行政人员能定出符合上述三条标准的全校教育目标：以学习为中心，涵盖广泛的教育需求，足够具体且可以衡量，该机构的领导人将处于有利地位，可以审查其运作的其他方面，并为实现这一愿景需要的其他变革做出决定。这些"其他变革"包括以创造性的方式改变教师（在教学方面）和学生（在学习方面）的观点和行为。如果没有这些相关的变化，对学习结果的期望将只不过是一厢情愿的想法。

2. 制定能够实现教育目标的教学项目

在撰写这本书初稿时，碰巧我女儿即将高中毕业，需要申请大学。她对大学的地理位置（美国中北部各州）、特定专业（室内设计）已经做好了选择。我们还希望选择的大学具有良好的总体教学项目或通识教育项目。我们查看了许多大学的目录和网站，发现大多数大学的总体教育目标陈述都非常吸引眼球。但是，当看到实现这些承诺的项目时，我们发现这些计划看起来几乎都是一样的，并不足以实现既定的目标。大多数大学生都只能拥有常见的课程结构，在这种结构中，学生必须满足一些分类条件并选择某个专业。

在各个高校的教学项目中，我们没有看到任何能大幅提升学生批判性思维、沟通、写作、计算机素养、全球视野、多元文化生活等能力的计划调整。我们想要的不仅仅是学习一门与这些目标相关的课程。如果有"贯穿整个课程的写作"（或批判性思维、全球视野，或贯穿整个课程的任何东西），那么为实现预期学习目标提供多重机会的课程结构在哪里？协调或联系这些经验的课程结构又在哪里？我们还想要一个强大的教师发展机构，这样教师就会知道如何实施课程。优秀的大学正在做的和其他大学需要做的都一样，就是要仔细观察希望在毕业生身上看到的学习，然后问自己："为了达成这些目标，学生需要什么样的学习经历？我们的课程如何帮助学生获得和发展相关技能、知识和态度？如何通过课外和辅助课程活动、宿舍活动和学生组织，协调学生的课程学习与特定体验？"

越来越多的学院或大学发现了设立特殊教学项目的巨大价值，原因在于它既能够帮助学生更好地理解学习，又能够帮助教师更好地理解教学。在学生方面，一些大学已经开设了大一甚至大四的课程，鼓励学生成为更有自我意识的学习者，反思目前正在学习的东西，还需要学习什么以及如何才能最好地学习。此外，个别教授也在学习如何在自己的课程中帮助学生成为更有效的学习者。桑德拉·麦圭尔是路易斯安那州立大学的化学教授，曾参与该校的"学生成功项目"。她结合这两种观点，为学生们设计了一个特别的一小时活动，帮助他们重新思考与学习有关的观点和行为。她的学生参加这个活动的比例很高，那些经常参加该活动的学生在随后的考试中表现得更好。其他教授纷纷效仿，也取得了类似的成功。此外，正如本书第二章所述，圣塔克拉拉大学的斯蒂芬·卡罗尔在他的大一英语课上取得了重大成功，他帮助学生调整作为学习者的行为，以实现各自的职业和生活目标。

在教职工方面，主要有三种具有积极影响的活动。第一种与课程结构有关。例如，伍斯特理工学院（Worcester Polytechnic Institute）最近发表了一篇关于该校课程起源和结构的文章（Vaz，2012）。20世纪60年代，该校教师认为课程机械僵化，几乎没有给学生留有选择的余地，也几乎没有给教师留有教育创新的空间，他们感到十分不满。1970年，该校推出的新课程经过多年的发展已经日趋成熟，主要内容经受住了时间的考验。该计划背后的关键思想是"让学生深刻理解基础知识、技术进步和人类需求之间的相互关系"。为了发展这种教育，他们设置了五种基于项目的学习经历，与常规课程并行。

宏观问题研讨会： 所有大一学生都要参加一个宏观问题研讨会，在会上讨论人类面临的主要问题，例如，能源、粮食安全、公共卫生、教育或可持续发展。这些研讨会通常由一位工程师和一位社会科学、人文学科或商学教授共同授课。

人文和艺术素养： 在整个大学期间，学生需要在人文和艺术方面选择一个特定的重点领域（类似于辅修），目标是创建一个能够终身参与的领域。

交互式认证项目（IQP）： 这是一个9学时的研究项目，不是一门课程，也与学生的专业无关。

专业认证项目（MQP）： 类似于IQP（9个学分，专注于研究、学生小组、教师指导），但聚焦的是解决专业领域的问题。

全球视野项目： 这是可选项目，但是学生参与度很高。伍斯特理工学院超过60%的学生都会参加，他们需要在校外完成至少一个学术项目，其中有大约50%的学生会在海外完成至少一个学术项目。这种高度参与，部分原因在于它不是一个区域研究项目，也不是一个实习项目，而是一个由教师主导的、情境化的、解决实际问题的活动。

这种课程结构之所以成功，部分原因在于教师们遵循了以下指导原则：① 连贯性和互通性；② 跨课程的实践学习；③ 跨学科参与；④ 实证精神和创新文化。

教师的第二类重要活动是设计、开发学生成绩水平评估标准。一旦一个高校决定采用一套学习结果评价体系，并期望在全校范围内或整个教学项目范围内使用，问题就变成了："我们的学生在多大程度上实现了这些目标？"回答这个问题需要一套量规（rubrics）；量规由准则和标准组成。每个主要的学习结果都需要一套准则（尺度）和标准（尺度上的标记），可以应用到学生的工作中。20世纪70年代，阿尔维诺学院是美国第一批为全校范围的学习结果创建一套完整量规的学院。最近许多高校也做了同样的工作，包括前面提到的博林格林州立大学。

第三类也是最近十分流行的活动是鼓励教师发展教学能力。越来越多的高校正在使用颁发教师资格证书的办法，鼓励教师参与这项活动。在明尼苏达州立大学曼卡托分校（Minnesota State University-Mankato），卓越教学中心主任斯图尔特·罗斯（Stewart Ross）于2004年启动了教师教学认证项目。该项目包括八个以大学教学基础为重点的研讨会，涉及主动学习、评估学生学习、处理学生多样性等，加上一个应用项目和一个由经验丰富、训练有素的教师进行的课堂访问。到目前为止，该校超过60%的教职工参与了这个项目。用教务长的话来说，这个项目几乎凭一己之力改变了校园文化。教师们现在已经看到学习教学的好处，并欣然接受了这一理念。

佛罗里达州奥兰多市的瓦伦西亚社区学院（Valencia Community College）是第二个案例。该校有大量的兼职教师（称为助理教师），并设立了"助理教师认证"项目。认证要求教师参加60小时的专业发展课程并制订一个持续的专业发展计划。这60小时的课程侧重发展与教学有关的七项核心能力，例如评估学生的学习，设计兼顾学生多样性的丰富的学习机会，以及采用以学习为中心的教学策略。获得这一认证的兼职教师，其所有教学工作都将获得更高的报酬。虽然这个项目是自愿的，但截至2012年，大约三分之一的兼职教师已经获得了证书。除了这个认证项目，学院还要求所有的教学大纲按照以学习为中心的结构编写，并以学习为中心的方式评估教学。根据瓦伦西亚社区学院教师发展人员文迪·迪尤（Wendi Dew）的说法，"以学习为中心，学习教学——这是我们的文化，这是我们的工作方式。"

为了给教师教学能力发展提供正式的行政支持，荷兰格罗宁根大学（University of Groningen）在 2012 年启动了一个教学认证项目。该校校长提出了一个很有创意的办法，他要求所有的系主任为本系教师设定一个目标，明确到 2016 年获得这一认证的教师比例。项目主任表示，大多数院系都设定了 60% ～ 80% 的目标。

3. 创建一个完全支持教学项目的组织结构

如果高校决定创建课程和教学项目，以满足更明确的教育目标，就需要有新的、不同的组织单位支持这些项目。大多数学院和大学只依靠一种类型的单位提供教学：以学科为基础的二级学院。这些二级学院功能非常强大。他们负责新教员的招聘和选拔，教员的持续支持、定期评估，并最终决定教员的终身职位和晋升。他们控制着本学院内部的教育课程，并在自愿的基础上把教职工招募到校园委员会服务。这些委员会负责决定大学范围内的教育课程，比如学校的通识教育委员会。结果如何？二级学院教学项目相对较强，而在大学层面运作的教学项目一致性较弱。

学院或大学的组织结构会有什么变化？这里有三个例子的组织结构变化重大。匹泽学院的创始人决定完全不设立传统的学术单位。相反，考虑到学校教育目标需要提供跨学科课程，他们成立了领域小组（field groups）。小组由一群有着不同学科背景的教师组成，他们拥有共同的研究兴趣和教学兴趣。他们认为传统的学术部门会导致学术壁垒，而这与该大学的教育目标背道而驰。

在阿尔维诺学院，领导们决定不取消传统的部门，而是用另一种组织单元进行补充。该校仍然有传统的学术组织，但几乎所有的教师都是另一个教学部门的成员，该教学部门专注于学院的八项教育能力之一。因此，他们的教员是两类部门的成员。后一种部门本质上是跨学科的，可以对抗可能出现的学术壁垒。

雪城大学（Syracuse University）并没有改变整体的组织结构，但它扩大了教学支持中心，为教师和学生提供了更好的支持。这个中心曾经有 20 名工作人员，是全国同类中心中最大的一个。

这些例子表明，一些高等教育机构正在进行组织改革实验，以寻找更有效的组织结构支持各自的特定教育目标。完成这一工作后，各高校就需要审查多维反应的第四个组成部分：机构政策和程序。

4. 制定政策和程序，服务教师有效开展工作

目前，大多数高校都有政策和程序，这些政策和程序有时的确会对严肃认真的教师开展人才培养创新工作造成重大障碍，尽管其目的并非如此。许多领域的政策和程序需要改革，但有四个领域的政策对教师促进意义学习能力有特别大的影响：① 教师工作和业绩评价，② 教学评价，③ 支持加强教学的校内项目，④ 协调学生发展与教师发展。这些都是非常重要的，我将在本章的后半部分给出更多的扩展注释。

5. 进行与学校教育目标相关的院校评估

目前，尽管地区认证机构将此列为一项要求，但很少有高校会对毕业生进行全面的评估，以确定这些毕业生是否达到了本校所期望的学习目标。相反，高校都在依靠个别课程确保高质量的学习，或者在某些情况下，根据专业目标对即将毕业的大四学生进行院系评估。是否有必要对全校毕业生进行评估？

1994 年，美国教育委员会（Education Commission of the States，ECS）提交了《本科教育质量保证》（*Quality Assurance in Undergraduate Education*）报告，对这个问题给出了肯定的回答。这份报告的来源为一个多方共同主办的会议，主办方包括 ECS、约翰逊基金会（Johnson Foundation）、全美州长协会（National Governors' Association）和全美各州立法机构联合会（National Conference of State Legislatures），与会者包括各州和联邦的政策制定者，以及来自企业、慈善机构、高等教育机构和认证机构的领导者。

在参会者看来，本科教育是高等教育整体责任中极为重要的一部分，但"或许仍需做出最大的改进"（ECS，1994：2）。为了推动必要的改进，学院和大学需要公众的支持。但是作为对这种支持的交换，公众（即纳税人、立法者、家长和学生）需要得到这样的保证：教育机构正在尽其所能提供高质量的教育。这是质量保证的外在原因。然而，也有一些内部原因和内部受众需要质量保证。如果学校已经为本科生设立了教育目标，那么学校本身需要知道这些目标是否已经实现。因此，对于外部和内部的受众，高校需要收集、解释并报告适当类型的证据，表明其毕业生实现各种学习目标的程度，以及该高校的教学质量。

ECS 报告还提出了一些建议，告知院校如何提供这种质量保证。第一，学

校需要为所有的毕业生设定一套教育目标。报告特别建议，需要使用公众熟悉的语言提出这些目标。他们建议所有的大学毕业生都应具有高水平的通信、计算和技术素养；应具有根据需要，获取并应用新知识、新技能的能力；应有能力做出明智的判断并在全球社会中发挥作用；具备在复杂的现实环境中处理特定问题的态度、倾向和准备。这些目标，或者一个高校设定的任何目标，都表明该机构提出了"高质量"教育的含义。第二，ECS 的报告还建议，实现这些目标的能力评估应该是整个学校的责任，而不是学校中每个学院、部门的责任。第三，评估程序需要超越"当前的质量保证实践"。

院校是否有能力进行这种评估和质量保证？ECS 的报告没有提供这方面的例子。但是，阿尔维诺学院是我所知道的最佳案例。20 世纪 70 年代，学院重组后不久，阿尔维诺学院的管理人员和教职工领导创建了研究与评估办公室。这个办公室有多项任务，其中最主要的任务是以学习为中心定期收集毕业生表现的有关信息。然后报告这些结果，以帮助学院监督和改进教育项目。该办公室持续收集阿尔维诺大学毕业生的相关信息，直到毕业后的五年。收集的信息与代表学院教育目标的八项能力有关，并对这八种能力提出具体的问题，这些信息远远超出了大多数院校对毕业生的标准调查。调查要求毕业生提供证据，证明自己是行动导向的问题解决者，能够从多个角度分析问题；或是证明自己是有效的沟通者，具备审美能力；诸如此类。调查还要求受访者将自己的能力与阿尔维诺特色教育课程的某些方面联系起来，并提出诸如以下的问题：课程的哪些方面有效地提高了你的能力？哪些还需要改进？

这种评估能够有信服力地告知他人该校的制度性质量，其优越性显然超出了某种随意的方法，比如：来自优秀教师或毕业校友的评价、硬件设施的描述、学生学习的照片、一份引人注目的董事会成员名单、学校指南中列举的奖项、不断增长的办学资金来源、学生参加标准化考试的分数统计等。这种评估也超越了第二个层面的一般结果：升学率、毕业率、少数民族学生的数量和升学率、评估认证证书等等。ECS 推荐的评估方法将这个过程提升到了第三个层面，从本质上说就是"这个机构致力于促进并实现特定的学习结果。它的毕业生作为一个群体，在多大程度上反映了这些结果？这些结果是其教学工作的成果吗？"

如 ECS 报告所述，这种制度评估既满足内部需要，也满足外部需要。内部教学管理人员得到所需的反馈以评估和改进特定的教学项目。外部支持者如资助机构、社区领袖、未来的学生和他们的父母，也可获得必要的信息以评估学生在该校的学习质量。

就提高一个高校的教育效率所需要采取的行动而言，这种评估证明了该学校的教育目标与其教学实践之间的联系。在某些情况下，它还将阐明该机构的组织结构及其政策和程序的有效性。因此，这是提高组织效率的关键。

6. 综合这些建议

综上所述，本节提出的五项一般性建议构成了一个多维度的反应，各高校可以采取这一系列举措，提高促进意义学习措施的有效性。启动这一系列变革的关键在于第一项建议，即设定一套重点明确的教育目标，这些目标对高校来说很重要，它必须适合所在高校，而且必须是可以衡量的。

对于一个机构来说，同步解决这五个方面的有效性是否重要？当然重要，组织行为的所有方面都必须协调一致，这样机构才能真正有效运转。尽管许多高校已经尝试过组织变革，但是只有那些做出多维反应的高校才会成功。雪城大学前副校长罗伯特·戴蒙德认为，雪城大学之所以能够做出如此彻底的改革，是因为在整个组织结构中，"愿景、使命、结构、奖励、资金和决策近乎完美地结合在一起"（Wright，2001：41）。

在某些方面，组织就像汽车。引擎、点火系统、冷却系统、传动系统、电力系统、刹车等等，所有这些都必须各自处于良好的工作状态，而且还必须协同工作，才能使车辆正常运转。高等教育机构也是如此。它们必须具备以下所有特征：

- 有意义重大且可衡量的教育目标；
- 有支撑实现这些目标的教学项目；
- 有恰当支持教学项目的组织结构；
- 通过政策和程序支持教师和其他人努力实施、推进这些项目；
- 有全校范围的评估，向内部和外部受众提供有意义的信息，展示该校提供的学习质量。

如果忽略这些特征中的任何一个，学校提供高质量教学的能力就会大大减弱。相反，任何能够把所有这些因素结合起来的高校，都将拥有真正非凡的教学项目，并将吸引大量的注意力，因为它能够提供可辨别的、高质量的教育服务。

四、四项具体建议

在多维反应的基本框架内，有四项行动建议值得特别注意，它们对教师执行有效教育方案的能力有重大的影响。这些建议涉及以下四方面：与全体教员工作有关的程序、评价教学的程序、建立全校性教学中心以及协调学生发展与教师发展。

（一）改革教学评价和教师评价相关程序

在我看来，高校改善教学最重要的行动是改变影响教师工作的相关程序。从教师在不同情况下的评论和感受中可以明显看出，这一高校运行领域亟待改革。

当我在全国各地的高校举办教学研讨会时，与会者通常会做出如下回应："这些显然是好主意。但坦率地说，学校既不承认我在教学方面的进步，也不会奖励我。他们只奖励发表的文章和所教课程，而不是鼓励改进它们。"在这种情况下，教师们觉得学校的评估程序阻碍了自己改进教学，而大多数教师都认为改进教学是非常有必要的。

许多教员和管理人员在年度教员考核时的感受也反映出改革的必要性。大多数高校中，这一考核过程耗费了每个人相当多的时间，在被评估者和评估者身上都产生了许多负面情绪，但最终除了适度加薪之外，没有任何其他成效。

诸如此类的情况表明了一系列问题，这些问题既与对教师工作期望的设定方式有关，也与如何评估教学工作有关。这些问题相互交织，要找到有效的评估办法，就必须有系统解决方案。问题始于这样一个事实：大多数高校有更多的工作要交给教师去做，而不是他们有更多教师去做工作。并且，高校认为教师的时间有无限弹性，因而可以要求他们做所有学校需要做的事情。实际上，教师有无限时间弹性的这一观点看起来很有迷惑性，但只是一个明显的错误假想。评估教师工作的时候，评估者只会说："谢谢你所做的一切，但现在，只要告诉我你今年发表了多少篇论文，你的学生评教分数是多少。"（这种做法是用一个或两个笼统问题的平均分数为依据，对教师进行简单评价。）可以理解，这在教师中造成了不满，并导致他们将来只会迎合评估指标，而不愿意把时间花在评估范围以外的任何工作上。

高校能做些什么来改变这种情况？管理者和教师领导者需要重新思考与教师工作相关的两个基本问题：

- 本校真正需要教师做些什么？
- 如何在满足学校需要且满足教职工需要的同时，鼓励教职工完成各类工作呢？

这里有一些想法可以帮助回答这些问题，也有助于重新思考与教师工作相关的机构程序。学校需要教师做什么？目前，三个最重要的原则贯穿于高等教育的大部分领域，并引导着我们对教师工作的期望：教学、研究和服务。问题是，这三大原则虽然在很多方面都很好，却没有为教师提供任何条件，使他们去学习如何更好地开展工作。它基本上忽略了史蒂芬·科维在《高效能人士的七个习惯》（*The Seven Habits of Highly Effective People*）（Covey，1990）中提出的有力观点，也就是说"磨刀不误砍柴工"，每个人都需要定期地从基本工作中抽出时间来"磨刀"。教师也需要从教学、研究和服务的基本工作中抽出时间来磨砺自己，即获取新思想，发展新技能，提高有效工作的能力。

当我们思考教职员工的工作时，从长远的角度来看待这个问题可能会有所帮助。我的假设是，随着时间的推移，所有教员都有潜能在他们的工作中做得更好，如图 6.2 中的虚线所示。

然而，如图 6.2 所示，事实上有些教师（A 组）意识到了他们的潜力，并逐渐变得更好，而另一些人（B 组）则没有。后者在其职业生涯的最初几年工作质量有所改善，但随后趋于平稳，最终工作质量是下降的。正如有些人所说："在教师工作中不存在'停滞'这种情况；要么变好，要么变坏。"根据我的经验，那些人做得更好是因为他们努力了。他们不断地监督自己的工作质量，（在教学、研究和各种组织角色中）寻找新的思想，吸收这些思想，坚持五年、十年，在各自的领域中不断地变得更有效、更专业。为了鼓励更多的教师在专业工作的各个方面都处于增长曲线上，学校能做些什么呢？

我的建议是将专业发展作为一个主要领域，要求教师每年花一些时间在这

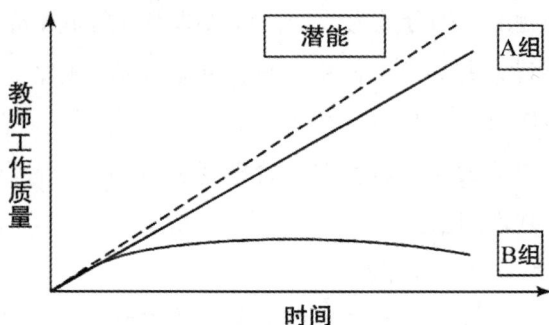

图 6.2　教师工作质量时间变化曲线

一方面。从本质上讲，我建议将教师工作由三个基本内容（教学、研究和服务）扩展为四大方面（教学、研究、服务和专业发展）。教师的能力是所有高等教育的基础，因此在教师工作领域中，不断地扩展和提高教师能力是至关重要的。院校如何才能持续且经常地鼓励教师的专业发展？

创建一个工作表是非常有用的程序，它应确定教师工作的主要领域，并包括专业发展。这种工作表如表 6.1 所示。这种形式（或者它的某种变体）既可以用于讨论教师想要什么和学校期望他们做什么，也可以用于在年底讨论其工作进展情况。

表6.1　教师活动重要领域

教师活动	时间占比
1. 教学 • 本学院的教学 • 全校范围的教学（本学院之外） • 课程开发 • 指导助教和实习教师 • 指导本科生 • 指导研究生	_____%
2. 科研与创作 • 寻求资金支持 • 进行研究 • 写作、公开陈述和出版 • 创作和准备艺术作品 • 展示、介绍和表演作品	_____%

教师活动	时间占比
3. 服务 • 本校服务 • 专业协会服务 • 社区服务 • 大学社区关系	_____%
4. 专业发展 • 教学 • 研究 • 服务 • 专业自我管理	_____%
总　计	100%

如果经常使用以上这种程序，教员和行政人员就会问："有哪些重要的学习和专业发展领域可以显著提高教师的工作质量？"不断地提出这个问题，将极大地提高教师从事必要工作的可能性，使他们的专业发展处于成长曲线之上。

教师可以在哪些方面提高专业能力？每个学院的管理人员和领导都希望生成个性化的主题列表。我所在学校的一些学院领导统一了各方意见，解决了这个问题，并提出了以下几点。

如果教师能在以下四个一般工作范畴内提高能力，便可提升学校的工作效率：

教学

• 基本技能（讲授、主持讨论、测试）

• 设计课程

• 设计课程体系

• 与学生互动

• 应对本校和高等教育的变化

研究

• 寻求资助

• 写作技能（用于资助和出版物）

• 制定出版策略

- 指导新教师
- 新类型研究的再培训

服务

- 领导力
- 如何助力组织变革
- 演讲技巧
- 主持会议

专业的自我管理

- 时间和压力管理
- 在工作和个人生活中寻求平衡
- 培养谈判技巧和协商解决技巧
- 把最重要的事情放在首位

如果教师定期花时间学习诸如此类的主题，并将其作为持续专业发展的一部分，在专业上他们将处于成长曲线上，所在的高校也将受益匪浅。这对所有组织机构的专业人员都很重要，但对于以学习为中心的高校来说，更为至关重要。

在设置对教师工作的期望和评估时，高校如何同时满足教师的需要和学校的需要？如果领导们接受这一思想，将专业发展纳入预期的教师活动列表，最初的影响可能会使问题恶化：教师现在是有更多的事情要做，而不是更少！我们可以做些什么来解决这种问题？必要的一个方法是开发程序和政策，切合实际地估计各种教师工作所需的时间；另一个方法是，教师个体和部门之间（或其他相关学术单位）进行沟通，共同努力设定期望和评价方案。

1. 做出切合实际的时间估计

教师有一长串想开展的活动，而学校也有一长串需要教师做的工作，这就很容易造成一种情况，清单内容完成时间比可用的时间长。这就要求我们对具体的活动需要多少时间做出现实的评估，然后确定哪些活动是最重要的。如果一个高校决定使用如表 6.1 所示的表单，列出教员所需不同类型的活动，就需要确定如何对不同活动所需的时间做出近似但实际的估计。我建议从教学和专业发展两个方面入手。教学在时间上是有一定的限制的，同时我们希望在专业发展上确保有一定的最短时间。那么，如何计算教学所需的时间呢？

2. 课堂教学 20/40 百分比法则

教授一定数量的课程会占用一定的时间。具体需要占用多少时间呢？我建议使用"20/40 百分比法则"计算教授一门课程所需的时间。多年来，我一直在研究其他教师以及自己的工作，以计算教一门课需要多少时间。我得出的结论是，教授任何一门常规的、中等质量的 3 学分课程，并试图把它教好的教师，都需要在这学期拿出 20% 的时间。这一结论是基于这样一个事实：这样的课程每周上 3 小时，大多数好教师在整个学期平均每周还要花 6 小时备课和评价作业。结果是，每周 9 小时的工作时间，占每周 40 小时工作时间的 20%。40 小时是我估算的专业学者每周适当工作时长的近似值。如果该课程有增加工作量的特殊性能（高注册率、频繁地布置作业等），那么应该再增加 20% 工作时长。如果它有减少工作量的性能（比如教师拥有一个研究生助理，或者课程只有 2 个学分），那么就应该降低工作时长。计算出课程分配时间之后，还应该为其他教学活动提供类似的时间分配，如指导教学助理，为研究生和本科生提供指导，等等。

什么是 40% 法则？在这个过程中，一个主要因素几乎总是会被忽视，那就是授课教师教授的如果是一门新的课程，则工作时长会有很大不同。当一名教师第一次教一门课程时，对他来说需要一种全新的准备。在这种情况下，工作量应该加倍到 40%！这对新教员尤其重要，因为他们的许多课程都需要从零开始准备。如果新教员在一个学期中有两门这样的课程，每门课程的工作量相当于 40%，这意味着这两门课程将需要他们本学期 80% 的工作时间。这还只包括他们承担课程的工作量，此外他们还需要进行咨询、服务和研究。这是许多新教员严重超负荷工作，并承受强压的主要原因。这种情况也阻碍了教师的创新教学，并助长了一种易于准备的应付评分的教学风格，从而导致学生被动学习和较低水平学习。（一项全国性研究数据显示，过多的新课程对新教员的绩效产生了负面影响，见 Fink，1984，第三章。）

在计算出教学活动所需的时间后，下一步就是预留专业发展的时间。在我看来，这个数字不应该低于 5%。在职业生涯的某些时候，如当教员做出重大的职业转变时，这可能会增加到 10%、15%，甚至 20%。

在确定了这两个领域所需的时间之后，教师可以看到自己的时间还剩多少，并决定如何在研究和服务之间分配时间。这两个方面都属于"尽可能多做"的范畴。制定一个如表 6.1 所示的工作表好处很多，它可以让教员们更现实地认识到，还有多少时间可以真正用于其他活动；可以让院系更现实地知道，一个特定的教员应该做多少研究和提供多少服务；它也为意料之外的机会来临时做出适当的调整奠定了良好的基础。例如，一名教师在某专业协会中当选为领导人，如果这名教师接受这样的机会，大约需要多少时间？其职业期望还需要做哪些改变？有了这样的工作表，教员本人和院系领导就可以根据实际情况对这些机会做出适当的调整。

3. 让期望和评估成为共同的努力

如何同时满足教职员工和学院的需求，这个问题的第二个通用答案是让他们一起完成这个任务，使期望的设定和教员工作的评价成为教员个体和院系的共同努力。布拉斯坎普与奥莱（Braskamp & Ory，1994）在一篇以教师工作为主题的文章中，提到评估（assess）的词根是"一起坐下"的意思。因此，他们也强调，教师工作的预期设定和评估过程应该成为一种明确和协作的努力过程。

一般来说，院系和学校的领导都认为，教职工都应该知道自己需要做什么，因此不会花很多时间与个别教职工在这个问题上合作。这种善意忽视的问题在于，大多数教师在合理的时间内需要做的工作远远超出了他们所能做的。因此，他们最终不得不自己决定应该如何取舍。一个更好的程序是在年度工作开始时，由教员和系主任共同决定，教员应该做什么是对个人和院系都最有利的。然后，在进行年度评价时，由于这些期望已经共同决定，所以可以作为评价的基础。为了实现这一目标，双方需要就教师工作的具体期望以及如何评估进行定期对话。

我的建议是，每位教员定期与系主任或执行委员会进行讨论，以确定自己的时间应该花在哪些主要领域。这个过程应该在年度绩效或评估开始时就启动，每个教员都要列出他们希望在当年进行的所有主要活动，如教学、咨询、研究、委员会等等。然后，在主席或执行委员会召开的会议上，对教员所列清单进行审查，看它在多大程度上满足了系里的需要。如果需要做出调整，这些调整将在年初进行，所有受调整影响的各方，都需要参加讨论以便当场做出决定。尽管可能会出现特殊的情况，使年度目标清单发生变化，但最终商定的目标应该成为年底教员评估工作的基础。

这个过程有几个好处，它让每个教员更清楚地认识到自己应该如何度过一年的时间。它为该院系提供了一个有效的机制，以确保处理本部门的优先事项，并了解由谁负责各部门项目。这也给学院和专业施加了很大的压力，使其需要弄清楚自己真正的工作重点是什么。一个真正的好处是，只要定期进行这样的讨论，院系和教员们就有机会解决其他三项教师评价工作相关问题：重新认识教师评价在教师工作中的作用，使专业发展成为教师工作的重要组成部分，确保每个人都对教师工作不同领域所需时间进行现实的估计。

4. 教师工作新程序的作用

这些建议在改变教师工作态度和工作决策方面效果如何？我所在大学的健康与运动科学系，用这些建议开展了试点，在使用了两年之后，发现它们非常有价值。该系领导们说，主要的好处在于评估时教师讨论焦点的改变。原本教师争论不休的是自己的评级"应该是 3.6 而不是 3.5"，试点之后讨论关注的问题则变成"明年有什么活动最值得参与？能找到什么资源促使自己在这些活动中取得成功？"另一个主要的好处是，这个过程也鼓励院系认真确定各自的优先工作。最后，该工作还允许个别教员思考自己能学什么、应该学什么，这将有助于其职业生涯发展，并在适当工作量内开展活动，而不是超负荷运行。

在整个高等教育中实施类似的教师评价政策和程序，将大大增加教师用于提高专业学术能力的时间。这也将促使教师及时利用新思想和新技能，改进高校的课程内容和课程设置。对学生的好处也将是巨大的：更好的课程，更好的培养计划，更好的学习，更有活力的教师。

（二）改进教学评价程序

四项高校行动的第二项涉及政策和程序的另一个领域，即教学评价的政策和程序。自 20 世纪 70 年代以来，美国大多数高等院校都采用了系统获取学生对课程和教师评价的做法。这些很快成为教师教学评估的主要依据。然而，随着时间的推移，尽管有人认为这改进了以往的做法，但许多教师和管理人员对学生的评价是感到不安的。在这种严重依赖学生评价教学的背后，存在着一个根本性问题：院校不知道还可以用其他什么标准来评价教学。

其中存在的基本问题是，学术部门和教师面临的任务是评价教学，却没有共同的愿景和一致的语言来描述什么是"好教学"和"好学习"。结果，他们默认让标准变成了"相对于其他教师和其他课程，学生对该教师或该课程的喜爱程度如何？"当这种情况发生时，院系会从学生问卷的一两个综合问题（比如"总的来说，与你上过的其他课程或教师相比，该课程或该教师有多好？"）中取平均分数，这些分数就成为当年对某教师教学进行评价的基础。这是在一个非常狭隘的基础上判断教学，判断复杂多面的大学教学！更重要的是，当以这种方式评价教师时，人们的注意力就会从学生的学习本身转移，不恰当地集中在学生的认可上。如何改变这种情况？

1. 多焦点教学评价方法

以下是我在本书第一版出版多年后发表的论文对这个主题提出的总结观点（Fink，2008；全文发表于 http://www.finkconsulting.info/major-publications/）。创造更好的教学评价程序的第一步是问自己："我们真正希望教师在教学中的哪些方面做得更好？"然后我们才可以决定如何评估教学的这些方面。

当提出这个问题时，我的回答引出了教学的四个方面。

精心设计的课程

- 如本书所述，课程设计应该实现多重的、高质量的学习目标，应该设置适当的学习和评估活动。

与学生的良好互动

- 教师应该与学生进行单独或集体的交流和互动，从而产生尊重、热情、高参与度等。

高质量的学生学习

- 授课班级中有很大一部分学生能在多种意义学习上达到高水平。

作为一名教师，为提高自身做出有意义的努力

- 每年，教师都要花时间学习新的教学理念，并在教学中做出战略性的重大革新。

如果将这四个方面作为评判优秀教学的标准，也就是说，我们知道了希望教师完成哪些教学相关工作，下一个问题就变成"我们如何评价这些工作？"简而言之，"我们需要收集每位教员一系列信息，分别回答这四个问题"。

2. 建议的信息来源

显然，每一项评价标准都需要不同种类的资料。

- 课程设计。为此，需要收集一些与课程相关的文件：教学大纲、作业和试卷。这将揭示本课程的学习目标、学习活动、评价活动和教学策略。

- 与学生的互动。现在使用的学生问卷，是反映该情况的适当途径。但我们可以进一步把问卷的问题集中在与学生的良好互动上：教师是否激发了学生的热情，学生是否尊重教师，教师的政策是否公平，以及教师与学生的互动如何，等等。

- 高质量学习。这需要一些与主要学习目标相关的学生作业样本。样本应该包括一些高质量、中等质量和低质量的作业，以及每份作业的得分分布情况。这将帮助评价人确定教师寻求的学习类型和运用的成功程度。

- 努力提高。这一评估只需要教师写一篇短文就够了。这篇短文将描述①为学习新教学思想，教师做了什么，例如，他们参加了什么研讨会，读了什么关于教学的专著或文章，以及②他们在教学中做了什么改变？

随后，系委员会需要审查档案中的材料，并对教师四项教学相关工作的质量进行评分。要做到这一点，需要为每个方面制定一个量规，即一套准则和标准。这项工作听起来很费力，但在阅读了一些文档之后，应该不难确定重要的特征（准则），比如说，三级评分制度（标准）：高、中、低。并且，量规也可以随着时间的推移而改进。

3. 让评价过程切实可行

我建议的这种教学评估方法面临着一个明显的挑战，它既需要教师整理教学档案，也需要系委员会阅读和评分。如果制定政策，要求教师每三年左右提交一次档案，时间上则可以减少到一个可管理的水平，即减少到原来的三分之一时间。教师在提交文件档案的三年期间内，还需要继续通过学生问卷收集教学反馈；院系内对教师的评价等级将延续上一轮评分，并一直持续到新的文件档案提交为止，但评价周期不宜过短，不应少于三年。

4. 这一评价过程的优点

用这种方法评价教学工作需要大量资源投入。但是，如果采用这一程序，将对高校发挥重要意义。首先，它将为教师提供工具和动机，进行自我评估并改善教学。这将促使教师经常反问自己："我的课程设计怎么样？学生学习情况如何？我做了什么帮助到了学生学习？我该怎么做才能更好地成为一名教师？"如果关于课程设计和师生互动方面的答案不是很积极，那么评价结果就能帮助教师有所洞悉，知道明年应该把重点放在哪些方面。

其次，它将为各部门和机构提供有价值的深入信息，显现出谁教得好，谁教得不好。这些信息比"学生是否喜爱这位教师"更有意义。正确地收集和分析这些信息，将能为外部利益相关者提供良好的数据，比如潜在学生的家长、捐赠者、管理委员会和认证机构。

再次，高校领导人将能够利用这种信息加强整个学校的教学。高校将能够"监测我们所重视的"，而不是落入一种常见陷阱，仅仅"重视我们能够监测的"。

（三）建立教学中心

第三项高校行动是建立一个全校范围的项目，帮助教师获得关于教学理论和教学项目更新更好的理念。本建议直接支持教师的专业发展。如果希望教师花更多的时间学习如何更有效地教学，必然希望教师有效地利用这些时间，这样就需要找到能够加快这一过程的人。各高校应该成立一个校园办公室，由专业人员组成，他们应该熟悉教师的问题，熟悉大学教学文献，知道如何与教师个人和集体合作，并能够极大地提高教师的能力，使教师能够快速地学习所需的内容。该领域最直接的专业工作组织是高等教育教师专业和组织发展协会（POD Network in Higher Education），该组织领导人估计，目前美国所有授予本科学位的高校中，有30%～40%都设有某种教师发展计划。另一个好消息是，这一比例似乎还在稳步上升（Kuhlenschmidt，2011）。

有趣的是，自2000年以来，教学中心建立增长率最高的高校是小型的四年制私立大学。长期以来，他们一直认为自己的学校拥有全国最好的教学，因为此类高校班级规模很小，教授们也很关心教学（而不是把科研放在首位）。但是，这些机构也逐渐开始认识到，即使是他们的教师也可以获益于更广泛地运用新兴教学理念，诸如主动学习、小组活动和教学技术等。这意味着教师需要花时间学习这些教学理念。因此，此类高校也认识到，有必要建立一个覆盖整个学校的教师发展项目。

国际上，支持教师发展的工作也存在一些有趣的地域差异。虽然大量的教学创新思想来自美国的教学与学习理论学者，但其他一些国家在促进高校师资发展方面远远超过了美国。世界上有三个地区，几乎所有的大学都有教师发展项目：英联邦国家（英国、南非、澳大利亚和新西兰）、北欧国家（荷兰、丹麦、挪威、瑞典和芬兰）和日本。在英联邦和斯堪的纳维亚国家，全国范围内的高校都要求所有初级教师必须参加一个重要的项目，通常需要在 175 ～ 200 小时的时间里学习大学教学，然后才能获准升职。

许多高校也认识到，投资教师发展项目，同样具有重要的经济意义，因为它能够显著提升高校中最昂贵同样也是最重要的资源——教师。绝大多数的新教员没有做好正式的准备，无法保质保量地履行自己的教学职责。因此，需要通过高水平的在职培训，培养一支熟悉有效大学教学理论、研究和实践的教师队伍。

什么是有效的教学发展计划？传统上，这些项目提供三种一般服务：为教师提供个性化的咨询，为全职教师和研究生提供教学研讨，为大学水平的教学提供课程或认证课程。最近，为了支持高校发起的与教育相关的活动，越来越多的教师发展计划通过更积极主动地与学术单位和项目合作，扩展了其服务领域。

赫斯伯格奖（Hesburgh Award）由美国教师退休基金会（TIAA/CREF）赞助，主要奖励具有创新性、取得极大成功的教师发展项目，在业内享有极高盛誉。几年前，克罗斯（Cross，2001）审查了该奖项 210 名入围选手的提案，发现这些项目的相关活动主要可以分为三类。

提高教学

- 应用认知和学习等方面的理论；
- 针对特定的学生群体；
- 针对特定的教师；
- 培养教师个体的教学愿景。

重新设计课程

- 运用新技术；
- 开发新的课程或新的重点。

改变机构的学习环境

- 创建以学习为中心的大学；
- 设定独特的大学教学目标；
- 关注学生的学习结果；
- 建立教学激励和奖励机制。

想要在校园里启动或加强教师发展项目的学校，可以使用这个列表有效指导改革实践。

（四）协调学生发展与教师发展

最后一项高校行动聚焦于学生而不是教师，同样是十分迫切需要的。教师们经常跟我说，当学生们面对一种新的、不熟悉的教学方式时，往往会变得紧张和轻度焦虑。当有人似乎在改变游戏规则时，学生们会感到不安。许多人更喜欢已知的挑战，而不是未知的挑战。即使新方法是为了更有趣、更有益，他们仍会坚持自己的立场，抵制教师促进学生参与学习的努力。学生的这种反应，就会阻碍教师尝试新的教学方法。

为了使教师和学生都追求更好的教学方法，学校需要找到好方法，使学生和教师都认识到以学生为中心的学习和参与学习的益处。学生与教师的教育缺一不可，如果一方理解、另一方漠视，则任务只完成一半。这就是学校需要协调学生发展与教师发展或教学发展的原因。

如何做到这一点呢？目前，尝试新教学方法的教师，完全依靠自己去改变学生对全新教学方法的看法和态度。一些教授已经开始探索如何转变学生，并且已经取得了成功。例如，正如本章前面所提的路易斯安那州立大学的桑德拉·麦圭尔和圣塔克拉拉大学的斯蒂芬·卡罗尔。所有高校都应继续并支持这一努力。但是，教师个人努力的影响将是有限的，除非有全校性计划的补充。

这一全校性工作可以通过第一学年的课程实现。或者更好的做法是，让学生在大学期间持续学习相关课程。大多数校园设有学生事务办公室，争取到这一机构的支持也会很有帮助。这些办公室目前资助了许多旨在促进学生发展的活动，但这些活动往往与教师发展工作不相协调。

如果这些项目中有一个或多个能够定期实施，并持续地让学生思考如何成为自己学习的主宰者这一问题，结果将会令人振奋。从本质上说，可以让学生思考："你能做些什么帮助教师为你创造意义学习经历？"这可能会导致一个问题，即在学生眼中什么是"意义学习经历"，以及什么样的教学活动可能促进这种学习。

如果学生对各种意义学习有更成熟的认识，并对当代教学思想具有良好的理解，教师就会发现，与班级一起创造强大的学习经历要容易得多。同时，在课程结束学生评价教师和课程时，使用意义学习目标、主动学习和教育评估的教师能够得到更高的评分（而那些没有尝试使用更好的教学新方法的教师，其评分可能会较低）。

这四项具体的行动建议在综合实施时，将帮助教师获得更强的能量，在高校中创建更强大的课程和教学计划。教师评价系统将专业发展作为教师工作的一个主要领域，这将激励教师花更多时间进一步学习有效的教学和教育项目。以学习为中心的教学评价程序，包括过程和背景的信息，有助于把每个人的注意力集中在如何促进更有意义的学习这个中心问题上。全校性的教师资源或教学发展中心，能够提供新的和不同的思想，帮助教师创建更好的教学项目。如果学生意识到好教学的价值，愿意与那些努力尝试使用更好教学方法的教师合作，并给予高评价，将进一步极大地激励教师。

（五）这些行动有可能实现吗？

对于高等院校来说，采取我所描述的这些行动是一项重大的任务。对教学项目的创建和支持方式进行全面、多维的改变，修改与教师工作和教学评价有关的传统程序，建立新的教学发展中心，使学生发展与教师发展相协调，这四项工作都需要大量的时间、责任和精力。那么这样的行动有可能实现吗？

历史上，高等院校一直是保守的机构；在改变运营方式方面，它们的动作相对缓慢。然而，一些观察家已经注意到高等教育的整体背景正在发生改变，特别是在美国高等教育中（Dolence & Norris，1995；Duderstadt，1999；

Farrington，1999；Bowen，2012）。正如本书第一章所指出的，弗兰克·纽曼描述了目前在高校中实施变革的四大动力。高等教育机构正面临着巨大的新压力，要求它们对变化持更加开放的态度。只要持有开放的态度，教师领导者和管理者都将有机会发起组织变革，为教师提供所需要的来自所在高校的支持。

五、帮助高校界定什么是好的教学活动

当高校领导者（指管理者和教师领导者）努力寻找方法，加强各自的教学时，某些全国性组织可以在特定的领域提供巨大的帮助。

正如前面所提到的，高校面临的一个主要问题是很难界定出一个能够被整个学校接受的好教学。如果一个机构试图在地方一级界定一个共同的定义，这项任务将不可避免地交给一个委员会。而且，鉴于美国高等教育的主导传统是以内容为中心的教学观，这些委员会的教师很难找到一个适用于所有学科的定义。因此，更好的办法是在国家一级界定一个通用定义，并能被所有机构采用和使用。

近年来，公共教育已经成功实现了这一目标。在几个全国性组织的协助下，美国国家专业教学标准委员会（National Board for Professional Teaching Standards，NBPTS）制定了一套可靠的标准，以挑选出在教学工作中真正出色的教师，而不受教学对象层次和学科内容的影响。（有关该项目的历史、标准本身以及标准产生影响的研究，请参见 NBPTS 网站：http://www.nbpts.org。）自从这些标准于 1989 年公布以来，地方学校甚至整个学区都投入资金，鼓励尽可能多的教师努力达到新的标准，达标教师将会得到认可和奖励。研究表明，与申请但未获得认证的教师相比，获得 NBPTS 认证的教师开展的教学能产生"更深入、更连贯的学生学习"（AACTE，2000）。

基于优质教学的全国声誉

如果高等教育领域也能做出类似的努力，就有可能产生一种强有力的新标准，对达到国家优秀教学标准的教师比例进行院校比较。如何做到这一点呢？

许多与高等教育机构紧密联系、互动合作的国家组织，都致力于促进教学项目的卓越性。其中最著名的有美国高等教育研究协会（Association for the Study of Higher Education，ASHE）、美国学院和大学协会（Association of American Colleges and Universities，AAC & U）、美国教育委员会（American Council on Education，ACE）和上文提到过的高等教育教师专业和组织发展协会。这些组织和其他类似的组织可以合作，界定一个内容丰富但不过于复杂的好教学的定义，并确定符合这一定义的教师相关标准和认证程序。如果有几个主要组织的支持，这样的认证就会有信誉，高校领导就可以采用，并以此为基础鼓励所有教员努力达到这些标准。

其他的一些州或地区级别的组织，可能需要评估申请认证的教师文件档案，以确定其是否已经成功满足了标准。如果能做到这一点，那么达到国家优秀教学标准的教师比例，可以成为衡量一所院校教学质量的标准之一。

高校和公众将很快认识到这一措施的重要性。著名的美国学生学习参与度调查（National Survey of Student Engagement，NSSE）就是一个很好的例子。在世纪之交，皮尤慈善信托基金（The Pew Charitable Trust）、美国国家高等教育管理系统中心（National Center for Higher Education Management Systems）、独立学院理事会（Council of Independent Colleges）和印第安纳大学调查研究中心（Indiana University Center for Survey Research）合作创建了 NSSE（Kuh，2001）。该调查具有很高的可信度，主要用于高校内部，以提高学生的学习参与度。但是那些得到高分的高校很快就认识到公布这些分数的价值。公众也很快就认识到，采用这一指标意味着该高校拥有较高的教学质量。

如果有一个类似的项目可以用来衡量大学教师的教学质量，这将极大地推动高等教育机构切实支持本校不断提升教学水平。

六、其他全国性组织的支持

其他几类全国性组织也可以在促进教学质量提升方面发挥重要作用。其中，有四类机构特别适合提供这种支持，包括认证机构、资助机构、学科协会和高校教学期刊。其中的一些机构已经在提供这种支持，本书中的想法可以进一步促成和改进这些机构提供的帮助。

（一）认证机构

认证机构可能是高等教育中最强大的改革推动力来源之一。高校必须有认证，社会依靠认证机构确保经认证的高校实际上提供了高质量的教学项目。因此，这些认证机构面临着一项重要而艰巨的任务。如何定义质量？如何确定整个高校和整个项目是否具备高质量？近来认证机构所面临的挑战，既表明此类机构影响的巨大潜力，也说明了利用这种影响推动革新的复杂性。

一份关于高等教育改革的评论指出，在 20 世纪八九十年代，认证机构鼓励高校认真对待评估运动的主要外部影响（Lazerson，Wagener & Shumanis，2000）。由于这种影响，绝大多数公立与私立高校现在都开展评估活动。不利的一面是，这些评估主要集中在调查学生在教育体系中的进步，而不是教育成果。换句话说，它们通常收集学生的升学率、基本的大学准备技能和学生满意度数据，而不是学生获得"更高级别的学习技能、情感发展或专业技能"（Ibid.：14-15）的数据。

20 世纪 90 年代，网络学习和虚拟大学发展迅速，对认证机构和高等教育产生了巨大的压力，要求它们解决教学质量问题。如果学生没有进入实体学校，也没有通过积累指定的上课时间获得教育，认证机构应该用什么标准衡量教学质量呢？这个问题提出了一个持续的挑战，把虚拟大学的支持者和批评者都推回到基本的问题："学生在大学教育中真正需要什么？你如何判断他们是否得到了真正所需？"

当认证机构全力判断一个特定的高校是否具有"质量"这个非常基本的问题时，似乎只有三个选择。首先，他们可以主要关注高校的输入和过程特征，如教师中博士人数、图书馆的藏书、捐赠的规模等等。当然，这个选项的问题是，这类数据完全忽略了这些资源是否得到有效利用。其次，以该机构对教育目标的自我陈述为标准，简单地判断该机构是否达到了自己的目标。这一做法减轻了认证工作的复杂性，但是不能保证高校选择了重要的学习目标。再次，由认证机构制定一些关于高质量学习的一般原则，并询问学生是否达到了这些要求，检查高校是否有足够的项目支持重要的学习目标。最后一种选择有一些吸引人的特点，但它是可取的吗？这是一个可行的选择吗？

在第一章中提到的展翼会议上，来自认证机构的代表、州和联邦的政策制定者，以及公司、慈善机构和高校的领导者，都以响亮的"是"回答了这个问题（ECS，1994）。会议意识到，公众强烈需要的是一个有效的高等教育标准制定过程，并认为这是一个"危机和机遇并存的时期"。会议报告提出，"为了质量保证，每一个学院或大学要解决的最重要的问题是其毕业生的实际能力"（Ibid.：3）。该报告还列举了一些需要提升的实际能力，如特定领域的技术能力、获取和应用新知识的能力、灵活性和适应性的态度、在复杂的现实环境中解决特定问题的能力，以及其他一些能力。这个会议小组得出结论认为，认证机构确实需要列出一份令人满意的一般学习原则，然后以此作为标准，判断一个高校是否提供了高质量的教学项目。

下一个问题是，制定一般原则这样的做法，即使是可取的，对于认证机构而言是否可能或可行？事实证明，许多认证机构已经开始这样做了。在 21 世纪的开头几年，大多数专业认证机构都开始着手这一工作。这些机构中首先开展这项工作的是 ABET（工程项目认证协会）。正如第一章所述，他们发布了一套指导方针（ABET，1998）。这些指导方针确定了 12 种特殊类型的学习，作为该组织认可的高质量学习，并且适用于所有工程专业，如电气、土木、机械等等。从 2000 年开始，经过评审的工程项目必须能够证明，他们的学生正在学习这些课程，并且院系或学校有相应课程的培养方案支持这些学习。

在同一时期内，美国的所有六个区域认证协会，即对整个高校进行认证的协会，修改了各自的认证标准，要求学校提供学生学习和教师专业发展的证据。以下是其中三个认证协会的相关标准，主要展示该标准如何撰写。

美国南方高校协会（批准标准，2011）

3.5.1：学校确定了大学水平的通识教育能力以及学生达到这些能力的程度（通识教育能力）

3.7.3：学校为教师、学者和实践者提供持续的专业发展（教师发展）

中北部高等学校协会（批准标准，2011）

3a：本组织为每个教育项目明确规定了学生学习结果目标，并且这些目标可以进行有效评估。

3b：本组织重视并支持有效的教学。可能的证据包括：

- 本组织提供服务以支持教师改进教学方法。

- 本组织支持教师跟上教学研究的步伐，支持对学生学习和教学产生积极影响的技术进步。

- 教师积极参与所教授学科相关的专业组织。

西方学校和学院协会（批准标准，2008）

2.2：学校颁发的所有学位，包括学士学位和研究生学位，都有明确的定义，即明确了学生为毕业所必须达到的水平，而不是简单地累积课程或学分。

3.4：学校维持适当和足够的教师发展活动，以改善教与学，并与学校的目标保持一致。

21世纪前十年的另一项重要发展是提出了自愿问责制度（voluntary system of accountability，VSA；参见网站：http://www.voluntarysystem.org）。这是一些公共机构在2007年制定的，它们希望避免国家强加的问责措施。参加这一组织的院校，会就院校运作的几个一般方面，如成本、学生特点、毕业率，以及不同专业的学生人数等，提供资料。我担心的是，VSA尚未要求高校采取系统的方法，促进以学习为中心开展教学。各院校不需要设定全校范围内的学习目标，不需要开发满足这些目标的课程，也不需要收集这些目标实现情况的评估数据。所以在我看来，认证机构仍然需要成为以学习为中心的院校改革的主要驱动力。

当认证机构对质量保证采取以学习为中心和以改进为导向的观点时，他们将需要一个广泛的、灵活的、足够直观的概念框架，并得到参与成员的广泛认可。意义学习分类法具有这些特征。如果1998年我已经创造了这一分类法，就可以使用它生成ABET的能力列表。ABET的能力列表就可以足够广泛，纳入一些目前没有列入的能力，并翻译成对工程师有意义的术语。一般的分类法，如获得基础知识和学习如何学习，作为高质量学习的构成基础，对大多数人来说都是有意义的。

如果认证机构开始要求提供以下工作的证据，即① 学生开展意义学习，② 教师大量并定期参与提高教师能力的活动，这将对高校认真审视本校运行的各个方面产生重大影响：教育目标、组织结构、教学计划、政策和程序、学生学习信息和教师发展。这一要求可能促使院校做出前面所说的多维反应，采取一切必要措施为学生提供真正有意义的教育经历。

（二）资助机构

另一推动变革的强大力量是联邦、公司和私人资助机构的集体影响力。这些组织为教育类项目提供资金，但它们也规定了接受这些资金的标准。如果这些机构在他们的标准中要求所有教师在申请资助时表明，其拟议的活动将促进一种或多种意义学习，这将是一个强大的刺激点，能够促进教师学习不同类型的意义学习，并仔细思考自己所承担项目的学习结果。

有一个案例能够展现资助机构的影响。几年前，美国科学基金会（National Science Foundation，NSF）提出要求，所有与教育相关的项目申请，都必须包括一个强有力的学生学习结果评估计划。随后，NSF 还建立了一个网站，提供了一些评估计划案例，有助于教师了解什么样的评估才是好的评估。我目睹了这一要求对高校教师产生的影响。那些想要申请 NSF 资助的教师，很快就开始到我的办公室寻求帮助。例如，询问形成性和总结性评估的意义，为他们的项目制订评估计划寻求支持。一旦他们了解了这些概念，也会逐渐在其他教育工作中使用教育评估工具，不管是否涉及外部资金。

如果资助机构决定利用他们的影响促进更好的教学设计，他们也可以将综合课程设计方法和意义学习中涉及的关键概念结合在一起，构建设计指导方针。他们可能会要求项目申请者表明什么样的意义学习将会加强，并分享如何运用意义学习分类作为框架开展不同类型的意义学习。他们也可以提出，项目设计的活动需要纳入有效的结构设计原则，包括一个完整的教学情境分析，明确的意义学习目标，主动学习和教育性评估。

这些将极大促进教师了解优秀教学设计的原则，并学习如何将这些原则纳入自己的有资助和无资助的教育活动。

（三）学科协会

学科协会是第三种类型的组织，在高等教育中起着非常重要的作用。教师努力工作以获得社会以及这些组织的专业认可，并充分利用组织提供的资源和服务。因此，这些协会对各地教师的态度和专业实践均产生了巨大的影响。

虽然这些协会大多对教育问题给予某种关注，但它们之间差别很大。这些差别体现在关注范围上，体现在所提供的各种服务上，并聚焦于高等教育教学而不是公共教育教学的程度上。尽管存在这种差异，但其他人早就认识到这些组织对教师有着重要而广泛的影响，因此试图"影响这种影响"。20 世纪 90 年代，有两项倡议正是本着这一目标发起的。

在英国，高等教育资助委员会（Higher Education Funding Councils）和教育与就业部（Department for Education and Employment）已经开始通过此类学科组织资助特殊项目（Jenkins，1996；Healey，1998）。这些倡议的成果之一是在若干学科中建立了学科联盟。这些联盟举行会议，支持撰写教学论文，并集中在某一特定学科的教学期刊上发表论文，如《高等教育地理杂志》（*Journal of Geography in Higher Education*）。

如果这些学科协会想要在各自的学科和专业领域内，做出实质性和协调一致的行动，提高教学和学生学习的质量，他们应该怎么做？根据这些组织现有的不同活动类型，一项全面的工作主要应该涉及下列方面：

- 赞助并组织关于有效教学的研究（如美国物理教师协会）；
- 组织论坛（会议、期刊、时事通讯），供公众分享和分析理论观点、研究成果和创新实践（例如，尽管程度有所不同，大多数学科协会现在都这样做）；
- 为大学教师（地方、地区、国家和国际）提供讲习班，介绍新的观点，培养重要的技能（如美国工程教育协会）；
- 提供材料（书籍、论文、视频、CD），总结和综合关于优秀教学实践的思想（如美国经济协会）；
- 解决当地高校中存在和出现的影响教师工作的政策问题（例如：如何评价教学？教学在教师评价中具有何种地位？专业发展在教师工作和评估中应该扮演什么角色？）。

随着各学科协会所做出的这样的努力，他们的工作与过去几十年出现的大量大学教学思想和文献之间有什么关系？我的观点是，这些学科的领导者至少应该熟悉这些文献，并决定如何在自己的领域内将其与教学联系起来。忽视这些思想和文献，就有可能把自己局限于精炼、重申和具体化存在于各个领域的传统教学形式。其中的代表案例是 1998 年美国历史学会教学部门发布的"美国历史学会有关优质历史教学课堂的声明（AHA Statement on Excellent Classroom

Teaching of History)"。尽管声明中提到的四个问题很重要（课程内容、历史思考、课堂环境和学生表现评估），但这篇关于"优秀课堂教学"的文章没有提到诸如主动学习、反思写作、小组作业、课堂评估技巧、真实性评估、学习档案等方法的必要性和价值，也没有提到评价教授教学的必要性，更没有提到当时已经公认的高质量学生学习的重要因素等许多其他思想的重要性。

工程教育领域有一位领导者理查德·费尔德（Richard Felder），他的事例证明了一种更好、更具包容性的方法。费尔德是北卡罗来纳州立大学（North Carolina State University）化学工程专业的一名退休教授，但仍活跃于学术领域。20多年来，他有时独自，有时与他人一起举办讲习班，帮助工程学专业教师成为更好的教师，从未间断。他的研讨会帮助参与者学习掌握小组活动、积极学习、真实性评估、不同的学生学习风格等等。他的妻子是一位教师发展专家，他们共同举办讲习班，平均每年开设超过50门次，每年总参与教师超过600名（源自个人沟通；更多信息，请访问他的网站：http://www.engr.ncsu.edu/stem-resource/legacy-site/education-related-papers/ ）。这些数字乘以20多年，就可以看出费尔德夫妇对工程教育领域的影响。这个例子说明，学科协会可以从通用大学教学领域中获取思想，并将其转化为本学科的术语和案例，这些术语和案例对特定学科背景的教师具有重大意义，由此协会能够获得强大的学科领导力。

本书阐述的观点如何帮助我们实现这一目标？我的希望是，能够在特定的学科教育问题上发挥领导作用的个人与教师，应该熟悉一些本学科之外的优秀教学思想，而不是简单地将自己限制在过去长期运用的教学实践中。如果他们真的努力去加深对教学的理解，本书里的观点将会很有帮助。所有学科的教师都必须决定想让学生学的是什么。意义学习分类可以为所有学科的教师提供一种定义课程目标的语言，提高教师对学生学习的预期。综合课程设计模式可以提供一个概念框架，以一种强有力的方式承担这一任务，使课程更有意义。

所有学科中都有像理查德·费尔德这样的领导者，他们可以学习这些教学思想，然后翻译成本学科语言，与其他青年教师分享有价值的东西，为本学科发展做出重大贡献，提高本学科的高等教育教学质量。

（四）高校教学期刊

教师学习教学的另一个主要来源是 20 世纪建立的许多关于高校教学的期刊。仅在美国就有 200 多种这样的期刊，其他国家也有类似的期刊。（有关这些期刊的列表，请参见与高校教学相关的 POD 期刊列表 http://www.podnetwork.org/resources/periodicals.htm，以及讨论网站 http://www.londonmet.ac.uk/deliberations/journals/，该网站在英格兰维护，但包括北美期刊。）对我特别有帮助的期刊有《优秀大学教学期刊》（ *Journal of Excellence in College Teaching* ）、《国际教与学学术期刊》（ *International Journal for the Scholarship of Teaching and Learning* ）、《美国教与学论坛》（ *National Teaching and Learning Forum* ）、《教学型教授》（ *Teaching Professor* ）。

韦默（Weimer，1993）曾对几个学科期刊的教学法类文章做过敏锐的分析。他指出，这些文章绝大多数都集中在技巧上，也就是说，集中在如何组织特定的作业或学习活动上。这些文章固然很好，它们赞美并尊重从实践反思中获得智慧。但他认为，这些文章在以下几个方面也有局限性：作者往往没有意识到这些技巧已经在其他地方写过了；他们没有意识到这些技术也可以用于其他学科；他们提到的特殊技术，缺乏理论基础或教育学背景，限制了向其他教师传授的可能性。同样的，当我为了撰写本书在学习如何描述课程时，发现自己的很多文章都非常专注于特定的教学活动，也就是韦默所说的技巧。这些文章通常只包含了有限的关于教学情况的信息，并且只间接地确定了所涉及课程的具体学习目标。此外，这些文字几乎从来没有包括反馈和评价这一课程重要组成部分的信息。

如何改进这些期刊上的文章，使它们对其他教师更有帮助？对于这些文章的作者来说，基本的建议是更广泛地审视他们的教学，并思考这些技巧作为教学策略和课程设计的一部分能够发挥的作用。如本书第四章所述，教学策略不同于教学技术，因为它是一系列相互依存的学习活动，跨越整个课程或学习项目。

思考和撰写课程设计和教学策略，仍将允许作者阐述特定的技术，但这些技术将在一个特定情境之中阐述。这能够让读者在一个整体的综合课程设计模式中，认识给定的技术与课程其他组成部分之间的关系。这种方法还可以让教学研究者关注课程的所有关键组成部分：如何应对特别具有挑战性的教学情境；如何使用或开发策略，成功地促进意义学习目标；如何识别与特定教学策略相关的价值观和信念，以及如何开发和使用创新的方式提供反馈和评估。本书介绍的关于意义学习、主动学习和教育性评估的特定思想可能在这些文章中发挥特殊作用。

然而，为了让潜在的作者写出包含这种背景和基本原理的文章，期刊编辑（通常是教师）需要创建新的更广泛的指南供作者和审稿人使用。这些指导方针不需要太复杂，只需建议有关特定课程的文章应包括如下信息：重要的情境因素、推广的学习类型、涉及的特定教学活动、如何将它们组合成有效的策略，以及使用的反馈和评估程序。此外，告知用来评价学生学习质量的准则也会特别有帮助。如果编辑、作家和评论家以这种方式共同努力，提高高校教学期刊的话语水平和应用范围，读者会更全面地理解文章所描述的思想和创新点，从而能更好地在自己的教学情境中使用这些思想。

七、综合所有因素，更好地支持教师

在这一章的开始，针对提升教师开展意义学习的能力，我确定了六个与之相关的需求：意识、鼓励、时间、智力和情感支持、学生合作、认可和奖励。要满足所有这六项需求，本章提到的所有机构（但不限于这些机构），应该协同努力，没有一个组织能够独自改变这六种情况。高等教育机构和其他参与高等教育的组织，如何共同实施这些建议的行动，以满足这些多重需求呢？

（一）意识

让全体教员意识到改变的必要性可能是最困难的，部分原因可能在于这是第一步。当教师意识到改变的必要性，随后再帮助他们努力开展变革就会更容易、更有效。但开启这个过程时，教师需要得到消息——多次并从多个来源，这对他们了解教学和学习非常重要。只有具备了相关信息，教师才有能力将教学思想整合进课程和教学计划，逐年提升教学质量，达到高水平教学标准。

这一信息首先需要来自教师所在高校。学院和大学需要让教师知道，学校重视高质量的教学，但这需要更多的舆论支持。高校需要检查（并在必要时改变）其教育目标、教育计划、组织结构、政策和程序以及院系评估等所有相关愿景——所有这些内容都服务于高校效率的提高。有成功的案例吗？请参见阿尔维诺学院的做法。

资助和认证机构也可以激励项目申请人开展教学改革，要求申报教育项目和计划的教师在当前有效教学和意义学习方面展示出高水平的能力。有成功的案例吗？请参见美国 NSF 教育部门、ABET 工程认证组织、六个区域认证协会通过的新标准。区域认证机构，尽管十年来他们一直通过发布标准呼吁教学变革，但还需要"武装到牙齿"，也就是说，不要再给那些实际上没有教师发展计划的高校及格分数。

学科协会可以鼓励成员成为本学科教学会议的领导者和消费者，并为特定学科领域的教学学术贡献文章和书籍。有成功的案例吗？英国的学习和教学支持网络（The Learning and Teaching Support Network）正是出于此目的与各学科协会开展合作的。

（二）鼓励

教师还需要相信，有人重视他们学习教学并成为高效教师的努力。这意味着高校和教师所在学术单位，需要创建重视良好教学和良好学习的教学文化与教师社群。这样的文化氛围让每个教师都意识到，高效教师的角色是可以接受且令人钦佩的，并让他们对遇到的问题、尝试的思想、需要的帮助持开放和诚实的态度。这种文化也包括非正式地庆祝教师个体在教学中所取得的成就。

高校和学术单位可以通过组织活动鼓励教学文化，鼓励教员思考如何成为一个更好的教师，如何提供更好的教学项目。定期举行系部讨论会，或在学院范围内召开以教学为主题的会议，能够使教师与其教师角色进行对话。建立教学证书制度，如本章前部分所述的英联邦国家和斯堪的纳维亚国家的教学证书制度，可以为教师学习教学提供必要的肯定和鼓励。同事们把高质量的教学视为值得持续思考和行动的挑战，这对每个人来说都有极大的激励作用。

（三）时间

帮助教师找到必要的时间学习如何更好地、更有效地教学，这一责任主要在于学校。学院或大学作为一个整体，其中每一个单独的学术单位，都需要找到方法，将专业发展纳入教学、研究和服务组成的传统教师职能列表。教师还需要与系主任或执行委员会进行一次现实的讨论，决定如何在这四个主要领域中更好地分配教师的时间。有成功的案例吗？在我工作的学校里，有些院系尝试了将专业发展与教师工作评价相结合的新方法。

（四）智力和情感支持

当教师准备学习更多的教学知识时，高校内外的组织机构可以提供所需的支持。越来越多的学院和大学设有教学中心或教师发展项目，提供个人咨询服务、研讨会、课堂观摩、组织小组讨论、阅读材料等。这些活动为全体教师提供了关于更好教学的一般思想，并为特定教师介绍了其优势和可改进之处。学科协会可以提供其中一些相同的服务，其优点是能够为新思想应用于特定学科教学提供所需的话语和案例。高校教学期刊则可以提供不断涌现的新思想，告知教师有关教学的一般概念以及如何在特定情境中应用这些概念。

（五）学生合作

好的教学的最终目的在于支持好的学习。但是学习本身是由学生完成的，而不是教师。因此，有效的教学需要学生了解并有能力完成学习部分的工作。在全国性机构和倡议的支持下，许多高校已经设立了大学一年级项目，甚至四年级项目，为实现高质量的学习经历培养学生反思学习、采取必要行动的能力。此外，个别教授还找到了一些方法，转变学生的思维模式，以强有力和富有成效的方式开展课程学习。如果学校能够提供机会，让学生了解和评价什么是好的教与学，就能够进一步实现这一总体目标：培养能够与教师和其他学生有效合作的学生。这表明，有正式的制度结构是学生参与这种学习的必要条件，这一制度结构不仅出现在大学生涯的开始和结束阶段，更是贯穿大学学习经历始终。有成功的案例吗？阿尔维诺学院的教授们建设了个性化课程、学习档案，对学生提出了相关要求和支持服务。

（六）认可和奖励

对于教师来说，持续努力改进教学，需要得到认可和奖励。这一任务的主要责任在于学院和大学，但学科协会也可以增加重要的辅助支持。然而，为了使认可与奖励产生重大影响，就必须摒弃根据随意制定的标准颁发教学奖的做法——而目前许多奖项都具有这一特点。为了提高教学的认可和奖励，高校需要做两件事：一是明确评奖使用的标准，确保教学的卓越性；二是扩大教师因优秀教学而获得认可和奖励的机会。

高校需要以学习中心为标准判断教学是否优秀。这意味着最终的问题是："该教师（或教学）是否给学生带来了意义学习？"如果是，则教学是好的；如果不是，就需要改进教学。为了回答这个问题，学校和教师需要就什么是有意义的学生学习达成一致。意义学习分类法是回答该问题的恰当方法。此外，教师还需要找到方法证明其学生在多大程度上取得了意义学习结果，不管这种学习是采用了本分类法或是采用了其他框架均可接受。除了以学习为中心这个标准外，评价还应该包括两个过程性因素：课程设计和师生互动。这要求教师和评奖委员会的成员了解是什么构成了优秀的课程设计和良好的师生互动，知道什么样的信息可以让他们做出决定。用这三个标准来衡量教学是否优秀，将极为全面地阐明教师需要做些什么以获得认可，以及在获得认可时他们实际上完成了什么。

第二项任务是扩大获得这种认可和奖励的渠道。高额度的教学奖励和隆重的颁奖典礼可以支持这样一种需求，即该高校或至少该高校内的一些领导者重视优秀的教学。但这种方法的问题在于，它是通过对极少人数的限制而实现的，而高校需要认可和奖励所有在教学上努力并取得优秀成绩的教师。这就需要新的程序，确定和奖励每一个明确达到优秀教学水平的教师。为了做到这一点，学校需要制定定义明确的良好教学规范和标准，这些标准可以跨学科、跨教学类型应用。任何成功达到这些标准的教员都应该得到认可，并得到及时的奖励，授予适当的头衔。如果可能的话，他们还应该获得经济奖励。这就可能促进一种有吸引力的高校内互动，各院系之间开展友好竞争，比较哪个学院中被认定的高效教师的比例最高。就像现在很多学院所做的，比较哪个学院的项目资金，或教师专著论文数量最多。

一些学科协会也有教学奖。他们也可以考虑让这些奖项的标准更加以学习为中心，并寻找优秀课程设计和师生互动的证据。这将有助于创建一种学科文化，一种对许多教员产生强大影响的源泉，帮助教师真正理解模范教学的构成并引起恰当的重视。

　　这一切会发生吗？多方面看来，这似乎是一个不可能实现的梦想。但好消息是，几乎所有必要的行动已经在各种组织机构中进行。现在需要的是领导和远见，把这些独立的活动联系起来，使它们成为一个整体，让许多不同团体为提高各地教与学的质量而进行的努力相互协调，成为这个整体的一部分。

　　第一步行动已经开展了。我们现在可以看到需求是什么，以及支持的潜在来源是什么。这就像在玩一个巨大的拼图游戏。我们有了最终目标的蓝图：我们拥有所有的碎片，且正面朝上，按特征排序。教师和组织机构领导者现在需要做的是花时间和必要的努力，以适当的方式把这些碎片拼在一起。所有高等教育相关组织机构的领导人，为更好地支持教师而采取的行动越多，教师就会做出越多的反应。随后，教师甚至可能会为这些不同的组织机构提供新的领导力，由此回报组织机构并支持整个行动过程。

　　这是一个不可能的梦吗？也许吧。但"不可能的"梦想以前也曾实现过……

第七章

善教善学的人文意义

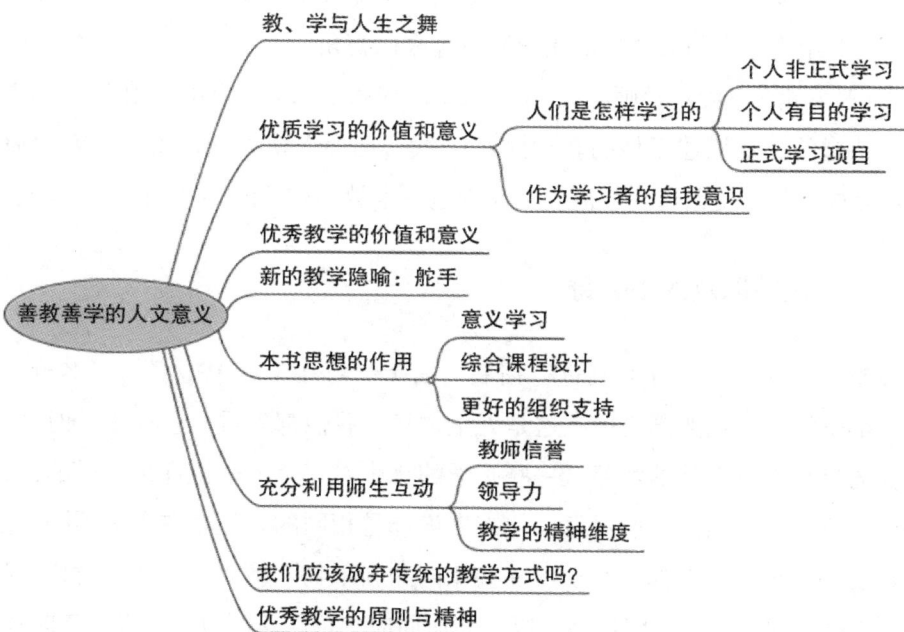

```
                              ┌── 教、学与人生之舞
                              │
                              │                              ┌── 个人非正式学习
                              │                              │
                              │           ┌── 人们是怎样学习的 ┼── 个人有目的学习
                              │           │                  │
                              ├── 优质学习的价值和意义           └── 正式学习项目
                              │           │
                              │           └── 作为学习者的自我意识
                              │
                              ├── 优秀教学的价值和意义
                              │
                              ├── 新的教学隐喻：舵手
  ┌─────────────┐           │
  │ 善教善学的人文意义 ├──────────┤           ┌── 意义学习
  └─────────────┘           ├── 本书思想的作用 ┼── 综合课程设计
                              │           │
                              │           └── 更好的组织支持
                              │
                              │           ┌── 教师信誉
                              │           │
                              ├── 充分利用师生互动 ┼── 领导力
                              │           │
                              │           └── 教学的精神维度
                              │
                              ├── 我们应该放弃传统的教学方式吗？
                              │
                              └── 优秀教学的原则与精神
```

好的教学可以用来培养更好的学习。在高等教育机构工作的人需要知道优秀教与学的重要性，我们的答案将决定如何回应职业的要求和呼唤。在我看来，我们需要一个将教学与人类生活质量联系起来的视角。

在《教学勇气：漫步教师心灵》（Palmer，1998：72）一书中，帕克·帕尔默用一个精彩的比喻描述了他的教学探索："我（已经）认识到，作为一名教师，我的才能可以与学生共舞，与他们共同创造一个教学相长的环境。"

一、教、学以及人生之舞

我想借用这个比喻并对其进行拓展，揭示学习在生活中扮演的基本角色。所有人都生活在一场舞蹈之中，这是人生之舞。我们都学过一些舞步，但总有一些新的舞步需要额外的学习。一些必学的舞步对每个人来说都是一样的，并且是周而复始的，因为它们对每一代人来说都是相同的。随着在人生不同阶段的成长发展，每一代人都必须学习一些相同的新事物、新舞步。儿童时代，我们必须学会如何走路，如何说话，以及如何回应父母的不同意见。青少年时代，我们必须学习如何与家庭内外的人建立关系，如何承担责任，以及如何在生活中设定目标并为之努力。刚成年时，我们必须学会如何处理恋爱关系，如何谋生，如何成为好配偶，或是好父母。逐渐成熟后，必须更多地了解是什么赋予了我们生命的意义，如何在社区团体中发挥领导作用，以及如何在孩子们成为成人时放手让他们自由发展。走向衰老时，我们必须学会如何处理日益衰弱的身体状况，如何以有意义的方式利用珍贵的时间，以及最终如何处理自己即将面临的死亡。学习的需求永不停止。我们都面临或即将面临这些学习挑战，我们的父母、祖父母以及我们的子孙后代也同样如此。人们如何了解并面对这些反复出现的人生问题，既影响到生活质量，也影响到与他人的互动。

然而，在人生中还有其他的舞步，它们在性质上更具线性，会随着时间而改变。社会和世界飞速变化，每一代人都面临着不同于前几代人的新情况。今天的人们就面临着许多父母辈和祖父母辈没有面对过的学习需求，至少在某些内容上是全新的学习需求。以下这些例子将展示其中部分新需求。

- 技术：现代生活中，几乎每个方面都要求人们必须学习使用各种技术，如汽车、家用电器、电视、录像机、摄像机、计算机等等。

- 医疗保健：我们有新的机会也有新的必要，去了解身体相关的方方面面（如卡路里、胆固醇和心脏骤停）。我们还必须了解和选择不同的医疗方法，如传统医学、针灸、预防保健、物理疗法、按摩疗法等等。

- 青少年生活：现在的父母、教师和儿童都面临着毒品、暴力和性行为在青少年生活中起到的负面作用和巨大影响，因此必须对此有所了解，这与上一代人完全不同。

- 环境质量：个人和公共机构必须了解，我们的活动以及丢弃的特定产品，对环境的影响。

- 组织效能：随着企业、社会和政治组织的规模越来越大、越来越复杂，我们都发现有必要比以往更多地具有组织效能和领导能力。

- 退休：退休人员在投资战略和老年人公共援助计划（如医疗补助和医疗保险）上，需要进行更复杂的决策。

由于这些变化，我们今天所面临的学习挑战与祖先所面临的挑战大不相同；同样，也将与子孙后代所面临的挑战大不相同。这意味着，在某些类型的学习中，我们不能简单地照搬前人的学习内容和方式，而必须开展全新的学习。

所以放眼望去，无论何处，人们都在学习或者需要学习。事实上，有一位作者着眼现代社会撰写了一本著作——《作为生存之道的学习》(*Learning as a Way of Being*) (Vaill, 1996)。显然，现代社会中的所有人，无论身处何处，如果想要过上充实、有意义和有效的生活，都需要终其一生保持学习。一个人如果停止学习，他就停止了人生。

二、优质学习的价值和意义

对于这种普遍和永久的学习需求，人们应该如何应对？应对方式多种多样，但我们可以在其中找出相似性和差异性。相似之处在于，几乎每个人都在学习，无论是非正式的还是正式的；不同之处在于，有些人在学习需要学习的东西，而另一些人却没有。成功学习者的一个重要方面在于，他们培养了一种强烈的自我意识。

（一）人是怎样学习的

我们用什么方式学习？一般情况下，学习的方式有三种。

1. 个人非正式学习

当我们对日常生活经历做出回应和反应时，产生的学习是非正式的，甚至是偶然的。我们对自己和他人的了解，很大程度上源于对生活中特定事件的解释，有时甚至是误解。我们对他人行为的感知，谁喜欢我们，谁不喜欢我们，我们是否认为自己聪明、有能力或愚蠢、无能——这些都是从日常经验中非正式学到的东西。

2. 个人有目的学习

另一种类型的学习更有目的性，但仍然是受个人控制的。图赫（Tough，1979）记录了"成人学习项目"广泛存在的实况。他发现，大多数成年人通常会识别出自己想学的特定事物，然后开始寻找针对此事物的特定学习方式。

几年前，在执教儿子所在的足球队时，我经历了这种学习，可以作为一个案例。和许多父母一样，我执教了一项自己从未参加过的运动。最初，我具备的技能足够应对组织训练和鼓励孩子的工作。但是随着时间的推移，球队（在我的指导下）并没有比其他球队做得更好。因此，我决定要么做得更好，要么退出教练岗位。所以我四处寻找，看看哪些学习资源能够提供帮助。最后，我找到了书籍、录像带和一个面向青少年足球教练的社区辅导机构。我利用了这些学习机会，它们对我的训练能力产生了很大的影响。借用图赫的术语来说，我参加了一个成人学习项目，设定了一个个人学习目标，并找到了实现这个目标的资源。

3. 正式学习项目

第三种普遍的学习形式是由他人组织的正式的、结构化的学习机会。学校内的个人、团体和整个机构，提供各种结构化学习项目，如课程、学位项目、工作坊、研讨会、培训项目等等。

这种更加正式的教育经历在社会和个人生活中发挥着越来越重要的作用。目前，几乎每个行业都在鼓励从业人员，以强制性或自愿的专业发展形式继续学习。个人还会选择参加研讨会和工作坊，帮助处理个人生活中的特定问题，如父母养育、医疗保健、心理或家庭问题、财务管理、退休等等。企业在员工培训项目上投入了越来越多的资源，有些是直接地，有些只是间接地与手头的工作相关。企业领导者已经认识到受过更好的教育后员工带来的回报。随着正式教育项目对个人生活和整个社会越来越重要，如何使这些项目尽可能有效变得至关重要。

（二）作为学习者的自我意识

尽管上述三种学习机会对我们所有人都是开放的，但人们对这些机会的反应方式是截然不同的。其中一个很大的区别在于，人们作为学习者的自我意识强弱有别。

对一些人来说，学习是被动发生的。虽然他们有些许学习经验并能够对此做出反应，但总的来说，在学习中他们的自我形象相对薄弱、消极。他们不清楚自己需要学什么，甚至不清楚自己想学什么。他们需要其他人，比如父母、老师或朋友等，安排好学习内容和学习方式。他们的学习就像在沙漠里四处洒水。水洒在地上，但没有任何有意义的东西能从中产生。他们是在学习，但所学的并不会以任何有意义的方式改变、增强或转变自己的生活。

另一些人则更主动地认为自己是学习者。在日常生活中，他们承担着寻找和学习所需知识的责任。他们知道自己是谁，知道自己想在生活中做什么。基于此，他们对自己需要和想要学习的东西有了一种感觉，并且已经制定或知道如何制定适当的学习策略。这些人通常可称为自我指导的学习者（self-directed learners）（Knowles，1975），或是有意图的学习者（intentional learners）

（Martinez，1998）。

对这群人来说，学习就像是给花园浇水。他们知道自己希望花园里生长什么植物，已经准备好了土壤，种下了种子，然后在整个生长季节小心地给花园浇水。正是由于适当浇水，他们最终可以收获植物，享受一顿既能滋养身体又能滋养精神的美味大餐。

如果一个人有很强的自我指导的学习意识，他就能更好地回应自己内在的学习需求。如果人们能够培养出更强烈的自我指导的学习意识，学习到他们需要学习的东西，社会就会变得更好。

三、优质教学的价值和意义

到目前为止，我提出了两个密切相关的观点：第一，高质量的学习对于高质量的生活是绝对必要的；第二，正式的教育项目在社会中变得越来越重要，因为人们面临的生活问题越来越多，需要新的视角、知识和技能来面对。在某种程度上这是真的，因此，人们亟须找到方法使这些教育项目尽可能有效发挥作用。这也就解释了，为什么各州和地方政府如此努力改善公立学校，为什么高等教育问责运动背后有如此强大的推动力量。因为公众和社会领袖们都知道，我们需要更好的学习，这也意味着我们需要更好的教学。

然而，"更好的教学"有双重含义：一方面，教师需要帮助人们学习一些真正有意义的东西，我将其称之为与所研究主题相关的意义学习；另一方面，教师需要帮助人们培养一种强烈的、积极主动的学习者意识。如果我们希望创建学习型组织，更广泛地说，创建学习型社会，这两方面都是绝对必要的。我们需要有一大批人知道有意识、有目的学习的价值，知道如何自觉地参与其中。我们只有学会如何促进这种学习，才能避免继续培养出这样的人：他们知道如何通过课程考试，顺利毕了业，但在生活中只能成为二流的学习者。

四、新的教学隐喻：舵手

隐喻是描述和理解生活的有力方式。多年来，教师们为自己的工作创造了许多隐喻。最近出现了一个流行的隐喻，用来区分新教学方法和传统教学方法：“做一个‘身旁向导（guide on the side）’而不是‘讲坛圣贤（sage on the stage）’。”这是一个很好的隐喻，因为当教学主要集中于授课时，它会严重限制人们的意义学习。这个隐喻也高度重视、鼓励学生对自己的学习负责。然而，身旁向导的隐喻也有问题，因为相比大多数好教师，这一形象看起来更为被动。因此，我自己也在寻找一个新的隐喻，希望能够抓住这一点和其他重要的特征。例如，教师往往是主动和被动兼而有之；教师之间也是相互依存的，每个教学参与者都必须胜任自己的个人角色，所有的努力需要认真的团队合作、协调一致。

因此，我想为教学提供一个新的隐喻：教师是学习经验的“舵手（helmsman）”。（这个概念来源于我在野外急速漂流的经验。为了适应这个时代对性别的敏感，我试着用“掌舵人（helmsperson）”一词来代替。但这似乎比原来的更麻烦，更缺乏效果，而且无论男性、女性都不会在漂流时使用它。因此，我希望读者能接受这一说法，这只是一个泛指，而不是一个特定性别的术语。）野外漂流时，几个人一起乘着木筏，将它驶向一条险急的河流，避让水中岩石，最终到达下游某处目的地。大多数人在木筏的两边划桨。由一个人——通常是最有经验的那个——担任舵手。舵手的工作在于指挥和协调划桨手。

教师作为舵手的隐喻抓住了整个教学情境的许多重要特征，也反映了不同角色之间互动的实质。整个小组都必须看到，有一项重要而富有挑战性的工作要做（意义学习）；舵手（教师）是一个领导者，在协调其他人行动方面发挥着重要作用。但划桨手（学生）也必须了解自己的角色（研究和学习），了解如何与他人合作，即每个人在学习过程中都必须相互支持。这是一个协同的团队努力，教师发挥积极的领导作用。

根据小组和组长的决定，漂流队伍可以决定木筏驶入缓慢、平坦的溪流（容易的学习），也可以进入湍急、凶险的河流（更具挑战性的学习）。后者更困难，但如果成功的话，也更令人兴奋，更有回报。

要成功地完成后一种挑战，每个人都需要在学习过程中发现彼此的精神，发现要学习的主题和内容。特别是舵手，必须善于发现每个人的能力和集体的能力。划桨手（学生）必须发现自己有什么能力、其他人有什么能力、领队有什么能力；还要发现，如何通过互相信任的精神，与团队的其他成员一起工作，共同提高所有这些能力。

隐喻的作用是展现任务或情境的重要特征。教师作为舵手的隐喻，提供了一个多方面的视角，让我们了解教学达到最佳状态时，可能会发生什么。

五、本书思想的作用

如果我们希望通过学习提高舞动人生的能力，如果我们希望拥有强烈的学习者自我意识，本书中提出的思想有什么帮助？我将分别就三个主要议题发表意见：意义学习、综合课程设计和更好的组织支持。

（一）意义学习

意义学习分类法提供了一种特殊的语言，用以描述学生在课程中可能学到的东西，最终能够提升我们的教学目的。当教师想象真正想要学生学习什么，当学生反思从真正优秀的教师那里学到了什么，双方都会首先考虑理解这个科目，但绝不应仅限于此，进一步地，还会包括学习如何应用它。那么，师生所期望的各种意义学习，最终包括哪些内容呢？

意义学习分类法确定了六种意义学习，教师可以利用它们为自己的教学设定更令人兴奋的教育目标。

- 基础知识：理解并记忆通常所说的课程内容，包括关键概念、原则、关系和事实。
- 应用：能够专注于思考某一科目（如批判性思维、创造性思维、问题解决和决策制定），发展其他关键技能，学习如何管理复杂项目。
- 综合：确定知识领域、特定想法和人群之间的相似性和互动性。
- 人文维度：以更好的新方式与自己、与他人互动；发现新知识对个人和社会的影响。
- 关心：改变与某一科目相关的兴趣、情感或价值观。
- 学会学习：获得更好的学习技能，学习如何查询和构建特定学科知识，学习如何成为一个自我指导的学习者。

能够设定这样的学习目标，学生就有可能获得意义学习经历。但是，有了新的、更雄心勃勃的目标，还需要我们将这些目标与课程中更强大的学习经历联系起来，否则只会让期望落空。这就是为什么教师需要学习如何创造更多意义学习经历。

（二）综合课程设计

综合课程设计模式是支持教师开展意义学习的工具。它之所以具有这样的能力，是因为它结合并吸纳了现有的强有力的教学理念，例如主动学习和教育性评估；综合课程设计模式还展示了如何通过连接和整合增加这些（和其他）思想的影响。

在这个模式中，教师需要认真开展三个阶段的工作，才能最终完成课程设计。

初始阶段：设定合理的基础因素

1. 确定重要的情境因素

2. 确定意义学习目标

3. 制定合理的反馈和评估体系

4. 挑选有效的教学活动

5. 确保这些基础因素相互融合

中期阶段：将基础因素综合为一个统一整体

6. 构建课程的主题结构

7. 选择或创建教学策略

8. 整合课程结构和教学策略，建立总体的学习活动计划

最后阶段：完成其他重要任务

9. 建立评分体系

10. 调试可能出现的问题

11. 制定课程大纲

12. 制订课程及教学评估计划

如果教师能够仔细研究这三个阶段，运用每一个步骤学习如何设计课程，那么他们将拥有一个非常有效的课程设计。设计仍需实施，但优良的设计打下的基础，使学生和教师才有可能性迎来真正的意义学习经历。

（三）更好的组织支持

为了学习如本书所述的新教学方法，教师需要花费必要的时间和精力，因而需要得到比目前更多的组织支持。首先，教师所在的学院和大学需要采取某些改革提供这种支持。

- 确保本校的组织和运作方式内部一致。
- 支持教师努力学习新的教学理念，使专业发展成为教师工作的一个组成部分；建立教师发展中心，帮助教师学习新的教学理念。（教师可以学习的相关资源列表，请参阅本书附录 B。）
- 确保校领导，特别是学院院长，可以与教师一起决定如何为专业发展提供时间。
- 对教学进行评估，培养教师以学生学习为中心的教学观，推动教师关注如何改革以进一步提高教学质量。
- 建立机制，使学生理解是什么构成了良好的教与学，使学生能够与运用新思想的教师合作。

支持教师的第二个方式是参与高等教育的各种组织。以教育为重点的全国性组织，可以合作开展一项重大的国家项目，为高等院校制定良好教学的定义，这样高校在努力促成良好教学时可以利用这一定义。这一定义，需要能够适应广泛的学科和不同的教学情境；还需要足够具体，以区分良好的教学和平庸的教学。如果能够拥有这样一个定义，高等院校最终将有一个有效的基础，以辨别和奖励真正优秀的教师，并评价本校的教学质量。

认证机构需要继续保持现有的趋势。这项政策，鼓励各个院校提供证据，证明学生正在取得各种各样的意义学习结果，证明教师正在定期从事专业发展活动，学习如何尽可能有效地开展教学。

政府、公司和私人组织的资助机构资助与教育有关的项目。这些机构在描述期望资助的项目类型时，如果能要求申请人明确在项目中将要推广的意义学习类型，并说明所提议的活动如何反映有效教学设计的原则，例如主动学习和教育性评估，也将更有益于教师发展。

学科协会目前支持以各种方式改进其学科教学工作，但是，这些协会可能会对其学科范围内的教学实践产生更大的影响，只要这些协会的活动反映了所有的可能性：提供工作坊，将大学教学的主要思想与特定学科联系起来；赞助和组织关于有效教学的研究；提供平台（会议、期刊、网站等），学科教师可以在其中分享自己教学的关注点、实验、研究和成功；提供材料（书籍、论文、视频、CD），总结并综合良好实践的经验；与区域机构和其他国家组织合作，解决影响教学的政策问题。

越来越多的大学教学期刊将对读者的教学产生更大的影响，只要编辑、作者和评论员牢记以下几点建议：将文章与大学教学一般文献中的一些主要观点联系起来，将重点从具体的技术扩展到更广泛的教学策略，并提供教学设计所有关键组成部分的信息（情境因素、学习目标、反馈和评估、教和学的活动以及这些组成部分之间的关系）。

如果高等院校和其他高等教育机构能够为教师提供这种支持，我相信教师会做出反应，为学生提供完全不同的、卓越的学习经历。

六、充分利用师生互动

尽管到目前为止，我们讨论的课程设计思想和建议都很强大，但它们本身并不足以激活良好教学的全部人类意义。良好的教与学还需要师生之间的良好互动。目前，我看到三个概念在实施教学设计时似乎能够提高与学生的互动：教师信誉、领导力和教学的精神维度。

（一）教师信誉

这一概念来源于传播学对演讲者可信度或"信息源可信度"的研究（Cooper & Simonds，1998）。其最基本的观点是，演讲者（或教师）与听众交流时，听众都会对演讲者是否可靠或可信做出判断。如果听众相信，他们会关注演讲者的意见和想法；如果他们不相信，就会对演讲者置之不理，把精力转移到其他地方。

传播学研究人员收集了一些数据，分析了是什么使某演讲者可信或不可信，并对这些数据进行了因子分析。根据研究者的偏好，他们提出了三因子、四因子或五因子的模型。我偏好三因子的版本，类似于库兹和波斯纳（Kouzes & Posner，1993）在他们有关领导者信誉一书中讨论的版本。这个版本的结论是，影响演讲者可信度的主要因素是能力、信任度和活力。当应用于教学和学习现场时，这个概念建议学生评估教师，分析每个教师是否称职、值得信赖和充满活力，最终决定是否参加他们的教学和课程。

三个因子存在于两个层面上，这两个层面都很重要。教师在现实中可能是（或不是）称职的、值得信赖的或充满活力的，这一点很重要。但是，在学生眼中教师是否是称职的、值得信赖的、充满活力的，这一点也很重要，并与另一个层面相对独立。例如，事实上有时一些相当称职的教师也会做一些让学生认为他不称职的事情。如此，尽管教师有实际的能力，教师的信誉依然会下降。

教师信誉的概念引导我们提出这样一个问题：什么样的行为会影响学生对教师能力、信任度和活力的看法？不同的受众讨论了这个问题，并生成了每个因素对应的行为列表，如表 7.1 所示。

表7.1 教师信誉特征的描述

能　力	信任度	活　力
学科知识	关心学生的最大利益	学科兴趣
发生以下行为时，学生会认为教师（基本称职、值得信赖、充满活力）：		
•能很好地解释复杂问题 •具有良好的课堂管理技能 •能够回答学生的问题 •参考他人的重要作品 •沟通良好 •对所教的内容亲自动手实践 •有广泛的信息基础	•兑现承诺 •及时反馈 •为评分提供合理解释 •不偏见，多角度进行教学 •对学生一视同仁 •从不让学生难堪 •灵活机动	•精力充沛 •有趣 •灵活，适当偏离主要内容以增加学生兴趣 •具有良好的表达能力 •使用多种教学方式 •不可预测 •积极地与学生沟通 •为班级增添自己的个性

许多教师发现，这一概念和相关行为清单帮助他们改善了师生关系。他们可以发现自己正在做或不做的事情可能会引起问题，而这些事情往往相对容易改变。做出这些改变的教师会发现，师生关系在此后有了显著的改善。因此，这一概念对于加强师生互动具有重要价值。

（二）领导力

与师生关系主题相关的第二个一般概念是领导力。正如本书第一章图 1.1 所示，我相信所有教师在从事教学时都会承担四项基本任务：① 掌握教学主题相关知识，② 设计学习经历，③ 与学生互动，④ 管理课程。根据我的经验，这四项中对高校教师最大的两个限制因素是设计过程以及师生互动。有些教师做得很好，但我们中的许多人还没有学会如何去做这些事情为学生带来强大的学习体验。本书旨在帮助教师掌握这两个因素中的第一个。但是与学生互动也很重要。

当我思考教学的第二个方面时，领导力的概念已经成为一种技能，它将帮助我们确定在与学生的互动中需要注意什么。在过去的二十年里，通过阅读该主题相关的大量文章，我形成了自己对领导力的定义，即激励并使其他人做好重要的事情。这一定义的每一个要素都对教师工作有影响。

"其他人"：在本书中，其他人显然是指我们的学生。

"激励"：如果我们想成功地领导学生，首先必须弄清楚如何激励他们，也就是如何让他们愿意学习这门课程。如果不能，就不会成功地实现我们的任何愿望。在课程的第一天简单地告诉学生，"我相信这门课很重要；现在是关于第一个专题的授课"，显然不足以激励他们进行高质量的学习。

"……使……"：除了激励学生，我们还必须使他们努力学习。能否使学生更努力的关键在于课程设计的质量。我们需要有好的学习目标、真实性评估任务、清晰的学习任务等等。此外，尽管如此，我们还必须与学生进行交流，以一种创造尊重、给予有益反馈、澄清理解的方式，单独或集体地进行交流等。所有这些都将促使学生学习，并使他们的努力产生真正的、有价值的学习。

"重要的事情"：我们需要在主题知识和生活知识之间建立桥梁——正如在学生理解和实践之间建立桥梁一样。这也是意义学习分类法可以提供帮助的地方。它可以促使我们考虑更广泛的可能的学习结果，而不仅仅是我们能想到的。

"好"：我们不仅仅希望学生学会解决问题、批判性思考或作为团队的一员开展工作，我们还希望他们把这些工作做好而不是勉强令人满意。这意味着学生——而不仅仅是我们这些教师——需要了解什么是高质量的工作，并知道如何在这一水平上工作。这就是为什么必须要有好的量规，为什么需要让学生使用这些量规评估自己的学习。

回顾这些领导力的要素，我们明白了为什么在高等教育中，拥有先进的学科知识很重要，但还不够。仅依靠这种知识优势，并不能帮助我们发展与学生单独或集体互动的技能，因而并不能激励学生，促使他们学得更好。为此，我们还要在人、领导力、团队动力等方面同样拥有先进的知识。

还有人可能会发现，其他的领导模式对他们来说更有意义，这很好。我唯一的观点是，当前存在的各种各样的领导力概念，有潜力为教师提供一种方法，分析和加强师生互动。

（三）教学的精神维度

20 世纪 80 年代以来，帕克·帕尔默一直以一种全新的方式探索教育、书写教育。他的两本书——《再认识：教育的精神》（ *To Know as We Are Known: A Spirituality of Education* ）（1983）和广为人知的《教学勇气：漫步教师心灵》（1998），从教学的精神维度这一特殊视角，阐述了其基本观点。在一般意义上，帕尔默提出，需要引入三个重要的维度扩大我们对教学的理解：智力、情感和精神（Palmer，1998）。当写到教学的精神维度时，他指出，"我们以各种不同的方式来回应内心与芸芸众生相联系的渴望，这是一种激发爱与工作的渴望，尤其是被称为教学的工作"（Ibid. : 5）。

如果一个人从精神角度看待教学，他会看到新的、不同因素的重要性：爱、祷告教育、整体性、连接性、知者和知识之间的有机联系等等。这种新语言的核心是一种观点，认为教育是三种主要影响因素相互作用的结果：教师、学生和学科。所有这些因素都相互依存，相互关联，并深受其他两个变量的影响。但是帕尔默把学科放在这个关系的中心；他把教师和学生看作是试图共同学习学科真理的同伴。

为了追求教学的精神维度，帕尔默认为教师可以采取一系列行动，这也是必需的。他们必须建立强大的个人认同感与正直形象。然后，还必须学习如何创建一个社群，学习如何"在社群中求知""在社群中教学""在社群中学习"。所有这些都涉及一种高度发展的能力，即通过演讲和祈祷，深入倾听学生和学科。所有这一切的目的是帮助学生，与学科、与教师、与自己和集体，发展一种情感、智力和精神上的联系。

帕尔默显然是这个专题上最引人注目和影响最广泛的作家，尽管如此，也有其他学者探讨了相关问题，即精神和爱如何成为师生之间关系和互动的一部分。奇克林和他的同事写了一篇文章，通过提供不同的认识、存在和实践方式，鼓励学生之间的可靠性和精神成长（Chickering et al.，2005）。霍普与斯佩克（Hoppe & Speck，2005）在《教与学新方向》（*New Directions for Teaching and Learning*）杂志上，编辑了一期题为"高等教育的精神"（Spirituality in Higher Education）的特刊。亚历山大·阿斯廷（Alexander Astin）和他所在的学院撰写了一本书，用于培训教师如何帮助学生理解教育和生活，培养使命感，处理所经历的价值和信仰困境，以及更好地理解宗教在生活中神圣和神秘的作用（Astin et al.，2010）。

教师信誉、领导力和教学的精神维度，这三个途径为教师提供了多种思考和尝试的可能性，以加强和改善他们与学生的互动和关系。这些内容，结合设计学习经历的新思想，可以为教师开展教学活动提供强大的动力。如果在教学的这些方面教师都能够有所发展和提高的话，其结果不仅给学生，而且给教师自身也能够带来更加有力和更加令人兴奋的学习经历。

七、我们应该放弃传统的教学方式吗？

对于这一问题需要添加一个重要的限定。我一直强调教师需要学习新的教学理念，本书的许多章节也对比了传统教学实践和过去几年教学理论中新思想带来的成就。我对这些新教学思想深信不疑。

同时我认识到，并且也相信，这些传统教学方式虽然有待改进，但也有很好的方面，应该千方百计加以保留。人文学科有一个悠久的传统，即密切关注所研究的文本，利用讨论和论文写作促使学生进行深刻的自我反思。自然科学研究传统中一个有价值的部分是使用实证研究，其中一些研究发生在实验室环境中，另一些则发生在各种现场环境中。社会科学擅长使用案例研究以及其他将社会现实带入课堂的方法，这一点具有巨大的价值。

这些传统本身就有价值，但独立使用时影响有限。如果能够将它们与更强大的课程设计结合起来，并通过更强大的师生互动形式加以实施，这种影响就会大大增加。因此，教师的真正任务是学习新思想，找出自己学科或教学领域传统中的优点，然后创造一种结合两者优点的教学新形式。

八、优秀教学的原则与精神

当我们努力在传统教学方式的基础上发展，同时又超越传统教学方式时，将被迫做出选择。此时，我们需要确定优秀教学的正确原则和精神。

我不确定是否还有什么东西可以作为良好教学的规则，但似乎确实还有一些原则。例如，在课程设计领域，我看到了一些关键原则。课程设计的基本组成部分应将主动学习和教育性评估作为实现意义学习目标的一种方式；课程结构和教学策略应体现差异化和综合化；等等。

如果这些构成了教学的关键原则，那么，正确的教学精神又该怎么说呢？寻找这个问题的答案时，我认为我在人类活动的其他领域找到了正确的精神。在每个案例中，关键是对自己所做的事拥有一种爱或激情。这可能包括对音乐或绘画的热情（对艺术家而言），为顾客提供高质量产品或服务的热情（对商界人士而言），或是帮助病人恢复健康的热情（对医生而言）。

对教师来说，拥有正确的精神也包括爱。我的好朋友兼同事汤姆·博伊德（Tom Boyd），是一位非常有名的教师。他写道，好教师必须热爱他们的学科，热爱他们的学生，热爱教与学的过程（Boyd，1997）。这三种热爱都是必要的，省略其中任何一种，教学行为就会变得专制、无方向或无效。

正确的自尊还包含谦逊这个重要方面，因为它使我们认识到，在任何时候，我们都不可能知道关于这门学科的一切，不可能知道学生的一切，也不可能知道如何教学生掌握这门学科的一切。最后，这种热爱使我们能够接受自己的局限，认识到所需的一些学习必须来自学生内心以及学生之间的互动，而不仅仅是来自学生与教师的互动，也不需要仅仅依赖这一过程。

九、一个关于未来的梦想，如果……

大多数人都知道马丁·路德·金（Martin Luther King）的著名演讲——《我

有一个梦想》(I Have a Dream),或是读过文字或是看过视频片段。这是一个鼓舞人心的演讲,不是因为这是他的梦想,而是因为它给了我们所有人一个清晰而有力的社会形象,即我们所有人都可以珍惜并为之努力的社会;演讲所指出的社会,是一个综合的、包容多元文化的社会,所有人都能在其中真正体验自由。

同样,我也有一个梦想。这个梦想关于教学、学习和高等教育,也关于学习在个人和社会生活中的作用。这就是我在梦中看到的:

我看到人们,所有的人,过着不断学习的生活。在人生的每一步和每一个阶段,他们都认识到学习的必要性,都清楚地看到学习是如何丰富和增强生活的。

除了认识到高质量生活和高质量学习之间的强大联系,他们还知道如何学习需要学习的东西。他们清楚地知道可以使用的不同学习策略,并且知道如何使用这些策略:获得新的经验,反思新旧经验的意义,获得新知识和想法,与其他人建立联系,观察那些能够提供特殊课程的人,也参加正式的教育项目。

世界各地的人们之所以能够这样做,是因为他们已经从正式和非正式的学习经历中了解到,与生活相关的学习具有重要价值。他们的家长、朋友、社区伙伴和教师都清楚地阐明了持续学习的重要性,以及不同的学习方式。

虽然每个人都在这一过程中扮演着重要的角色,但是教师扮演着特别关键的角色。教师有责任设计构成学习经历的情境。作为教师,他们需要多层次地支持学习。教师不仅帮助人们学习手头的科目和专题,而且还帮助人们了解学习的重要性和继续学习的特殊方式。因此,这些教师的学生才能更加意识到自己是学习者,并努力成为自我指导的学习者。

在这个梦想中,教师能够产生这样的多维学习经历,因为他们有足够的准备完成这个角色。教师也有必要的内部和外部激励,支持他们成为有效教师的承诺。

教师之所以有必要的准备、支持和认可,是因为他们所在的组织——中小学校、学院、大学、教会、企业、社区组织,都认识到教师教学能力的重要性,并制订计划,进行必要的组织变革以支持教师。

每个组织都能够提供这种支持,因为所有参与教育的组织都在帮助彼此朝着这个共同、共享的目标努力。这种努力能够协调地产生，是因为社会、教育，特别是高等教育的领导者认识到了高质量学习在社会中的绝对重要性，并学会了进行必要的组织变革。

这是一个伟大的梦想。但现在，这还只是一个梦。所有伟大的变革都是从有人设想一种新的、不同的做事方式开始。如果有足够多的人看到这个梦想，并认为这个梦想是值得的，事情就会开始发生，改变就会开始。如果你能想象，你就能做到。

我希望本书能激发你的想象力，帮助你找到一个新的梦想或几个值得追求的梦想。你可以想象成为教师、学习者或教育组织领导者的新方式。如果你是一名教师，并认真研究了本书中概述的思想和变革，我就有理由期望并坚信，你将逐渐成为一名合格的课程设计师。在实际应用时，作为一个负责他人学习经历的人，你会提高自己的能力和效率！

我也希望你们仔细研究本书中的思想，不是为了鉴别它们的真假，而是为了鉴别它们是否有用。这些思想不应该被看作是对或错的教条，而应该被看作是一只能够带你到达令人兴奋之处的木筏。如果这里提出的思想真的有用，它们将帮助教师、学习者和组织领导者创造真正丰富和增强人们生活的学习经历和教育计划。

这就是我的希望与梦想。

参考文献

Accreditation Board for Engineering and Technology (ABET). 1998. *Criteria 2000.* 3rd ed. Baltimore: ABET.

Ambrose, S. A., Bridges, M. W., DiPietro, M. et al. 2010. *How Learning Works: 7 Research-Based Principles for Smart Teaching.* San Francisco: Jossey-Bass.

American Association of Colleges for Teacher Education (AACTE). 2000. Students Learn More from National Board-Certified Teachers. Briefs. *AACTE Newsletter,* 21 (15): 1.

American Historical Association (AHA). 1998. AHA Statement on Excellent Classroom Teaching of History. *Perspectives (AHA Newsletter)*, 36 (4): 11-12.

Anderson, L. W. & Krathwohl, D. R., eds. 2001. *A Taxonomy for Learning, Teaching, and Assessing: A Revision of Bloom's Taxonomy of Educational Objectives.* New York: Addison Wesley Longman.

Angelo, T. A. & Cross, K. P. 1993. *Classroom Assessment Techniques: A Handbook for College Teachers.* 2nd ed. San Francisco: Jossey-Bass.

Annis, L. & Jones, C. 1995. Student Portfolios: Their Objectives, Development and Use. In *Improving College Teaching*, by P. Seldin & Associates. Bolton, Mass.: Anker.

Arum, R. & Roksa, J. 2011. *Academically Adrift: Limited Learning on College Campuses.* Chicago: University of Chicago Press.

Association of American Colleges (AAC). 1985. *Integrity in the College Curriculum: A Report to the Academic Community.* Washington, D. C.: AAC.

Association of American Colleges and Universities (AAC & U). 2007. *College Learning for the New Global Century.* Washington, D. C.: AAC & U.

Astin, A. A., Astin, H. S. & Lindholm, J. A. 2010. *Cultivating the Spirit: How College*

Can Enhance Students' Inner Lives. San Francisco: Jossey-Bass.

Bain, K. 2004. *What the Best College Teachers Do.* Cambridge, Mass.: Harvard University Press.

Barkley, E. F. 2010. *Student Engagement Techniques*: *A Handbook for College Faculty.* San Francisco: Jossey-Bass.

Barr, R. B. & Tagg, J. 1995. From Teaching to Learning: A New Paradigm for Undergraduate Education. *Change*, 27 (6): 13-25.

Barzun, J. & Graff, H. F. 1992. *The Modern Researcher.* 5th ed. Boston: Houghton Mifflin.

Baxter Magolda, M. B. 1992. *Knowing and Reasoning in College: Gender-Related Patterns in Students' Intellectual Development.* San Francisco: Jossey-Bass.

Baxter Magolda, M. B. 1999. *Creating Contexts for Learning and Self-Authorship: Constructive Developmental Pedagogy.* Nashville, Tenn.: Vanderbilt University Press.

Baxter Magolda, M. B. 2001. *Making Their Own Way: Narratives for Transforming Higher Education to Promote Self-Development.* Sterling, Va.: Stylus.

Bean, J. C. 1996. *Engaging Ideas: The Professor's Guide to Integrating Writing, Critical Thinking, and Active Learning in the Classroom.* San Francisco: Jossey-Bass.

Beaudry, M. I. 2000. How Much Content? Are We Asking the Wrong Question? *National Teaching and Learning Forum*, 9 (4): 1-4.

Bergquist, W. H., Gould, R. A. & Greenberg, E. M. 1981. *Designing Undergraduate Education.* San Francisco: Jossey-Bass.

Biggs, J. & Tang, C. 2011. *Teaching for Quality Learning.* 4th ed. Maidenhead, Berkshire: Open University Press.

Blackburn, R. T., Pellino, G. R., Boberg, A. et al. 1980. Are Instructional Improvement Programs off Target? *Current Issues in Higher Education*, 2 (1): 32-48.

Blaich, C. & Wise, I. 2011. *The Wabash National Study—The Impact of Teaching Practices and Institutional Conditions on Social Growth.* 2011 American

Education Research Association Annual Meeting. Wabash College, Center of Inquiry in the Liberal Arts, Crawfordsville, Ind.

Bloom, B. S., ed. 1956. *Taxonomy of Educational Objectives*: *The Classification of Educational Goals. Handbook I: Cognitive Domain.* New York: McKay.

Boice, R. 1992. *The New Faculty Member.* San Francisco: Jossey-Bass.

Bok, D. 2006. *Our Underachieving Colleges: A Candid Look at How Much Students Learn and Why They Should Be Learning More.* Princeton, N.J.: Princeton University Press.

Bonwell, C. C. 1992–1993. Risky Business: Making Active Learning a Reality. *Teaching Excellence*, 4 (3): entire issue. Available from POD Network in Higher Education, P.O. Box 9696, Ft. Collins, Colo. 80525.

Bonwell, C. C. & Eison, J. A. 1991. Active Learning: Creating Excitement in the Classroom. *ASHE-ERIC Higher Education Report*, 1. Washington, D.C.: George Washington University.

Boud, D. & Feletti, G. 1998. *The Challenge of Problem Based Learning.* 2nd ed. London: Kogan Page.

Bowen, J. A. 2012. *Teaching Naked: How Moving Technology Out of Your College Classroom Will Improve Student Learning.* San Francisco: Jossey-Bass.

Boyd, T. 1997. On Learning and Love. *Spotlight on Teaching*, 17 (2).

Braskamp, L. A. & Ory, J. C. 1994. *Assessing Faculty Work: Enhancing Individual and Institutional Performance.* San Francisco: Jossey-Bass.

Brookfield, S. D., ed. 1985. Self-Directed Learning: From Theory to Practice. *New Directions for Adult and Continuing Education*, no. 25. San Francisco: Jossey-Bass.

Brookfield, S. D. 1995. *Becoming a Critically Reflective Teacher.* San Francisco: Jossey-Bass.

Bruner, J. S. 1960. *The Process of Education.* Cambridge, Mass.: Harvard University Press.

Bruner, J. S. 1966. *Toward a Theory of Instruction.* Cambridge, Mass.: Harvard

University Press.

Calderon, J. 1999. Making a Difference: Service-Learning as an Activism Catalyst and Community Builder. *AAHE Bulletin*, 52 (1): 7-9.

Campbell, W. E. & Smith, K. A., eds. 1997. *New Paradigms for College Teaching.* Edina, Minn.: Interaction Book Company.

Campus Compact. 1998. *Wingspread Declaration on the Civic Responsibilities of Research Universities.* Available online: http://www.compact.org/initiatives/ trucen/wingspreaddeclaration-on-the-civic-responsibilities-of-research-universities/.

Candy, P. C. 1991. *Self-Direction for Lifelong Learning: A Comprehensive Guide to Theory and Practice.* San Francisco: Jossey-Bass.

Carnevale, A. P., Johnson, N. C. & Edwards, A. R. 1998. Performance-Based Appropriations: Fad or Wave of the Future? *Chronicle of Higher Education*: B6.

Cassel, J. F. & Congleton, R. J. 1993. *Critical Thinking: An Annotated Bibliography.* Metuchen, N.J.: Scarecrow Press.

Chandramohan, B. & Fallows, S. J. 2009. *Interdisciplinary Learning and Teaching in Higher Education: Theory and Practice.* New York: Routledge.

Chickering, A. W., Dalton, J. C. & Stamm, L. 2005. *Encouraging Authenticity in Higher Education.* San Francisco: Jossey-Bass.

Christensen, C. M. & Eyring, H. J. 2011. *The Innovative University.* San Francisco: Jossey-Bass.

Collingwood, R. G. 1993. *The Idea of History.* Rev. ed. New York: Oxford University Press.

Cooper, P. J. & Simonds, C. 1998. *Communication for the Classroom Teacher.* 6th ed. Boston: Allyn & Bacon.

Courts, P. L. & McInerney, K. H. 1993. *Assessment in Higher Education: Politics, Pedagogy, and Portfolios.* Westport, Conn.: Praeger.

Covey, S. R. 1990. *The Seven Habits of Highly Effective People.* New York: Simon & Schuster.

Cox, M. D. & Richlin, L. 2004. *Building Faculty Learning Communities*. San Francisco: Jossey-Bass.

Creech, W. L. 1994. *The Five Pillars of TQM*. New York: Plume.

Cross, K. P. 2001. Leading-Edge Efforts to Improve Teaching and Learning: The Hesburgh Awards. *Change*, 33 (4): 30-37.

Csikszentmihalyi, M. 1990. *Flow: The Psychology of Optimal Experience*. New York: Harper-Collins.

Csikszentmihalyi, M. 1996. *Creativity: Flow and the Psychology of Discovery and Invention*. New York: Harper-Collins.

Csikszentmihalyi, M. 1997. *Finding Flow: The Psychology of Engagement with Everyday Life*. New York: Harper-Collins.

Davis, B. 1995. *Interdisciplinary Courses and Team Teaching*. Phoenix, Ariz.: Oryx Press.

Davis, B. 2009. *Tools for Teaching*. 2nd ed. San Francisco: Jossey-Bass.

Diamond, N. A. 2002. Small Group Instructional Diagnosis: Tapping Student Perceptions of Teaching. In *A Guide to Faculty Development*, ed. by K. H. Gillespie. Bolton, Mass.: Anker.

Diamond, R. M. 1998. *Designing and Assessing Courses and Curricula: A Practical Guide*. Rev. ed. San Francisco: Jossey-Bass.

Dolence, M. G. & Norris, D. M. 1995. *Transforming Higher Education: A Vision for Learning in the Twenty-First Century*. Ann Arbor, Mich.: Society for College and University Planning.

Duch, B. J., Groh, S. E. & Allen, D. E., eds. 2001. *The Power of Problem-Based Learning*. Sterling, Va.: Stylus.

Duderstadt, J. J. 1999. Can Colleges and Universities Survive the Information Age? In *Dancing with the Devil*, ed. by R. N. Katz. San Francisco: Jossey-Bass.

Education Commission of the States (ECS). 1994. *Quality Assurance in Undergraduate Education: What the Public Expects*. Denver, Colo.: ECS.

Ellis, D. B. 2012. *Becoming a Master Student*. 14th ed. Covington, Ky.: Wadsworth.

Enos, S. 1999. A Multicultural and Critical Perspective on Teaching through Community: A Dialogue with Jose Calderon of Pitzer College. In *Cultivating the Sociological Imagination: Concepts and Models for Service-Learning in Sociology*, ed. by J. Ostrow, G. Hesser & S. Enos. Washington, D.C.: American Association of Higher Education.

Farrington, G. E. 1999. The New Technologies and the Future of Residential Undergraduate Education. *Educom Review*, 34 (4).

Flanigan, M. 1998. How to Create Writing Assignments for Students That You Enjoy Reading. *Spotlight on Teaching*, 18 (2).

Fink, L. D. 1984. The First Year of College Teaching. *New Directions for Teaching and Learning*, no. 17. San Francisco: Jossey-Bass.

Fink, L. D. 1995. Evaluating Your Own Teaching. In *Improving College Teaching*, by P. Seldin & Associates. Bolton, Mass.: Anker.

Fink, L. D. 2001. Improving the Evaluation of College Teaching. In *A Guide to Faculty Development*, ed. by K. H. Gillespie. Bolton, Mass.: Anker.

Fink, L. D. 2008. Evaluating Teaching: A New Approach to an Old Problem. *To Improve the Academy*, 26: 3-21. Annual collection of essays published for the POD Network in Higher Education. San Francisco: Jossey-Bass.

Fink, L. D. & Fink, A. K. 2009. Designing Courses for Significant Learning: Voices of Experience. *New Directions for Teaching and Learning*, no. 119. San Francisco: Jossey-Bass.

Finkelstein, M. J., Seal, R. K. & Schuster, J. 1998. *The New Academic Generation.* Baltimore: Johns Hopkins University Press.

Friedman, T. L. 2005. *The World Is Flat.* New York: Farrar, Straus and Giroux.

Fullan, M. 2001. *Leading in a Culture of Change.* San Francisco: Jossey-Bass.

Fullan, M. & Scott, G. 2009. *Turnaround Leadership for Higher Education.* San Francisco: Jossey-Bass.

Gardiner, L. 1994. Redesigning Higher Education: Producing Dramatic Gains in Student Learning. *ASHE-ERIC Higher Education Report*, 7. Washington, D.C.:

George Washington University.

Gardner, J. N. & Jewler, A. J. 1999. *Your College Experience: Strategies for Success.* 4th ed. Belmont, Calif.: Wadsworth.

Gibbs, G. P. 1992. *Improving the Quality of Student Learning.* Oxford, U.K.: Oxford Centre for Staff Development, Oxford Brookes University.

Gibbs, G. P. 1993. Deep Learning, Surface Learning. *AAHE Bulletin*: 10-11.

Goleman, D. 1995. *Emotional Intelligence.* New York: Bantam Books.

Goleman, D. 1998. *Working with Emotional Intelligence.* New York: Bantam Books.

Gower, B. 1997. *Scientific Method: An Historical and Philosophical Introduction.* New York: Routledge.

Healey, M. 1998. Developing and Disseminating Good Educational Practices: Lessons from Geography in Higher Education. Paper presented to the International Consortium for Educational Development in Higher Education's 2nd International Conference. Austin, Tex.

Heifetz, R. A. 1994. *Leadership without Easy Answers.* Cambridge, Mass.: Harvard University Press.

Hestenes, D. 1999. *Modeling Instruction Program.* Available online: http://modeling.asu.edu/R&E/Research.html.

Hoppe, S. L. & Speck, B. W., eds. 2005. Spirituality in Higher Education. *New Directions for Teaching and Learning*, no. 104. San Francisco: Jossey-Bass.

Jacoby, B. 1996. *Service-Learning in Higher Education: Concepts and Practices.* San Francisco: Jossey-Bass.

Jenkins, A. 1996. Discipline-Based Educational Development. *International Journal for Academic Development*, 1 (1): 50-62.

Johnson, D. W., Johnson, R. T. & Smith, K. A. 1991. Cooperative Learning: Increasing College Faculty Instructional Productivity. *ASHE-ERIC Higher Education Report*, 4. Washington, D.C.: School of Education and Human Development, George Washington University.

Kegan, R. 1994. *In Over Our Heads: The Mental Demands of Modern Life.*

267

Cambridge, Mass.: Harvard University Press.

Klein, J. T. & Newell, W. 1996. Advancing Interdisciplinary Studies. In *Handbook of the Undergraduate Curriculum*, ed. by J. G. Gaff & J. L. Ratcliff. San Francisco: Jossey-Bass.

Knowles, M. S. 1975. *Self-Directed Learning: A Guide for Learners and Teachers*. New York: Association Press.

Kolar, R. L., Muraleetharan, K. K., Mooney, M. A. et al. 2000. Sooner City—Design across the Curriculum. *Journal of Engineering Education*, 89 (1): 79-87.

Kotter, J. P. 1996. *Leading Change*. Boston: Harvard Business School Press.

Kouzes, J. S. & Posner, B. Z. 1993. *Credibility: How Leaders Gain It and Lose It, Why People Demand It*. San Francisco: Jossey-Bass.

Kuh, G. D. 2001. Assessing What Really Matters to Student Learning: Inside the National Survey of Student Engagement. *Change*, 33 (3): 10-17, 66.

Kuhlenschmidt, S. 2011. Distribution and Penetration of Teaching-Learning Development Units in Higher Education: Implications for Strategic Planning and Research. In *To Improve the Academy*: *Resources for Faculty, Instructional, and Organizational Development*, ed. by J. E. Miller & J. E. Groccia. San Francisco: Jossey-Bass.

Laufgraben, J. L. & Shapiro, N. S. 2004. *Sustaining and Improving Learning Communities*. San Francisco: Jossey-Bass.

Lazerson, M., Wagener, U. & Shumanis, N. 2000. Teaching and Learning in Higher Education, 1980–2000. *Change*, 32 (3): 13-19.

Lindbergh, C. A. 1927. *We*. New York: Putnam.

Lindbergh, C. A. 1953. *The Spirit of St. Louis*. New York: Scribner.

Loacker, G. & Rogers, G. 2005. *Assessment at Alverno College: Student, Program, and Institutional*. Milwaukee, Wis.: Alverno College.

Martinez, M. 1998. Intentional Learning and Learning Orientations. Available online: http://www.trainingplace.com/source/research/overview.htm.

Marton, F., Hounsell, D. & Entwistle, N., eds. 1984. *The Experience of Learning*.

Edinburgh, Scotland: Scottish Academic Press.

Marton, F., Hounsell, D. & Entwistle, N., eds. 1997. *The Experience of Learning.* 2nd ed. Edinburgh, Scotland: Scottish Academic Press.

Mazur, E. 1996. *Peer Instruction.* Upper Saddle River, N.J.: Prentice Hall.

McLeish, J. 1968. *The Lecture Method.* Cambridge, U.K.: Cambridge Institute of Education.

Mentkowski, M. 1999. *Learning That Lasts.* San Francisco: Jossey-Bass.

Mezirow, J. 1985. A Critical Theory of Self-Directed Learning. In *New Directions for Adult & Continuing Education*, no. 25, ed. by S. Brookfield. San Francisco: Jossey-Bass.

Michaelsen, L. K., Knight, A. B. & Fink, L. D. 2004. *Team-Based Learning: A Transformative Use of Small Groups for Large and Small Classes.* Sterling, Va.: Stylus.

Millis, B. J. & Cottell, P. G. 1998. *Cooperative Learning for Higher Education Faculty.* Phoenix, Ariz.: Oryx Press.

Moss, D. M. & Osborn, T. A. 2008. *Interdisciplinary Education in the Age of Assessment.* New York: Routledge.

National Association of State Universities and Land-Grant Colleges (NASULGC). 1997. *Returning to Our Roots: The Student Experience.* Washington, D.C.: NASULGC.

National Institute of Education (NIE). 1984. *Involvement in Learning: Realizing the Potential of American Higher Education.* Washington, D.C.: NIE.

National Science Foundation (NSF). 1996. *Shaping the Future: New Expectations for Undergraduate Education in Science, Mathematics, Engineering and Technology.* Washington, D.C.: NSF.

Newman, F., Couturier, L. & Seurey, J. 2004. *The Future of Higher Education.* San Francisco: Jossey-Bass.

Nilson, L. B. 2010. *Teaching at Its Best.* 3rd ed. San Francisco: Jossey-Bass.

Palmer, P. J. 1983. *To Know as We Are Known: A Spirituality of Education.* New York:

Harper-Collins.

Palmer, P. J. 1998. *The Courage to Teach: Exploring the Inner Landscape of a Teacher's Life.* San Francisco: Jossey-Bass.

Paul, R. W. 1993. *Critical Thinking: How to Prepare Students for a Rapidly Changing World.* Santa Rosa, Calif.: Foundation for Critical Thinking.

Paul, R., Elder, L. & Bartell, T. 1997. *California Teacher Preparation for Instruction in Critical Thinking: Research Findings and Policy Recommendations.* Sonoma, Calif.: Foundation for Critical Thinking.

Paul, S. J., Teachout, D. J., Sullivan, J. M. et al. 2001. Authentic-Context Learning Activities in Instrumental Music. *Journal of Research in Music Education,* 49 (2): 136-145.

Porter, L. W. & McKibbin, L. E. 1988. *Management Education and Development: Drift or Thrust into the Twenty-First Century?* New York: McGraw-Hill.

Rhoads, R. A. & Howard, J. P. F. 1998. Academic Service Learning: A Pedagogy of Action and Reflection. *New Directions for Teaching and Learning,* no. 73. San Francisco: Jossey-Bass.

Roberts, M. 1997. *The Man Who Listens to Horses.* New York: Random House.

Roberts, M. 2001. *Horse Sense for People.* New York: Viking.

Rose, C. & Nicholl, M. J. 1997. *Accelerated Learning for the Twenty-First Century.* New York: Dell.

Sabatini, D. A. & Knox, R. C. 1999. Results of a Student Discussion Group on Leadership Concepts. *Journal of Engineering Education,* 88 (4): 185-188.

Saunders, P. 1980. The Lasting Effects of Introductory Economics Courses. *Journal of Economic Education,* 12 (1): 1-14.

Schmidt, P. 2000. Faculty Outcry Greets Proposal for Competency Tests at University of Texas. *Chronicle of Higher Education*: A35.

Schön, D. A. 1983. *The Reflective Practitioner: How Professionals Think in Action.* New York: Basic Books.

Schön, D. A. 1987. *Educating the Reflective Practitioner: Toward a New Design for*

Teaching and Learning in the Professions. San Francisco: Jossey-Bass.

Schwab, J. J. 1962. *The Teaching of Science as Enquiry.* Cambridge, Mass.: Harvard University Press.

Seldin, P., Miller, J. E. & Seldin, C. A. 2010. *The Teaching Portfolio.* 4th ed. San Francisco: Jossey-Bass.

Smith, B. L. 2004. *Learning Communities: Reforming Undergraduate Education.* San Francisco: Jossey-Bass.

Smith, F. 1998. *The Book of Learning and Forgetting.* New York: Teacher's College Press.

Smith, G. 2008. First Day Questions for the Learner-Centered Classroom. *National Teaching & Learning Forum,* 17 (5): 1-4.

Spence, L. 2001. The Case against Teaching. *Change,* 33 (6): 10-19.

Sternberg, R. J. 1989. *The Triarchic Mind: A New Theory of Human Intelligence.* New York: Penguin.

Sutherland, T. E. & Bonwell, C. C., eds. 1996. Using Active Learning in College Classes: A Range of Options for Faculty. *New Directions for Teaching and Learning,* no. 67. San Francisco: Jossey-Bass.

Svinicki, M. D. 2004. *Learning and Motivation in the Postsecondary Classroom.* San Francisco: Jossey-Bass.

Svinicki, M. & McKeachie, W. J. 2013. *McKeachie's Teaching Tips.* 14th ed. Covington, Ky.: Wadsworth.

Tough, A. 1979. *The Adult's Learning Projects: A Fresh Approach to Theory and Practice in Adult Learning.* 2nd ed. Austin, Tex.: Learning Concepts.

Universidad El Bosque. 2011. *Políticas y Gestión Curricular Institucional.* Bogotá, Colombia: Universidad El Bosque.

Vaill, P. B. 1996. *Learning as a Way of Being.* San Francisco: Jossey-Bass.

Vaz, R. F. 2012. Designing the Liberally Educated Engineer. *Peer Review,* 14 (2). Washington, D.C.: Association of American Colleges and Universities.

Walvoord, B. E. & Anderson, V. J. 2010. *Effective Grading: A Tool for Learning and*

Assessment. 2nd ed. San Francisco: Jossey-Bass.

Weimer, M. 1993. The Disciplinary Journals on Pedagogy. *Change,* 25 (6): 44-51.

Weimer, M. 2002. *Learner-Centered Teaching: Five Key Changes to Practice.* San Francisco: Jossey-Bass.

Weimer, M., Parrott, J. L. & Keens, M. M. K. 1988. *How Am I Teaching? Forms and Activities for Acquiring Instructional Input.* Madison, Wis.: Atwood.

Wiggins, G. 1998. *Educative Assessment: Designing Assessments to Inform and Improve Student Performance.* San Francisco: Jossey-Bass.

Wiggins, G. & McTighe, J. 2005. *Understanding by Design.* 2nd ed. Alexandria, Va.: Association for Supervision and Curriculum Development.

Wilkerson, L. & Gijselaers, W. H., eds. 1996. Bringing Problem-Based Learning to Higher Education: Theory and Practice. *New Directions for Teaching and Learning,* no. 68. San Francisco: Jossey-Bass.

Wlodkowski, R. J. 1999. *Enhancing Adult Motivation to Learn: A Comprehensive Guide for Teaching All Adults.* Rev. ed. San Francisco: Jossey-Bass.

Wright, B. D. 2001. The Syracuse Transformation: On Becoming a Student-Centered Research University. *Change,* 33 (4): 39-45.

Zinsser, W. 1988. *Writing to Learn.* New York: HarperCollins.

Zlotkowski, E., ed. 1998. *Successful Service-Learning Programs: New Models of Excellence in Higher Education.* Bolton, Mass.: Anker.

Zubizarreta, J. 2009. *The Learning Portfolio: Reflective Practice for Improving Student Learning.* 2nd ed. San Francisco: Jossey-Bass.

Zull, J. E. 2002. *The Art of Changing the Brain.* Sterling, Va.: Stylus.

附录 A

计划课程：决策指南

    每当教师对课程进行计划或设计时，从本质上来说，他们是在就课程设计问题做出系列决策。在这里，课程设计包括教师和学生在课程中要开展活动的计划。本指南将指出课程设计的一些重要决策、以适当的次序排列这些决策、提出一些进行决策的建议和方法。我将这些决策分别归入课程设计的三个阶段。

- 初始阶段：设定合理的基础因素。
- 中间阶段：将基础因素综合为一个统一整体。
- 最后阶段：处理好重要细节。

一、初始阶段：设定合理的基础因素

决策一：你将面临什么样的教学背景？

仔细考虑你将面临的背景因素。

- 具体环境：学生数、教室类型等等。
- 总体环境：课程在整个课程体系中的位置、专业准备情况等等。
- 课程性质：是收敛性追求统一答案的还是发散性鼓励多样化的，是稳定的还是迅速变化的？
- 学习者的特点：已有知识、态度、成熟程度等等。
- 教师的特点：学科知识及对学科、对学生的感情，教学理念、经验等等。
- 教学上的特殊挑战：该课程教学方法上的主要挑战是什么？

决策二：你要达到什么目标？

    你设置了什么样的课程学习目标？你希望学生从课程中学到些什么？有以下几种可能。

- 基础知识：理解重要内容，包括事实、原则、概念等。

- 应用：思考技巧、身体和智力技巧、管理复杂课题。
- 综合：将思想、知识与生活各方面相联系。
- 人文维度：知道如何与自己、与他人交流。
- 关心：改变自己的情感、兴趣及价值观。
- 学会学习：学会在课程结束后继续学习。

决策三：如何判断学生是否达到目标？

如何判断学生是否已经达到目标呢？何种反馈与评估方法比较适当呢？
本附录后的表 A.1 提供了对不同目标进行恰当反馈与评估的方式。

- 针对每个具体目标，为了让你、让学生判断每一个学生、整个班级在实现该目标方面的进展情况，你可以收集什么信息呢？
- 纸笔考试对于哪些目标评价是有效的？哪些目标的评估需要反思性写作？哪些目标又需要通过观察学生表现进行评估呢？
- 你能提供何种反馈和评估方式真正优化学习过程，而不仅仅是提供打分的依据？

决策四：如何实现目标？

选择、设计反映主动学习原则的学习活动。

- 学生如何学习相关内容（即必要的知识和观点）？
- 学生需要何种实践与观察的经历？你能否创设丰富的学习经历，以帮助学生同时实现多个学习目标？
- 何种反思性对话可以帮助学生理解课程内容，并将内容与生活联系起来？你能否设计多种反思性对话的形式，比如一分钟作文、周记、学期末的学习总结等？

决策五：可提供帮助的人与物是什么？

找到能够提供帮助的资源。

正如本附录表 A.1 所示，课程设计工作表可以帮助我们确认为实现每个学习目标所需要的帮助资源。

- 学生需要（你能得到）哪些资源来协助完成决策四所列的学习活动？有

可能是人、地方或事物，包括媒体。

二、中间阶段：将基础因素综合为一个统一整体

接下来的三个决策设定了学习活动的基本框架。有时，教师会先执行决策六（创设课程结构）；有时会先执行决策七（创建教学策略）。我在这里将先执行决策六，因为这通常——但不总是——比较可行。

决策六：该课程的主要专题有哪些？

确定课程的主题结构。

• 确定 4～7 个主要观点、专题或主题。

• 以适当的次序排列这些内容。

• 如果可能，确保这些想法互为基础，并引出一个将这些观点、专题或主题加以综合的渐进性项目。

决策七：学生需要做些什么？

确认计划中意义学习所需要的学习活动，并将它们融合到有效教学策略之中。教学策略以一定次序组合学习活动，其应用周期通常是 1～3 周时间。每项活动应当增效性地建立在学生以往学习活动的基础之上，并为将来的学习活动做好准备。以下是教学策略的一些案例：

• 在系列讲解和阅读任务中间穿插 1～2 次期中测试。学生学习活动的次序为：听课——阅读——测试。

• 系列阅读、反思性写作和全班讨论（对每个主题都重复该次序）。学生学习活动的次序为：阅读——写作——交谈（该次序的一种变体是：阅读——交谈——写作）。

• 先进行实地考察或实验室观察，之后进行阅读和全班讨论。学生学习活动的次序为：做（或看）——阅读——交谈（有时也包括实验室工作或实地考察）。

• 讲解，之后进行实地考察或实验室观察。学生学习活动的次序为：听课——看或做。

• 学生完成指定的阅读任务，然后以个人或以小组形式参加小测试，再开

展以小组为基础的应用项目。学生学习活动的次序为：阅读——个人或小组测试——实践练习并得到反馈。

• 通过 4～6 周的发展阶段进行学习：学习知识与技巧，致力于小的应用项目研究，之后再是更大、更复杂的课题。学生学习活动的次序为：知识学习——方法学习——实践——再实践。

• 签订成绩合同——阅读课文和通过考试的得 C，发表一篇研究论文的得 B，再做一个扩展项目并加一份研究论文的得 A。

画一张图表也许有助于说明我们所希望的学习活动次序。一种可能的学习活动次序可如图 A.1 所示。

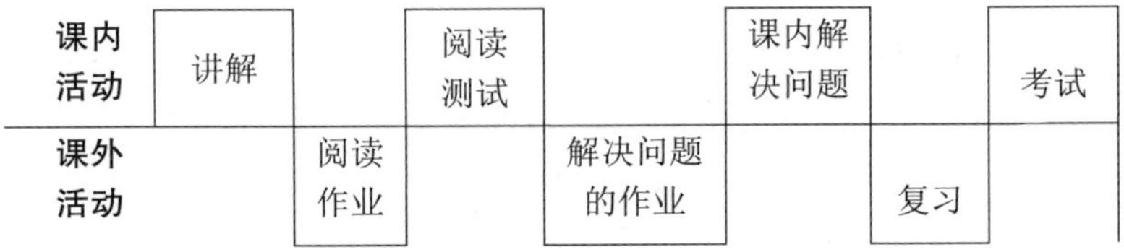

图 A.1　城垛图样本

决策八：学习活动的总体方案如何？

这个时候，你应该将课程结构和教学策略动态地整合为一体。

画一张课程结构和教学策略的图表，并设法强化这两个因素的协同工作将对我们有所帮助。这种图表的案例如图 A.2 所示。该图表只是一种可能的情况，它需要根据特定的教学环境做出调整。

好的课程设计与计划可以同时提供学习的差异化与综合化两个方面。

• 差异化体现在每天的各种学习活动中，体现在每个专题中，体现在学习的复杂程度和挑战程度的进展上，体现在专题一至专题四的转换里。

• 综合化应同时体现在每个专题内和不同专题单元的进展、转换当中。

总结这个过程，应能够为整个学期准备一张每周学习活动表。本附录末尾的表 A.2 有助于规划整个课程的学习活动计划。该表格假设每周有 3 课时，你可以根据不同课时安排做出适当调整。在你进行调整时，依次考虑以下问题可能会有所帮助。

- 应该先进行什么学习活动，也就是说，课程该如何开始？
- 你将以哪些学习活动来总结课程，也就是说，课程应如何结束？
- 课程中的学习活动的次序又该是怎样的？

课程设计规划非常重要。但同时我们也不能忘记这只是一个计划。就像所有的计划一样，它应该灵活可行，能在实施过程中及时进行调整。

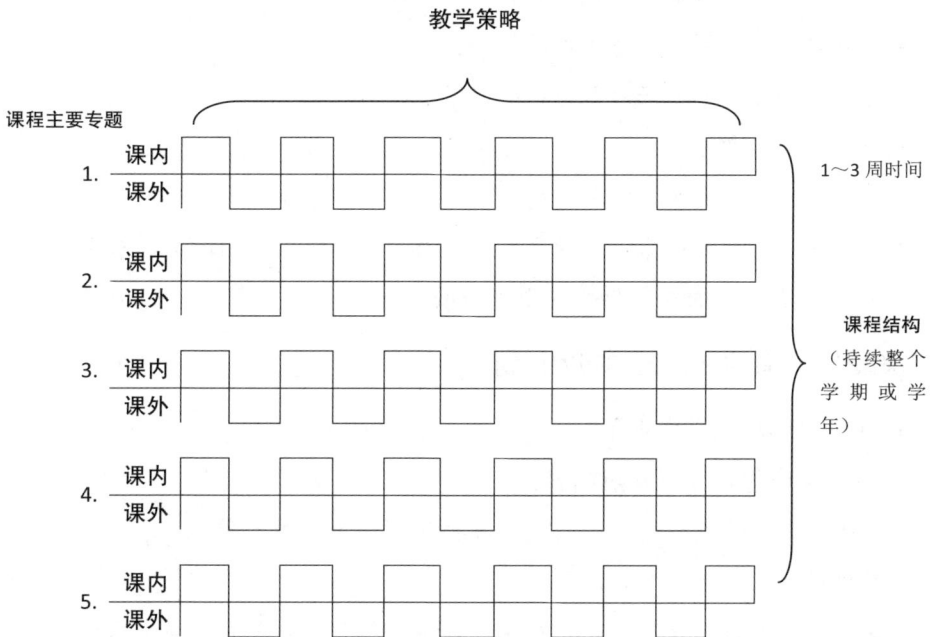

图 A.2 教学策略和教学结构安排

三、最后阶段：完成其他重要任务

决策九：怎样评分？

开发自己的评分体系。

- 该体系应当反映所有的学习目标和活动安排。（记住：不必对所有内容进行评分，但要确保对每一种想让学生记住的学习内容都进行打分。）
- 每一项内容在课程总评中的比重应反映学习活动的相对重要性。

决策十：有哪些可能出错的地方？

分析、评价课程设计的初稿，检查课程设计。

优秀课程设计的总体标准：

- 它是否为基于对情境因素的深入分析？
- 它是否包含更高层次的学习目标？
- 反馈和评估活动是否反映了教育性评估原则？
- 教与学的活动是否涵盖了主动学习？
- 这四个因素是否很好地整合在一起了？

可能出现的问题：

- 学生有时间完成课外任务吗？
- 他们能获得必要的帮助资源吗？（例如：多少学生会同时去图书馆找同一份阅读材料？有足够的馆藏供所有学生借阅吗？）

决策十一：让学生知道你如何计划

现在可以编写教学大纲了。

大纲至少应包含以下几点内容：

- 总体的课程管理信息——教员、办公时间、电话号码等。
- 课程目标。
- 课堂活动的结构和次序，包括主要任务、测试、课题的完成日期。
- 教材及其他要求学生阅读的材料。

评分方法：

- 课程相关政策：到课、迟交作业、考试作弊等。

决策十二：如何了解课程目前和过去的进展情况？

为课程和你的教学表现设计一个评估计划。

你需要什么样的期中、期末反馈？

关于以下方面，你有哪些具体问题？

- 你的课程目标实现的程度。
- 特定学习活动的有效性。

- 你与学生进行有效交流的能力。

你可以从何处获得回答这些问题所需要的相关信息？

- 课堂录像或录音。
- 学生访谈、学生问卷调查。
- 外来观摩者。
- 测试结果。

表A.1　课程设计工作表

课程学习目标	学生学习评价方法	学习活动	资　源
1.			
2.			
3.			
4.			
5.			
6.			

表A.2 学习活动安排顺序

周　次	课　内	课　外	课　内	课　外	课　内	课　外
1						
2						
3						
4						
5						
6						
7						
8						
9						
10						
11						
12						
13						
14						
15						
期末考试						

附录 B

推荐阅读

在工作坊结束后，教师们会经常来找我，要求提供一份关于意义学习、课程设计或大学教学具体层面的阅读材料清单。以下清单是我对此问题的回答。虽然这一清单不是包罗万象的，但至少可以作为阅读指南，它就教学的具体方面提供了有价值的想法，并包括了本书的几个主题：

- 一般课程设计；
- 制定学习目标的框架；
- 评估学生的学习；
- 创建学习活动；
- 运用科技开展教学；
- 使用学习小组；
- 关于大学教学的建议概要。

一、一般课程设计

这里列出的前两本书，也提供了一种以学习为中心的方法设计学习体验。威金斯与麦克泰（Wiggins & McTighe）使用了"逆向设计（backward design）"这个表述，比格斯和唐（Biggs & Tang）使用了建构一致性（constructive alignment）。他们的意思和我所说的综合课程设计是一样的。

Wiggins, G. & McTighe, J. 2005. *Understanding by Design*. 2nd ed. Alexandria, Va.: Association for Supervision and Curriculum Development.

虽然主要针对公立中小学的教师，但此书提供了一个与本书原则相同的设计模型。作者敦促教师设定一套好的学习目标，然后将这种设计融入学习体验。他们还提出了"逆向设计（backward design）"这个短语。

Biggs, J. & Tang, C. 2011. *Teaching for Quality Learning*. 4th ed. Maidenhead, Berkshire: Open University Press.

此书第一版出版于 1999 年，使用"建构一致性（constructive alignment）"来表明学习活动、评估活动与期望的学习结果一致。此书在英联邦国家特别受欢迎。

它提出了另一种形式的课程设计，表明教师应该确保预期的学习效果、学习活动和评估活动是一致的。还提供了可观察学习结果分类法（SOLO）的结构，该分类法确定了对特定学习的理解水平。

Diamond, R. M. 1998. *Designing and Assessing Courses and Curricula: A Practical Guide*. Rev. ed. San Francisco: Jossey-Bass.

此书利用作者与整个学术单位以及教授合作的丰富经验，系统地设计教学。这是专注于设计课程体系和课程的少数资源之一。

二、制定学习目标的框架

在本书里，我制定了意义学习的分类法，从而为优秀课程设计中的这一重要的起始任务提供了广泛的框架，但也可以使用其他框架。

Wiggins, G. & McTighe, J. 2005. *Understanding by Design*. 2nd ed. Alexandria, Va.: Association for Supervision and Curriculum Development.

此书作者列出了关于理解的六个方面，除了不包含该如何学习，它非常类似于意义学习分类法，并超越了认知学习（包括同理心和自我认知等范畴）。

Association of American Colleges and Universities (AAC & U). 2007. *College Learning for the New Global Century*. Washington, D.C.: AAC & U.

AAC & U 组织了一个团队，就 21 世纪所需的学习方式对教育界、商界和民间领袖进行了采访。他们编制了一个包含四个主要类别和几个子类别的列表，现已被许多院校用来设立全校范围的学习目标。

Biggs, J. & Tang, C. 2007. *Teaching for Quality Learning*. 3rd ed. Buckingham, U.K.: Open University Press.

比格斯（Biggs）多年来一直致力于可观察学习结果分类法（SOLO）。在我看来，这不是一种学习分类，而是对学习深度或复杂性不同层次的描述。然而，它仍然提供了有价值的见解，使我们知道要在期望的学习效果中争取什么。

Anderson, L. W. & Krathwohl, D. R., eds. 2001. *A Taxonomy for Learning, Teaching, and Assessing: A Revision of Bloom's Taxonomy of Educational Objectives*. New York: Addison Wesley Longman.

此书作者是布卢姆（Bloom）以前的学生和同事，他们回顾并修订了布卢姆著名的认知分类。除了将"综合"重新标记为"创造"并将其放在评估层级的顶部之外，没有进行大的更改。

三、评估学生的学习

如果不对内容理解和基本应用进行评价，教师们很难想象应该如何评价学习。好在有很多书可以指导我们学习如何做得更好。

Wiggins, G. 1998. *Educative Assessment: Designing Assessments to Inform and Improve Student Performance*. San Francisco: Jossey-Bass.

对学生学习的评估不应只是衡量他们是否掌握了知识；还应该加强对学习本身，即教育层面的评估。

Angelo, T. A. & Cross, K. P. 1993. *Classroom Assessment Techniques*: *A Handbook for College Teachers*. 2nd ed. San Francisco: Jossey-Bass.

此书作者提供了一个广泛的、易于使用的技术列表，可以帮助教师评估学习、教学和学生的特点。

Walvoord, B. E. & Anderson, V. J. 2010. *Effective Grading*: *A Tool for Learning and Assessment.* 2nd ed. San Francisco: Jossey-Bass.

　　此书作者对评分这一常见而又令人畏惧的教学任务，提出了超乎寻常的观点。他们认为，评分需要与学习目标和学习活动相联系，如果评分做得好，会让学生了解学习效果，让教师了解教学质量。

Stevens, D. D. & Levi, A. J. 2005. *Introduction to Rubrics.* Sterling, Va.: Stylus.

　　这本小册子（大约 100 页）介绍了如何使用评估量规（assessment rubrics），如果想让学生学会如何把事情做好，这是必需的。

四、创建学习活动

　　自从 1991 年"主动学习"的概念提出以来，我们一直在加强对学习活动应该是什么的理解。

Barkley, E.F. 2010. *Student Engagement Techniques: A Handbook for College Faculty.* San Francisco: Jossey-Bass.

　　此书模仿了课堂评估技术的结构，提供了一套组织良好的活动，能够提高教师的教学能力，让学生更多地参与学习。

Zubizaretta, J. 2009. *The Learning Portfolio: Reflective Practice for Improving Student Learning.* 2nd ed. San Francisco: Jossey-Bass.

　　学习档案（learning portfolios）是帮助学生学习如何反思和评估自己学习的一个强大工具。如果想让学生成为有效的自我指导的学习者（self-directing learners），他们需要有高度的自我意识。学习档案是帮助他们做到这一点的好方法。

Bean, J. C. 1996. *Engaging Ideas: The Professor's Guide to Integrating Writing, Critical Thinking, and Active Learning in the Classroom.* San Francisco: Jossey-Bass.

　　此书章节内容丰富，将写作与高等教育中另外两个广泛的目标，即批判性思维（critical thinking）和主动学习（active learning），联系起来，是提供想法和建议的优质资源。

五、运用科技开展教学

Bowen, J. A. 2012. *Teaching Naked: How Moving Technology Out of Your College Classroom Will Improve Student Learning.* San Francisco: Jossey-Bass.

作为一种补充，而不是面对面交流的替代，此书作者提出了一个很有说服力的案例，并提供了许多使用教育技术的技巧，尤其对于那些不是从小就熟悉信息技术的人来说，非常有价值。

六、使用学习小组

教师们逐渐意识到，当学生们讨论与课程内容相关的问题时，一种更好的学习方式就产生了。这意味着我们需要学习如何有效利用小组。

Michaelsen, L. K., Knight, A. B. & Fink, L. D. 2002. *Team-Based Learning: A Transformative Use of Small Groups for Large and Small Classes.* Sterling, Va.: Stylus.

基于团队的学习（team-based learning）是一种使用小组的特殊方式，这种方式正迅速广为采用，因为它使用起来相对容易；然而，它也足够成熟，可以在各种各样的学习环境中产生有效的学习形式。参见 http://www.teambasedlearning.org。

Duch, B. J., Groh, S. E. & Allen, D. E., eds. 2001. *The Power of Problem-Based Learning.* Sterling, Va.: Stylus.

基于问题的学习是基于小组学习的第二种教学策略，有很多书介绍过它，但我发现这一本特别有启发性。这种策略教学生如何在小组中解决复杂问题，以及如何自学。

Barkley, E. F., Major, C. H. & Cross, K. P. 2005. *Collaborative Learning Techniques: A Handbook for College Faculty*. San Francisco: Jossey-Bass.

作者描述了5种不同目的下，使用小组的30种不同方式。他们还就如何有效利用小组提供了很好的建议。

Millis, B. J. 2010. *Cooperative Learning in Higher Education*. Sterling, Va.: Stylus.

如果在精心组织的过程中考虑到具体的学习方法，小组项目学习的效果会更好。此书描述了在各种学科和教学情况下，使用小组的多种方法。

七、关于大学教学的建议概要

下列资源并不是专门针对课程设计的，但它们确实在课程设计和其他与大学教学相关的主题上，提供了有价值的想法。

Nilson, L. B. 2010. *Teaching at Its Best*. 3rd ed. San Francisco: Jossey-Bass.

此书作者持续从有关大学教学的文献中收集和整理有关教学的卓越思想。

Davis, B. 2009. *Tools for Teaching*. 2nd ed. San Francisco: Jossey-Bass.

这是一本关于大学教学的好书。此书的价值不仅在于书中的思想，还在于其组织方式，任何你想问的问题，几乎都可以很容易找到。

Svinicki, M. & McKeachie, W. J. 2013. *McKeachie's Teaching Tips*. 14th ed. Covington, Ky.: Wadsworth.

此书是这一流派的经典著作。最初由麦基奇（McKeachie）独自写作，然后在斯文尼奇（Svinicki）的帮助下，从与大学教学相关的各种主题研究文献中收集信息。网址为http://honolulu.hawaii.edu/intranet/committees/FacDevCom/guidebk/teachtip/teachtip.htm。维护该网站的人员广泛地学习了创造性与创新性教学思想，然后经过深思熟虑将其组织起来，几乎任何论题你都可以轻松地找到有创意的提示。

译后记

我国教师教学发展中心建设工作始于 2012 年。2012 年年底，31 所"十二五"国家级教师发展示范中心经教育部认定成立，此后全国高校纷纷成立各自的教师教学发展中心。2013 年，各高校教学发展中心共同倡议发起成立"高校教学发展网络"[Chinese Higher Education Development（CHED）Network]，建立高校教学发展跨校合作组织。在我国高等教育内涵发展、高等教育强国建设的宏观背景下，在高校教学发展网络的推动下，本科教学水平、教师教学能力提升愈发得到高校的重视。

2020 年 10 月，第七届高校教学发展网络年会在浙江大学召开，为服务本次年会，服务我国教师教学发展事业，浙江大学出版社发起组织翻译了本教师教学能力发展译丛。浙江大学出版社长期关注高校教学质量提升，关注教师教学能力发展工作，2005—2006 年曾经出版由徐辉主编的"国外大学教学与教改译丛"（一套共 8 册）。该译丛在高校教学领域引起了极大反响，即使今天看来，也依然具有极大的价值。

本书是该译丛中《创造有意义的学习经历：综合性大学课程设计原则》（2006）一册的再版。该书英文原版第一版出版于 2003 年，出版后广为流传，已被译成四种语言，并成为许多大学的研究生课程教材。2013 年，原书作者芬克再次进行修订。相比 2003 版，本次版本进一步完善了综合课程设计等核心概念，增加了更多的案例，更新了大量的教学研究文献。该书提出的意义学习分类，为高校、教师提供了制定教育教学目标的模型框架与基本概念；综合课程设计模式，为教师以及教学督导等专家提供了设计课程、评价教学的基本步骤与方法；组织支持部分内容，为高校以及其他高等教育相关组织提供了开展改革创新、服务教师发展与教学质量提高的总体策略。本书理论实践兼顾，案例与参考资料丰富，从微观教学实践到宏观体制机制改革都针对性地提出了改革建议，对我国高等教育教学发展具有极大的借鉴参考价值。无论是一线教师、教师发展中心工作人员、学院负责人、高校领导或是高等教育相关组织负责人均能从本书中获益。

本书翻译人员与分工情况如下：浙江大学盛群力教授负责全书审订，浙江传媒学院冯建超副研究员负责全书校对，并完成本书第六章内容的翻译；浙江大学博士生李星乔负责本书 1 ～ 4 章，以及附录、前言等部分内容的翻译；贵州大学讲师、浙江大学博士生李静负责完成本书第五、第七两章内容的翻译。

本书是一本专业性十分强的学术普及著作，翻译和出版过程中难免会有一些差错和不妥，恳请读者不吝指教。

冯建超

2021 年 1 月 10 日，杭州